编委会 普通高等学校"十四五"规划会展类专业新形态教材

总主编

王春雷　上海对外经贸大学会展与传播学院院长，教授
　　　　中国会展经济研究会会展教育培训工作委员会主任

编　委　（排名不分先后）

储祥银　中国会展经济研究会首席研究员
　　　　对外经济贸易大学中国国际品牌战略研究中心主任，教授
程金龙　洛阳师范学院副校长，教授
梁增贤　中山大学旅游学院院长助理，教授
孟奕爽　湖南师范大学旅游学院会展经济与管理系主任，教授
杨　琪　天津商业大学会展研究所所长，副教授
罗明志　四川大学历史文化学院会展与休闲学系副主任，副教授
周　杰　南开大学旅游与服务学院会展经济与管理系主任，副教授
何　彪　海南大学国际旅游与公共管理学院副院长，教授
胡　兵　南昌大学文化和旅游研究院副院长、会展经济与管理系主任，教授
张　波　上海对外经贸大学体育健康学院院长，教授
殷　杰　华侨大学会展经济与管理系主任，教授
蒋　昕　湖北经济学院旅游与酒店管理学院副院长，教授
宋红娟　海南热带海洋学院旅游学院副院长，教授
郑嬗婷　合肥大学旅游与会展学院副院长，副教授
巨　鹏　暨南大学深圳旅游学院副教授
雷　春　三亚学院会展经济与管理系主任，教授
刘红霞　海口经济学院会展专业负责人，副教授
戴涵莘　苏州市职业大学教育与人文学院院长，副教授
钱小轮　浙江经贸职业技术学院人文旅游学院副院长，副教授
林丽青　广东轻工职业技术大学会展系主任，副教授
刘　臻　湖北轻工职业技术学院会展专业带头人，副教授
张万春　中国会展经济研究会会展法律与政策专业委员会主任，北京联合大学副教授
万　涛　中国会展经济研究会数字会展工作委员会主任，上海八彦图信息科技有限公司（31会议）CEO
武　君　会E人创始人，北京优联信驰信息科技有限公司总经理
杨　正　31会议研究院执行院长
许欣儿　思库传播创始人兼CEO
雨　阳　西安欧亚学院特聘教授，美国会展业委员会注册会展师（CMP）

普通高等学校"十四五"规划会展类专业新形态教材

Digitalization of Events

会展数字化

主　审 ◎ 万　涛
主　编 ◎ 杨　正　孟奕爽
副主编 ◎ 蔡卫民　朱张祥　罗绥芝　洪布坤

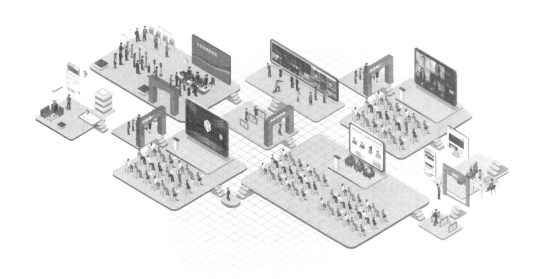

华中科技大学出版社
http://press.hust.edu.cn
中国·武汉

内容简介

《会展数字化》是由31会议与湖南师范大学旅游学院会展经济与管理系联合编写的数字化新形态教材。本书紧扣国家"十四五"数字经济发展规划和教育部卓越拔尖人才培养目标,针对会展业数字化转型的产业需求,结合高校会展教育经验,系统介绍了会展数字化的底层逻辑、体系结构、主干数字化流程、核心数字化业务。内容涵盖理论篇、实践篇和运营篇,共13章,融合了会议与展览、技术与业务、线上与线下、理论与实践四个方面。教材配套"31轻会"产品进行实践练习,并提供案例视频和操作演示。

本书旨在帮助会展专业学生和会展中高层经营管理人员和会展中高层经营管理人员建立数字化思维,提升数字化能力和数据素养,应用最新数字化战略和工具,推动会展业高质量发展。

图书在版编目(CIP)数据

会展数字化/杨正,孟奕爽主编. -- 武汉:华中科技大学出版社,2025.2. -- ISBN 978-7-5772-1594-5

Ⅰ. G245

中国国家版本馆CIP数据核字第20255X8A22号

会展数字化
Huizhan Shuzihua

杨　正　孟奕爽　主编

项目总策划：李　欢
策 划 编 辑：胡弘扬　项　薇
责 任 编 辑：洪美员
封 面 设 计：原色设计
责 任 校 对：李　琴
责 任 监 印：周治超
出 版 发 行：华中科技大学出版社(中国·武汉)　　电话：(027)81321913
　　　　　　武汉市东湖新技术开发区华工科技园　　邮编：430223
录　　　排：孙雅丽
印　　　刷：武汉市籍缘印刷厂
开　　　本：787mm×1092mm　1/16
印　　　张：19.75
字　　　数：441千字
版　　　次：2025年2月第1版第1次印刷
定　　　价：59.80元

本书若有印装质量问题,请向出版社营销中心调换
全国免费服务热线：400-6679-118　　竭诚为您服务
版权所有　侵权必究

总序

组织编写这套丛书的愿望由来已久。此前,我担任过其他会展类丛书的总策划,自己也主编过一些教材,但我一直希望能有机会同时遵循三个原则来打造一套会展类专业教材:一是秉承活动管理思维,二是由院校学者和企业人士共同编写,三是体现数字化教材的特点。所以,当华中科技大学出版社旅游分社的李欢社长和胡弘扬编辑与我谈及出版计划并邀请我担任总主编时,我不假思索地欣然答应了。我希望借此机会,和会展教育界同行、业界同仁及读者朋友们就编写这套教材的基本想法做一次比较全面的沟通。

一、活动管理知识体系

活动管理知识体系(EMBOK)是我近几年一直关注的话题。这个究竟有什么用?国际活动管理知识体系委员会认为,提出和发展EMBOK旨在"为活动管理中所运用的知识和过程提供一个基本框架",以作为满足不同文化、政府部门、教育项目和企业组织定制化需求的基础。具体应用主要体现在三个方面:一是学历教育;二是职业认证培训;三是企业招募、员工评价与晋升。同样,编写会展类专业的系列教材,也可以从活动管理知识体系的逻辑与内容中寻找支撑。

然而,EMBOK侧重于项目管理,不能涵盖"会展经济与管理"甚至"会展策划与管理"的全部内涵(注:以上分别为我国会展类本科、专科专业的名称)。根据相关学科的知识关联及会展经营管理的内在逻辑,"会展经济与管理"主要包括经济学和管理学基础知识、会展产业发展与管理基础知识、会展和活动项目管理知识以及支撑性会展专业知识。因此,需要按照会展项目管理不同阶段所涉及的主要理论和知识点对EMBOK进行适当修正。

华中科技大学出版社这套会展类专业新形态教材,从书目和内容两个层面都呼应了活动管理知识体系建设的要求。经出版社编辑团队深入研讨,广泛征求全国众多会展专业教师的意见与建议,最终确定了这套包含25本教材的丛书,其中首批推出15本,包括《会展学概论》《会展策划与管理》《会展数字化》《活动管理原理与实务》《公司活动管理》《参展管理》等。

二、会展和活动产业发展最新态势

2024年,国际会展和活动产业受多种因素影响,包括国际地缘政治和全球市场格局的变动、人工智能(AI)和新技术的应用、数字化和混合活动(Hybrid Events)的流行、个性化体验需求的提升、活动预算限制的挑战、会展业的社会价值更加凸显、ESG(环境、社会和公司治理)日益受到重视等,这些影响因素有的推动了行业创新,提升了服务质量和参与体验，增加了为展商和观众创造更多价值的可能，有的对产业提出了严峻的挑战。

本套教材的编写团队力争把握全球市场格局的变动、新兴技术的应用以及活动形式的变化等趋势，并将最新行业动态融入教材内容，以保证教材内容与产业发展紧密结合，避免教材知识滞后于行业实践。同时采用多样化的教学资源呈现方式，以提高教材的吸引力和教学效果。

此外，使用这套教材的广大专业教师也可以根据混合活动流行、个性化体验需求以及活动预算限制等，为教学过程中的实践教学内容提供现实依据，从而设计出更贴合行业实际需求的实践教学环节，以培养学生应对现实工作挑战的能力。

三、要打造一套什么样的教材？

与会展产业和会展教育蓬勃发展的态势相呼应，会展和活动领域的教材编写工作在我国虽然起步较晚，但发展迅猛。然而，因为图书定位、作者结构等多种原因，总体而言，理论与实践兼具的会展类教材佳作仍然比较缺乏，而且水平参差不齐。针对此种状况，本套教材力图突出三个显著特点：

其一，遵循"核心课＋基础课＋专业课＋拓展课"的书目设计结构。这种设计充分考虑了教育行业主管部门的规范要求以及数字化背景下会展行业实际工作的多样化需求，确保学生在掌握专业核心知识的基础上，能够拓展知识面，提高综合素质，为未来的职业发展奠定坚实的基础。

其二，每本教材均由院校的专家学者与企业高管联合主编。院校专家学者具备深厚的理论功底，能够为教材提供严谨的学术支撑和系统的知识体系，企业高管则拥有丰富的实践经验，能将行业最新动态、实际案例和操作技巧融入教材内容，二者紧密合作，有助于实现理论与实践的融合，从而使教材更具实用性和指导性。

其三，积极打造新形态教材。随着高等教育教学改革的不断深化和学习革命的兴起，传统教材已难以满足现代教学的需求。本套教材积极适应新形势，借助现代信息技术，采用多样化的教学资源呈现方式，如在线案例分析、虚拟仿真实验、互动式学习平台等，力争为师生提供更加丰富、生动、便捷的教学和学习体验，激发学生的学习兴趣和主动性。

我们衷心希望这套教材能够为会展专业教学提供有力支持，为我国培养适应时代需求的高素质会展人才贡献力量。同时，我们也期待广大师生和业内人士在使用过程中提出宝贵意见和建议，甚至加入到编写队伍中来，以帮助我们不断完善，持续提升教材质量。

最后，我谨代表会展类专业新形态教材编委会，衷心感谢每一位为这套教材提供各种指导和支持的同仁。让我们一起努力，共同推动我国会展教育事业向前发展。

2024 年 12 月 31 日

推荐序
TUIJIANXU

在全球经济数字化转型的浪潮中,以生成式人工智能为代表的新一轮技术革命正在深刻重塑世界经济的发展图景。会展业作为连接全球贸易、促进文化交流、推动产业升级的重要平台,正面临着前所未有的数字化转型机遇与挑战。在全球经济数字化转型的大背景下,会展业正站在变革的前沿,因此,我谨向各位读者诚挚地推荐由31会议联合湖南师范大学编写的《会展数字化》教材。这本教材的出版不仅填补了国内高校会展专业在数字化教学领域的重要空白,也为整个行业的数字化转型提供了系统性的理论指导和实践参考,具有开创性的里程碑意义。

放眼全球,会展业的数字化转型不仅是大势所趋,更是应有之义。全球展览业协会(UFI)非常重视数字化的机遇和挑战。近年来,《UFI全球展览行业晴雨表》报告中也增加了关于数字化和AI技术应用的调研内容。此外,UFI早在2008年就设立了"信息通信技术年度大奖",旨在表彰全球展览行业中的最佳实践和杰出成就。2018年,随着信息化、数字化的深入发展,UFI将其年度大奖升级为"数字创新年度大奖",这充分体现了国际会展界对数字化转型的高度重视。

近年来,我见证了全球会展业数字化转型的历程:从传统的展览展示到数字化赋能,从单一的线下活动到线上与线下的深度融合,数字会展在时间和空间上的灵活性,弥补了实体展会物理空间的局限性;数字会展的互动性和体验性,敞开了让更多观众进行沉浸式参与和体验的大门;数字会展的数据收集、分析和运用,在更大范围满足和精准对接交易各方的需求;数字会展的可扩展性、可访问性,以及环保特性和可持续性特点,正在重新定义会展业的服务边界和价值内涵,成为促进会展业价值链重构的重要因素。在中国会展业从会展大国迈向会展强国的进程中,《会展数字化》教材的出版,无疑具有重要的时代意义和实践价值。

本教材的编写立足于理论联系实际的原则,整体框架科学合理,内容结构完整。上篇为理论篇,主要聚焦数字经济与会展数字化的基本理论,系统阐述了数字经济时代会展业转型的理论基础,剖析了数字技术对会展业态的深刻影响,为读者奠定扎实的认知基础;中篇为实践篇,着重阐述会展项目的数字化管理与服务应用,涵盖了从数据应用、数字营销、门户网站、注册管理、日程和嘉宾管理,到现场服务的全流程数字化解决方案,将理论转化为实践指南;下篇为运营篇,则紧扣时代脉搏,深入探讨线上平台运营和生成式人工智能的创新实践,展望了会展业数字化发展的前沿趋势。这种层层递进的编排,既确保了知识体系的完整性,又保证了学习路径的清晰性。

特别值得一提的是,本教材是会展科技界与会展教育界深度合作的结晶。参与编写的31会议团队凭借其十余年会展科技的深厚积累,为教材注入了丰富的实战经验,湖南师范大学会展专业的教师团队则结合教学需求,赋予了教材系统的理论框架和科学的教学体系。这种产教融合的创新模式,既保证了教材内容的前沿性和实用性,又确保了知识传授的系统性和规范性。教材中还融入了大量国内外优秀案例,使内容既不脱离行业发展实际,又切合教学需求。对于在校学生和行业从业者而言,通过本教材的学习,不仅能够快速熟悉行业运作,更能深入理解数据要素对会展业的重要价值,把握数据驱动转型的核心要义,这将为会展业的人才培养提供有力支撑。

本教材的创新价值还体现在其前瞻性视角。编者们敏锐地把握了会展业数字化发展的最新趋势:一是"数据资产化",强调数据作为新型生产要素的战略价值,将数据分析和应用贯穿全书;二是"服务智能化",探讨新兴技术在会展全流程中的智能应用和效率提升;三是"体验个性化",关注数字技术对会展参与者体验的深度重塑;四是"生态协同化",阐明数字技术对会展产业从传统业态到全年在线的智能商业的系统性影响。这些洞见为会展业的未来发展提供了重要的思考维度。作为一本专门探讨会展数字化的教材,本书的出版无疑具有开创性意义。在数字技术快速迭代的今天,会展业的数字化转型仍在持续深入。我相信,随着实践的深化和技术的进步,编者们将在教学实践和行业发展的基础上不断更新与完善教材内容,使其始终保持与时俱进的活力。

最后,作为全国会展业标准化技术委员会主任,我深刻感受到数字化对会展业标准化建设的重要推动作用。数字化不仅是技术革新,更是行业治理能力提升的关键抓手。其本质是通过"业务数据化"和"数据业务化"的双向转化,将企业运营和管理的最佳实践固化为可度量、可复制、可优化的标准流程。这种数字化驱动的标准化进程,正在完善会展业的服务规范、运营准则和质量标准,促进行业标准的实施和优化,为会展业高质量发展提供有力支撑。本教材对这一过程的系统阐述,不仅有助于读者理解数字化转型的深层价值,而且也为行业标准化建设提供了重要的理论指引和实践参考。

新技术正在重塑会展业的未来。我衷心感谢与热烈祝贺31会议和湖南师范大学联合编写的《会展数字化》教材的正式出版,期待并深信本教材能够为培养新一代会展人才、促进行业创新发展贡献积极力量。

全球展览业协会(UFI)名誉主席
全国会展业标准化技术委员会主任
上海市会展行业协会名誉会长

前言

国务院在2022年1月发布的《"十四五"数字经济发展规划》中指出:数字经济发展速度之快、辐射范围之广、影响程度之深前所未有,正推动生产方式、生活方式和治理方式深刻变革,成为重组全球要素资源、重塑全球经济结构、改变全球竞争格局的关键力量。数字化浪潮席卷全球,各行各业都在积极响应这一变革,以期在激烈的市场竞争中保持领先地位。会展业作为连接各行业、促进经济发展的重要平台,更需要用数字化赋能产业发展。

基于时代背景、国家政策和行业需求,由31会议与湖南师范大学旅游学院会展经济与管理系联合编写的《会展数字化》教材应运而生。本教材旨在为大学本科生、研究生和会展从业人员提供一个较为全面的指南,帮助读者更好地理解会展数字化的底层逻辑,系统性地掌握会展数字化的体系结构、技术路线,把握数字化转型的关键。通过深度分析行业实践案例,为会展专业学生和会展从业者建立数字化思维、培养数字化能力和实现数字化转型,从而推动会展业的创新与发展。

本教材的编写思路是"1个主线、4个融合"。

"1个主线"是指围绕会展项目的共性全流程管理,聚焦项目管理的核心和共性业务,将行业知识、经验、流程、最佳实践结合数字化会展管理系统平台,按照项目管理和服务的时间线展开。笔者基于用户旅程工具分析会展数字化的服务和管理流程,从主办方角度关注管理端对会展项目的管理流程,包括主办方在项目管理中主要职能部门的管理需要;从参与者(观众、展商、参会者群体)角度关注全流程参会、参展的用户体验流程。

"4个融合"是指会议与展览融合、技术与业务融合、线上与线下融合、理论与实践融合。会议与展览融合即侧重于会议和展览的共性流程,将共享流程和差异化场景分别进行讲解。技术与业务融合是指将技术应用与企业会展项目运营和服务深度结合。线上与线下融合是指将线上和线下的项目数据融合,提供数据分析,指导决策。理论与实践融合,即在学习内容上兼顾会展数字化的理论基础和基本原理,同时结合最佳实践、行业案例和实操练习。

本教材在结构上总体分为3篇共计13章。

上篇是理论篇,包括:第一章导论、第二章会展数字技术、第三章会展数字化转型与进阶。第一章讲述会展数字化的发展背景、核心内容以及应用场景,主要回答了什么是数字化、为什么要做数字化。第二章是数字技术与会展数字化,覆盖5G、大数据、人工智能、云计算、虚拟现实/增强现实/混合现实、物联网/可穿戴技术等主要技术。第三章是会展数字化转型与进阶,具体讲述数字化转型的内涵、驱动因素、相关理论、成熟度模型等。

中篇是实践篇,包括:第四章会展数据管理、第五章会展数字营销、第六章会展门户网站、第七章会展注册管理、第八章日程和嘉宾管理、第九章展商管理与服务、第十章现场交付管理。中篇主要讲述会展项目数字化的基础核心业务。

下篇是运营篇,包括:第十一章线上展览平台、第十二章线上会议与直播管理、第十三章生成式人工智能与会展。下篇主要介绍会展数字化运营的具体操作并对未来发展提出展望。

在本书的撰写过程中,31会议团队通过十余年来积累的行业数字化技术应用经验,提供了30余万字的基础内容,并结合教学需求提供案例研究和演示视频;湖南师范大学旅游学院会展经济与管理系教师团队基于会展学术研究,针对教学要求对这些素材进行了系统化再加工,双方紧密协作形成最终稿。本书由31会议创始人、CEO万涛主审,31会议研究院院长杨正和湖南师范大学旅游学院会展经济与管理系主任孟奕爽进行整体统筹,湖南师范大学旅游学院会展经济与管理系蔡卫民、朱张祥、罗绥芝以及31会议联合创始人洪布坤参与撰稿,具体分工如下:孟奕爽编写第一章、第十二章、第十三章,朱张祥编写第二章、第三章、第五章、第六章,罗绥芝编写第四章、第八章、第九章,蔡卫民编写第七章、第十章、第十一章。

为了提高教学效果,本书还配套了"31轻会"产品进行实践练习。同时,本书也将根据行业发展和技术应用现状以及教学之中的使用反馈进行定期更新。本书同时提供了拓展内容,在相应的章节配有案例视频和操作演示,方便读者扫码观看。

本书的出版,凝聚了校企双方、出版社以及行业同仁的共同努力,我们衷心感谢各方的支持和贡献。希望本书能够为会展专业学生和从业者提供有价值的指导,推动会展行业的数字化进程。我们也诚挚邀请读者提出宝贵意见,以便我们在未来版本中不断完善。

本书编写组

目录 MULU

上篇 理论篇 /001

第一章 导论 /003
第一节 数字经济与会展数字化 /003
第二节 会展数字化的应用场景 /026

第二章 会展数字技术 /035
第一节 5G技术与会展 /038
第二节 大数据与会展 /040
第三节 人工智能与会展 /042
第四节 云计算与会展 /044
第五节 虚拟现实/增强现实/混合现实与会展 /046
第六节 物联网/可穿戴技术与会展 /050

第三章 会展数字化转型与进阶 /052
第一节 会展数字化转型 /055
第二节 会展数字化成熟度模型 /061
第三节 项目级会展数字化 /068

中篇 实践篇 /075

第四章 会展数据管理 /077
第一节 会展数据管理概述 /079
第二节 智能推荐 /087
第三节 智能推荐在会展中的应用 /093

第五章 会展数字营销 /101
第一节 会展数字营销概述 /103
第二节 观众营销 /109
第三节 会展数字营销投资回报率 /114

第六章 会展门户网站 /120
第一节 会展门户网站概述 /123
第二节 会展门户网站的栏目规划 /127

第三节　会展门户网站的建设　　　　　　　　　　　　/132
　　第四节　从会展门户到线上平台　　　　　　　　　　　/137
第七章　会展注册管理　　　　　　　　　　　　　　　　　/140
　　第一节　会展注册概述　　　　　　　　　　　　　　　/143
　　第二节　会展注册系统　　　　　　　　　　　　　　　/150
　　第三节　会展注册体验　　　　　　　　　　　　　　　/156
第八章　日程和嘉宾管理　　　　　　　　　　　　　　　　/159
　　第一节　日程和嘉宾管理概述　　　　　　　　　　　　/159
　　第二节　数字化日程管理　　　　　　　　　　　　　　/167
　　第三节　演讲嘉宾管理　　　　　　　　　　　　　　　/172
第九章　展商管理与服务　　　　　　　　　　　　　　　　/177
　　第一节　展商管理与服务概述　　　　　　　　　　　　/180
　　第二节　展商管理数字化　　　　　　　　　　　　　　/184
　　第三节　展商服务数字化　　　　　　　　　　　　　　/194
第十章　现场交付管理　　　　　　　　　　　　　　　　　/200
　　第一节　现场交付管理概述　　　　　　　　　　　　　/202
　　第二节　会展接待管理数字化　　　　　　　　　　　　/207
　　第三节　会展现场管理数字化　　　　　　　　　　　　/211
　　第四节　会展现场数据报告　　　　　　　　　　　　　/223

下篇　运营篇　　　　　　　　　　　　　　　　　　　　/229

第十一章　线上展览平台　　　　　　　　　　　　　　　　/231
　　第一节　线上展览平台概述　　　　　　　　　　　　　/234
　　第二节　线上展览平台的运营模式　　　　　　　　　　/242
第十二章　线上会议与直播管理　　　　　　　　　　　　　/254
　　第一节　线上会议概述　　　　　　　　　　　　　　　/257
　　第二节　线上会议的运营模式　　　　　　　　　　　　/266
　　第三节　企业活动直播　　　　　　　　　　　　　　　/272
第十三章　生成式人工智能与会展　　　　　　　　　　　　/280
　　第一节　生成式人工智能概述　　　　　　　　　　　　/282
　　第二节　生成式人工智能与会展的应用场景　　　　　　/287
　　第三节　生成式人工智能的使用技巧　　　　　　　　　/291
附录　　　　　　　　　　　　　　　　　　　　　　　　　/300
参考文献　　　　　　　　　　　　　　　　　　　　　　　/301

上篇 理论篇

SHANGPIAN LILUN PIAN

第一章 导论

本章思维导图

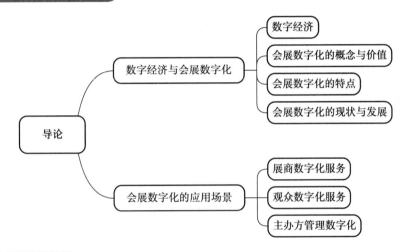

关键词

- 数字经济　●数字会展　●会展数字化

学习目标

- 1. 掌握数字会展,理解会展数字化的概念、特点和核心价值。
- 2. 掌握会展数字化的发展背景、应用场景。
- 3. 理解数字经济的运行特征和规律。

第一节　数字经济与会展数字化

随着时代发展和技术进步,数字化逐渐成为人们工作和生活中必不可少的部分。党的十八大以来,各级政府相继出台了促进数字经济发展的系列政策文件。在2021年3月发布的《中华人民共和国国民经济和社会发展第十四个五年规划和2035年远景目标纲要》中,国家提出了数字经济核心产业增加值占GDP比重这一新经济指标,明确指出"加快数字化发展,建设数字中国"为新时代的发展方向。2023年,中共中央、国务院印发《数字中国建设整体布局规划》,指出建设数字中国是数字时代推进中国式现代化的重要引擎,是构筑国家竞争新优势的有力支撑。加快数字中国建设,对全面建设社会主义现代化国家、全面推进中华民族伟大复兴具有重要意义和深远影响。这些文件的发布,表明了国家对于发展数字经济的战略规划和行动计划。

一、数字经济

《"十四五"数字经济发展规划》中指出:数字经济是继农业经济、工业经济之后的主要经济形态,是以数据资源为关键要素,以现代信息网络为主要载体,以信息通信技术融合应用、全要素数字化转型为重要推动力,促进公平与效率更加统一的新经济形态。从国家角度看,发展数字经济具有非常重要的价值和意义。该规划特别强调:发展数字经济是把握新一轮科技革命和产业变革新机遇的战略选择;数据要素是数字经济深化发展的核心引擎;数字化服务是满足人民美好生活需要的重要途径;规范健康可持续是数字经济高质量发展的迫切要求。

(一)数字经济的提出与发展

"数字经济"一词最早出现于20世纪90年代,经济合作与发展组织(Organization for Economic Co-operation and Development,OECD)在1995年详细阐述了数字经济的可能发展趋势。1996年,被誉为"数字经济之父"的美国著名经济学家唐·泰普斯科特在其所著的《数字经济:网络智能时代的前景与风险》[1]一书中用数字经济来泛指互联网技术出现之后所出现的各种新型经济关系。美国商务部在1998年发布的《浮现中的数字经济》研究报告将数字经济的特征概括为"互联网是基础设施,信息技术是先导技术,信息产业是带头和支柱产业,电子商务是经济增长的发动机"[2]。在2000年之前,对于经济影响最大的数字技术就是互联网,因此在这一阶段,人们对于数字经济的认识主要是围绕着互联网技术展开的,并且着重强调由其带来的电子商务(E-Commerce)和电子业务(E-Business)。其中,"电子商务"主要指的是经由互联网技术进行的商品和服务交易,而"电子业务"指的则是采用了互联网技术的业务流程。曾任美国总统科技事务助理的尼尔·莱恩在1999年的一篇论文中,将数字经济界定为"互联网技术所引发的电子商务和组织变革"。而美国商务部在一份1999年的报告中,也把数字经济理解为"建立在互联网技术基础之上的电子商务、数字商品和服务,以及有形商品的销售"。

在2000年之后,随着信息通信技术(Information and Communication Technologies,ICT)产业的迅猛发展,一大批新的数字技术纷纷涌现,并开始对经济发展产生重大影

---

[1] 原书名为 *The Digital Economy: Rethinking Promise and Peril in the Age of Networked Intelligence*,中译本名为《数据时代的经济学:对网络智能时代机遇和风险的再思考》。

[2] 赵刚,数字经济的逻辑,人民邮电出版社,2022年。

响。与之对应的,"数字经济"的概念也一再扩展,将更多新技术包含进来。例如,在澳大利亚宽带、通信与数字经济部于2013年发布的一份报告中,就将新兴的移动互联网纳入了数字经济的范畴,将数字经济定义为"由互联网、移动网络等数字技术赋能的经济和社会活动"。而OECD(经济合作发展组织,简称经合组织)在2016年发布的报告中,则将数字经济的定义进一步拓宽,将物联网、大数据、云计算等新技术,以及在其之上衍生出的经济和社会活动全部纳入了数字经济的范畴。2016年,G20杭州峰会发布了《二十国集团数字经济发展与合作倡议》,并将"数字经济"定义为以使用数字化的知识和信息作为关键生产要素、以现代信息网络作为重要载体、以信息通信技术的有效使用作为效率提升和经济结构优化的重要推动力的一系列经济活动。2021年,国家统计局发布《数字经济及其核心产业统计分类(2021)》,将数字经济的关键生产要素从原有的"数字化的知识和信息"改为"数据资源",并将数字经济的产业范围按照产业数字化和数字产业化两个维度确定为5个大类,分别为:01数字产品制造业、02数字产品服务业、03数字技术应用业、04数字要素驱动业、05数字化效率提升业[①]。

通过以上对数字经济概念发展的简要回顾,可以发现,数字经济的概念不是一成不变的,而是随着数字技术的演进,在不断地拓展。同时,数字经济既包括数字技术本身,也包括在技术之上衍生出的各种经济活动,其范围是比较广的。尽管目前人们已经逐步认可数字经济不应该只包含互联网经济,而应该包含更多数字技术衍生出的经济形式,但关于在既有的技术条件下,哪些活动应该被纳入数字经济,哪些活动不应该被纳入数字经济,仍然存在着争议。

为了避免概念上的混淆,我们将数字经济划分为三个层次(见图1-1)。第一个层次,也就是核心层,包括数字部门本身,它是用来生产和制造数字技术的,是整个数字经济的技术基础。第二个层次包括由数字经济创造的,原本没有的经济形态,如数字服务、平台经济等。第三个层次则包括被"数字化"的各种经济活动,这一层次的范围很广,如电子商务、电子商业、工业4.0、精准农业、算法经济等概念都可以纳入其中。当然,现在有一些经济形式可能会同时涉及以上形式中的两个或两个以上。例如,数字会展就依托了平台作为核心,同时也对传统业务进行了数字化,因此应该同时包含三个层次。

总之,数字经济具有高创新性、强渗透性、广覆盖性,不仅是新的经济增长点,而且是改造提升传统产业的支点,可以成为构建现代化经济体系的重要引擎。近年来,数字经济发展速度之快、辐射范围之广、影响程度之深前所未有,正在成为重组全球要素资源、重塑全球经济结构、改变全球竞争格局的关键力量。

---

① 其中01—04是数字产业化,属于数字经济核心产业,是指为产业数字化发展提供数字技术、产品、服务、基础设施和解决方案,以及完全依赖于数字技术、数据要素的各类经济活动,主要包括计算机通信和其他电子设备制造业、电信广播电视和卫星传输服务、互联网和相关服务、软件和信息技术服务业等,是数字经济发展的基础;05是产业数字化,指应用数字技术和数据资源为传统产业带来的产出增加和效率提升,是数字技术与实体经济的融合。

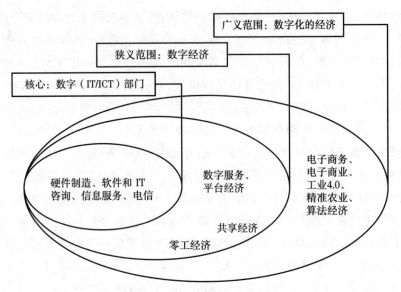

图1-1 数字经济的三个层次

（来源：Bukht R, Heeks R, Defining, Conceptualising and Measuring the Digital Economy, Development Informatics Working Paper, 2017）

（二）数字经济的构成维度

数字经济主要包括三个维度，即构成数字经济技术基础的数字技术、作为数字经济条件下重要生产要素的数据，以及数字经济条件下的重要组织形式的平台。其中，前两个维度构成了数字经济的生产力层面，而最后一个维度则构成了数字经济的生产关系层面。

1. 数字技术

构成数字经济的第一个维度是作为技术基础的数字技术，这个维度所指代的范围是不断拓展的。最早，它仅仅包括互联网等少数数字技术，随后，物联网、移动互联网、云计算、大数据、人工智能、区块链等新的技术也被包括进来。虽然这些技术在形态上有很大不同，但有一些特征是它们所共有的。

第一，它们的演进速度非常迅速，多服从"摩尔定律"或类似的规律。在较短的时期内，会出现价格的急剧下降和质量的高速上升。

第二，它们大多具有明显的规模效应。一般来说，这些技术的初始研发和部署都需要有较大的固定资本投入，而随后的边际成本则很小，因此其平均成本会随着使用规模的扩展不断降低，规模经济表现得十分明显。

第三，它们大多具有明显的网络效应。几乎任何一种数字技术，当只有少数人使用它时，人们对它的评价都不会太高，而在用户数量上升时，人们对其的评价会迅速上升。

第四，很多数字技术都是"通用目的技术"（General Purpose Technology, GPT）。所谓"通用目的技术"，是相对于"专用目的技术"而言的，即该技术能够同时使用到多个部门的技术。像互联网、大数据、云计算、人工智能、区块链等技术,都具有很明显的通用属性。理解了数字经济的这个属性,将会帮助我们解开很多和数字经济相关的问题。

2. 数据

英文"data"(数据)一词最初源自拉丁语单词"datum"(资料),其本义是对信息进行存储和传播的载体。在计算机发明之后,"数据"一词用来专指那些可供计算机存储和传播的信息。随着计算机技术的迅速发展和各种统计方法的涌现,人们渐渐掌握了通过挖掘数据来获取信息、指导实践的能力,数据从此成为一种重要的生产要素。数据在性质上和资本、劳动力等传统的生产要素存在着很多的不同。

其一,从使用环节来看,数据具有很强的"非竞争性"。例如,一个人使用了某样数据,并不影响其他人对它的使用。

其二,从生产环节来看,数据具有很强的"非排他性"。例如,在同一时间,不同的数据平台可能在对同一个人的相同信息进行搜集,彼此互不干扰,也不会相互排斥。

其三,数据具有很强的可再生性。和石油等传统的生产要素不同,数据并不会因为使用而耗竭,反而会随着使用不断地被生产出来。

其四,数据具有很强的规模效应和范围效应。在现有的技术条件下,规模太小,或者维度太少的数据对于分析是没有意义的。随着数据规模的增大、维度的增加,可能从数据中挖掘出的价值将会呈现出几何级数的上升。

其五,数据具有较强的可替代性。传统的资源之间虽然也有可替代性,但其替代率是较低的。例如,虽然劳动从理论上可以替代资本,但在实际操作中是比较难的。而对于数据来说,其替代性则较强,为了达到同样的分析目的,可以采用完全不同的数据。例如,我们要知道一个人住在哪儿,并不一定需要知道他确切的住址数据,只需掌握了其交通轨迹数据,或者邮购地址数据,就可以推断出类似的结论。

3. 平台

在数字经济条件下,平台开始日益成为一种重要的经济组织形式。从一般定义上讲,所有为人们提供交易、撮合服务的场所、机构或个人都可以被称为"平台"。作为一种组织形式,平台并不是现在才有的,它的历史甚至可以追溯到几千年前。我们熟悉的集市、超市等,其实都是平台。不过,在传统经济条件下,平台所扮演的角色并不太重要。受制于地理范围、交易成本等因素,传统平台的规模一般不会太大。但在数字经济条件下,情况就发生了改变。在数字技术的支撑之下,平台突破了地域的限制,在平台上进行交易和交互的成本也大幅度降低,这使得平台在经济中的作用变得越来越重要。

平台的兴起,让人们对企业、市场的认识都产生了巨大的冲击。自罗纳德·哈里·科斯发表《企业的性质》以来,人们都习惯于用二元对立的观点去思考企业与市场。然而,平台却同时具有了企业与市场的特征。一方面,几乎所有的平台都有员工、资产、层级结构,对内会用命令来进行资源配置,对外需要参与市场竞争,这些都是和传统的企业类似的。除此之外,一些平台还对其利益相关者有着一定的控制力,例如,网约车平台可以对司机进行调度,这就在很大程度上表现出类似企业的性质。但另一方面,平台并不像传统的企业一样直接生产或销售商品,它们要做的更多的是匹配供需,让销售者和消费者找到最适合的彼此。例如,电商平台本身并不直接参与商品的销售,只提供一个交易的市场;共享住宿平台并不拥有旅馆,只对户主和住户进行撮合。从这点上看,平台更像一个市场,或者更确切地说,是一个市场的管理者。

除了本质属性上与传统企业的差别,平台还具有很多传统企业所没有的特点,其中最重要的就是所谓的"跨边网络外部性"。所谓"跨边网络外部性",指的是平台一侧的用户会关注平台另一侧(或数侧)的用户数量。由于有了这种跨边网络外部性,平台就有机会通过首先撬动一侧的市场来启动"鸡生蛋、蛋生鸡"式的回振作用。例如,网约车平台可以通过补贴消费者来吸引更多用户,而这种效应将吸引更多的司机加入平台,让消费者更容易打到车,而这又会反过来吸引更多消费者……利用这种回振效应,企业就可以获得迅速的成长。需要指出的是,在平台竞争的条件下,先发的平台通常会具有更强的网络外部性,从而对客户产生更大的吸引力,而后来进入的平台则很难吸引到足够的客户。这样,竞争的结果就很有可能产生客户向先发平台的集中,最终出现一家独大的格局。

(三)数字经济与传统经济的差异

基于数字技术、数据和平台三项构成维度的特征,数字经济体现出与传统经济的较大差异,这些差异主要体现在三个方面。

1.经济理论基础和增长范式不同

正是因为传统经济是基于材料、人工、土地、资本的经济,因此传统的经典经济理论认为资源是稀缺的而人是理性自私的。与此同时,边际收益的趋势是递减的,而边际成本往往在达到一定规模之后反而是不经济的,这就是实体经济(基于原子态的物质经济)中基于物质和实体生产所带来的天然矛盾。在数字经济时代,基于电子形态的数字经济和虚拟经济产生了新的范式和革命,那就是电子形态的数字内容可以以无限低甚至是零边际成本进行快速复制和网络化传播、分享,可以不间断地自动化提供服务、创造收入。与此同时,在数字时代,分享数字化的内容和产品并不必然代表自己获得的资源在减少,相反,还会带来更多收益。比如,通过社会协作和共创带来新的思想、新的创意和新的模式,包括众创、众筹和众包等。

2.关键生产要素不同

生产要素是经济学的一个基本概念,是指进行生产经营活动时所需要的各种基本要素。农业经济、工业经济和数字经济最大的区别在于它们所依赖的资源不同。传统经济主要依赖物质资源,如原材料、人工、土地、资本等。而数字经济则依赖数字资源和数字技术,如数据(信息和知识)、算力、算法。数据、算力、算法不仅是人工智能的核心要素,也是数字会展解决方案的核心生产要素。作为数字经济的关键性生产要素,数据发挥着基础资源作用和创新引擎作用。

3. 业务模式不同

数字经济的核心业务模式也与传统经济不同。传统经济又称为"实体经济",以实体化的产品满足人们的需求,比如,实体会展涉及实体的展台和展品物流、搭建、展示、洽谈等环节。数字经济更注重技术创新和数据应用,同时强调基于互联网的、虚拟的商业模式,如在线展览展示、虚拟会议、数字贸易、社交互动、数字化广告、精准匹配等。

正是由于数字经济的物质基础不同、要素不同,其理论基础也不同,因此数字经济有自身特殊的模式和优势,具有更高的灵活性和适应性,能够更快地适应市场需求和变化,使企业可以更轻松地跨越国界开展业务,并且更容易获取和处理大量数据来优化业务。因此,数字经济时代的规则并不能用传统经济思维来解释和定义,这就需要转变思维,改变认知,寻找新的模式,即接受和迎接新的范式革命。

(四)数字经济的运行特征和规律

基于数字经济的网络化、平台化特征,数据资源作为新的生产要素,对提高生产效率具有乘数作用,对经济发展具有放大、叠加、倍增的作用,呈现了新的经济运行规律和发展规律。

1. 收益递增,边际成本为零

工业经济时代,普遍存在着边际收益递减的规律,即其他条件不变时,当某一要素的投入达到临界点后,每增加一单位该要素投入,所得到的收益就会递减。这一规律在数字经济时代被打破,数字经济范式具有收益递增和边际成本接近为零的规律。这主要有以下四个方面的原因。

1)摩尔定律

虽然最初的摩尔定律是指同样面积的芯片上集成的晶体管数量每隔18个月会增加一倍,也会将芯片的处理速度和处理能力提升一倍,而成本则会降低一半。这个定律不仅体现了数字和网络科技更新的速度,还反映了其成本降低的可能性,而边际成本优势一直是科技普及的重要条件之一。在数字经济时代,摩尔定律并没有终结,摩尔定律的类似逻辑不仅是在晶体管的技术革新中成立,在数字经济下的硬件、软件、云计算、网络等算法、算力、数据和网络技术的革新中同样成立。

2)数字产品的形态特性

一旦产品和内容以数字化的形式出现并在网络空间流通后,后续生产只需进行简单的批量复制,边际成本可以忽略不计,即单位生产成本随着规模化需求的扩大而减少。此外,当生产多种数字产品时,可以将不同产品按照模块进行拆分、组装和集成,提高了生产要素的复用率,从而降低了每种产品分摊的单位成本,满足了市场日益增多的多样化、个性化需求,增加了产出效益。

3)信息通信技术具有交叉网络外部性

根据梅特卡夫法则,网络收益随用户数量的增加呈平方级增长,即消费者数量越多,产品的附加价值也就越大,而消费者可以无偿享受产品的新增价值。会议社交、供采平台、内容分发等数字服务都具有交叉网络外部性,每增加一个用户,都将扩大既有用户从该产品中得到的边际效益,从而刺激新的功能需求,提高经济收益。

4)降低成本

借助大数据和人工智能技术,数字经济能够降低与信息搜索、匹配等相关的所有成本。与传统信息获取方式相比,它具有更低的搜索成本、复制成本、传输成本、追踪成本和验证成本,从而整体降低了交易成本,甚至达到零边际成本。

2. 数字平台具有二阶效应和生态效应

网络技术具有基础性和渗透性强的特点,从根本上改变了连接、协作、组织、交流方式,因此,能够对社会产生深刻的二阶效应。在互联网背景下,很多传统的行业都在被改变。例如,网上开店与实体店除了载体不同,还存在"赢家通吃"现象。因为在线下由于地域限制,买家的比价成本很高;而在网上,只敲击几下键盘或者滑动几下手机就能搜索出性价比较高的店铺。技术不仅改变了销售渠道,更改变了经营模式。此外,传统平台类市场通常为单边或双边,连接交易的买方和卖方,数字经济平台可以发展为多边市场。在数字经济背景下,来自会展展示、配对、洽谈中的数据大量积累,不仅可以用于该项服务的效率提高和最优定价,还可能有本服务之外的其他用途。例如,根据数据呈现的有价值的信息,可以用于研究行业趋势,开发定制报告,设计沙龙、培训和论坛的话题,吸引赞助商和投资人等。数据要素和数字技术深刻改变了生产函数,不但带来了更高的生产效率,而且不断创造了新需求和新市场,衍生新业态,促进经济增长,吸引更多方加入网络,形成网络生态系统。

3. 数字平台形成长尾效应

在工业经济时代,由于地理范围约束和固定成本约束,厂家只能满足大众化市场的需求,个性化需求量较小的只能被忽略,企业的经营和营收遵循"二八法则",即将更多资源投入少数的高端客户群体。数字经济下,网络平台能够打破在地域和时间上的限制,将大量用户集聚到一个网络平台上,使用户方便、快捷地使用数据,形成聚集。这种集聚又使过去使用频率较低、访问量和采购量较少的小众市场服务因为用户数量激增而扩大服务规模,由此形成长尾效应,进一步充实和发展了网络平台服务,增强了网络平台的独特供应能力,使网络平台的长尾效应得到充分发挥。

4. 数字平台的网络效应

会展本身是一个平台,数字会展平台可以更好地发挥同边网络效应和跨边网络效应,从而提升平台的价值,增强用户(包括专业观众和展商)体验。

同边网络效应是指随着观众规模的增长,作为同一边市场群体内的观众也会因为同行和伙伴的口碑和社交营销力而参与平台,通过展会获得更多的效用和价值。同理,当展商数量增加,也会吸引同类展商加入。

跨边网络效应是指随着高质量观展观众数量的增长,会吸引展商参展;同理,随着展商数量的增长,也会吸引更多观众观展。在平台经济中,网络效应会产生类似亚马逊的"飞轮效应",也就是正向循环。

二、会展数字化的概念与价值

（一）数字会展

目前,学术界和会展业界暂无对于数字会展(Digital Event)的权威定义。本书认为,凡是直接利用数字技术来开发会展产品和服务、服务会展项目,以及提升管理效率和展商、观众、参会人等用户体验,都属于数字会展的范畴。

数字会展的应用主体很多,可以是主办方,也可以是展商、技术提供者等。本书主要从会展项目主办方的视角来探讨数字会展的内涵,即会展主办方利用数字技术,提供数字化的会展产品、内容和服务,完成一个或多个会展项目的全流程的管理,提升会展项目管理效率、会展参与方的体验和满意度,提高展商、赞助商的续约率和观众参与度,从而增加会展项目的收入、规模,实现可持续性发展。

从应用场景看,数字会展既包括主办方的线下会展项目的数字化管理和服务,也包括线上数字会展项目、数字化平台的管理和服务。从使用者角度,既包括主办方的数字化管理,也包括展商的数字化展示。从数字化工具角度,既包括数字化软件,也包括数字化智能硬件。随着数字技术的不断发展进步,数字会展的业务场景和技术应用也会随之持续更新迭代、变化和融合。总之,对于主办方而言,数字会展不仅是新工具、新技术、新理念的应用,也是一种新业态、新模式和管理的创新。

（二）会展数字化的概念

会展数字化是指应用数字化技术,实现会展活动产品、服务和内容的数字化,以及会展活动项目管理和业务流程的数字化。会展数字化包括使用数字化技术提供会展内容、产品和服务,并对会展活动的流程或程序实现数据驱动的协同管理。会展数字化主要有以下四个方面的内容。

1. 会展内容、产品数字化

在会展项目中,会展内容数字化可以是将演讲、对话和研讨会等内容,以及白皮书、报告、新闻、指南、手册等内容进行数字化。比如,将演讲视频和资料变成可在线播放、下载的数字化格式,同时进行数字化的存储、管理。

2. 会展服务数字化

在会展项目中,会展服务数字化可以是将营销、广告、发票、展品展示、消息通知等传统实体服务转变为依托于数字技术的新型服务形态。例如,可以使用在线广告、虚拟展示、电子发票、电子邮件、在线支付等形式对会展业务的服务进行数字化交付。

3. 会展管理数字化

在会展项目中,会展管理的流程或程序也可以数字化。它可以覆盖会展项目的前、中、后,比如营销的自动化、邀约流程数字化、注册和审核数字化。

4. 会展业务数字化

在会展项目中,会展业务数字化是指通过将内容、服务、流程数字化与会展项目参与群体的权益和商业模式进行整合,实现数字化的业务和模式。

(三)会展数字化的价值

从迈克尔·波特的价值链模型来看,数字会展对会展主办企业而言,价值在于重塑价值链。

1. 提升经营和管理效率

提升效率不仅表现为企业内部办展、办会、办活动的协同效率和打破企业各部门的隔阂,还体现在借助数字化工具,让企业外部客户的连接更紧密、更高效,让传统举办会展活动改变其低效的商业模式。此外,企业和主办方能够借助数字平台,在数据挖掘、算法匹配、推荐技术等人工智能技术的支持下,让一些更精专、更小众的需求实现更高效的匹配和对接。

2. 降低运营成本

会展活动的主办方可以借助数字技术提供数字化产品和服务。比如,将传统的线下演讲内容转化为按需点播的数字化的视频内容,让主办方或平台方以零边际成本向广大用户提供营销和推广服务。此外,会展活动的技术服务商向活动主办方提供基于"订阅模式"的SaaS服务,只需按年付费开通账号即可运营,大幅度降低了自建数字活动平台的成本。

3. 重塑客户体验

数字化的内容更丰富、更容易获取,可以按需获取,满足"长尾"需求;数字化的传播渠道不仅成本更低,还能提供端到端的无缝体验;还可以线上与线下融合,实现物理形态(和空间)上和数字虚拟化形态(和空间)的融合,为参与者的注册、登录、参会、互动、分享、学习、交流创造新的体验。

4. 沉淀数据资产,获得数据洞察

通过使用数字化的管理平台,可以将参会人和观众的线上与线下行为数据进行融合,从而获得全方位的用户数据,进而激活数据价值。当海量数据通过数字化手段处理后,数据驱动决策就成为可能。主办方通过对数据进行分析,可以获得更精准、更完备的用户画像和用户洞察,能够为观众营销提供决策依据,为展商提供更个性化的和更有深度的参展报告,创造更精准的买家配对。

5. 连接客户,获得数字化收入

新的收入表现为向展商和赞助商企业提供基于互联网的展示权益、赞助在线论坛直播的权益、数字广告权益,让传统会展业务通过数字化途径,获得全新的额外收入。

6. 促进数字化转型

数字化是大势所趋,会展主办企业通过贯彻数字化转型战略,积极使用数字化技

术，不仅可以应对传统会展面临的挑战和危机，还能把握数字经济时代的先机，从而跨越数字鸿沟。

三、会展数字化的特点

会展数字化不只是技术的变革，更是基于技术创新带来的思维方式、商业模式、管理流程的全方位创新。会展数字化对业务的创新，表现为"新五化"，包括：会展全流程自动化；"端、云、网"一体化；社群活动在线化；渠道数据整合化；数据分析智能化。

（一）会展全流程自动化

会展数字化的深入发展，能够帮助会展主办方实现部分或全部的业务和服务的自动化，这主要包括流程自动化和业务自动化。其中，流程自动化主要指对会展组织内部重复性的业务流程进行自动化，通过减少人工操作提高效率。例如，采用OCR（光学字符）识别技术自动完成数据录入、报表生成等重复性工作；利用机器审核对数字会展平台生产的大量UGC（用户生成内容）进行自动规划的审核和处理。业务自动化（Business Automation）更广泛，目的是通过技术手段改造业务，实现业务模式和商业模式的自动化。业务自动化往往与流程自动化相结合，除了流程自动化，还包括利用AI、大数据等技术实现决策的自动化，以及利用互联网连接客户实现营销自动化等。流程自动化着眼于提升内部运营效率，业务自动化更加重视利用技术优化客户体验、创造业务价值。因此，自动化是实现会展主办方业务创新、降本增效和创收的一个组成部分和基础。随着数字会展的发展，自动化的水平将越来越高、越来越深入。不过，值得注意的是，自动化不可能取代人的所有劳动和工作，也就是说，绝对的自动化是不存在。

1. 营销自动化

这属于业务自动化。它通过用户数据库、邮件营销、短信营销、社交媒体营销等工具和方式，根据用户数据、用户需求和场景、互动历史等信息识别潜在用户，使用算法和规则进行自动化分析，触发营销动作，完成营销数据的采集、存储和分析这一闭环，营销自动化可以提高营销效率，实现精准营销。

营销自动化在会展中的主要应用场景包括以下六个方面。

（1）会前精准触达潜在客户：基于历史参会和浏览数据，建立标签和用户画像，根据营销计划和营销内容，利用短信、邮件或新媒体向目标人群进行自动化精准推送，触达可能对本届会展项目感兴趣的目标人群。

（2）现场互动和线索管理：系统识别、采集参会人签到、参会、观展和交流等情况，自动打上标签，自动分类和记录，并与数据管理系统进行集成，将线索分配给不同业务人员进行后续跟进，实现线索获取和管理自动化。或者是当用户注册、签到后，自动向客户经理触发一条短信或邮件，帮助客户经理在现场找到客户，提供精准的跟踪服务。

（3）个性化的内容推荐：根据参会人、观众的个人身份信息以及在现场或线上的浏览足迹和交流轨迹，自动推送个性化的内容。例如，向观众推荐感兴趣的展商、展品、资讯信息等。

（4）会后自动化邮件营销：根据参会人、观众在现场或线上的互动，如浏览时间、交流情况，进行自动化分群，进行不同话题和针对性的后续邮件触达，比如会后问卷、感谢信等。

（5）自动触发再参会：在会后一定时间，根据参会人的历史数据，自动触发针对性邮件或短信，邀请再次参会。

（6）自动化社交媒体广告：结合社交媒体广告工具，根据目标人群画像进行自动化投放，吸引更多潜在客户参会。

随着数据和算法应用的不断成熟，会展营销自动化的空间还有很大。与此同时，也会创造更多的营销业务场景，实现新的商业模式。

2. 注册管理自动化

这属于流程自动化。使用在线注册系统，参会人员可以在PC网站和手机移动端完成自助报名、购票，数据可以自动进入用户数据系统，无需人工采集和导入，可以简化注册流程，提高工作效率。

注册管理自动化在会展中的主要应用场景包括以下十个方面。

（1）在线自助注册、报名或购票：通过在线报名系统，参会人可以通过网页、H5移动端或App进行自助报名，报名信息自动进入系统数据库。

（2）数据导入和自动验证：支持通过Excel等文件格式批量导入数据，系统自动存储、校验和查重。

（3）自动审批流程：系统根据系列规则，对报名信息进行自动审批。

（4）背景审查自动化：对于需要背景审核的参会人，可以基于提供的身份信息，自动查询公开数据库或第三方数据库，快速完成背景调查。

（5）自动验证、核发电子证件：报名系统可以与后台管理系统或第三方数据管理系统对接，完成身份的自动校验和审核，并且发放电子证件。

（6）自动数据审核：人工智能可以自动检查数据格式、完整性等，标识出异常数据或违规数据，并要求修改，缩短审核时间。通过身份审核的自动化，可以过滤异常申请，保证参会质量。

（7）生成名单和报表：系统可以根据筛选条件和设置的报表规则自动生成各种名单和数据报表，如参会人员名单、门禁统计、门票订单报表等，无需人工汇总统计。

（8）第三方平台对接：实现与第三方报名平台的对接，共享报名数据，无需手动转录。

（9）自助修改注册信息：参会人可以通过系统自主修改注册信息，优化管理流程，无需通过主办方的客服人员进行处理。

（10）自动提醒和通知：系统可以根据注册流程自动触发邮件、短信，提醒参会人报名、付款等，无需人工催促。

通过注册管理的自动化，可以大幅降低人工操作，使注册流程更顺畅、更高效。

3.现场购票、签到、门禁自动化

这属于业务和流程自动化。它可以使参会人员能够利用自助购票、证件打印系统和智能闸机完成自助购票、签到入场,无需人工核验和检查,实现门禁管理的自动化。

现场购票、签到、门禁自动化的场景主要包括以下十个方面。

(1) 自助票务购买和检票:设置自助购票机或官方小程序终端,参会人可以自主购买门票,并出示电子票据入场。

(2) 电子签到和门禁系统:利用电子证件或人脸识别在闸机进行自助签到,无需人工检查,直接实现开门入场。

(3) 电子证件和人脸识别:参会人上传身份证照片,系统使用人工智能面部识别算法,自动与注册照片比对,完成身份验证。

(4) 刷脸支付:支持刷脸或者人脸识别支付参会费用,提供无感支付体验。

(5) 人流量监控:使用视频图像分析等技术实时监控会场人流量,对疏导采取自动预警和调度指引。

(6) 智能导览和询问:设置智能导览机器人或智能导览窗口,参会人可以进行自助导览查询以及提问服务。

(7) AR/VR助手:利用AR技术或VR技术,参会人可以使用手机查询展馆信息、查看地图、获取导览等。

(8) 自动数据统计和分析:自动收集和处理入场人数、高峰期人流等数据,用于现场管理优化。

(9) 查重和多次申请识别:使用大数据技术,自动识别单次入场权限下的重复入场情况,防止逃票行为。

(10) 自动风险识别:使用机器学习算法,自动分析参会人信息,识别出存在欺诈风险的异常申请,进行自动拦截。

4.需求对接自动化

这属于业务自动化。通过建立基于大数据和AI驱动的系统,根据展商和买家的数据,实现精准的需求匹配和自动推送,提高交流效率。

需求对接自动化的主要场景包括以下八个方面。

(1) 买家画像和标签:根据买家的身份、行业、职位、历史询盘等数据,进行买家标签和画像匹配。

(2) 卖家标签和商品推荐:对卖家和商品进行智能标记,与买家画像实时匹配,进行个性化精准推荐,比如"猜你喜欢"就是在线平台中的业务创新。

(3) 实时需求推送:买家提出询盘需求后,平台即时匹配最适合的卖家进行推送。

(4) 在线智能询盘:买家可以通过在线客服机器人进行需求描述,客服机器人可以智能理解需求并提供最匹配的卖家。

(5) 智能配对推荐:平台自动分析历史成交数据,进行买卖双方的智能配对推荐。

(6) 聊天机器人需求收集:使用聊天机器人进行对话式需求收集,自动分类并推送给匹配度最高的卖家。

(7)用户行为分析：收集并分析用户的浏览点击行为，实时调整推荐结果。

通过需求对接的自动化，可以大大提高匹配效率和成交转化率。

5. 内容管理和学习自动化

这属于流程自动化。使用在线学习系统，根据个人情况自动推荐适合的学习内容和过程，进行自动化的知识传播。

内容管理和学习自动化的场景主要包括以下八个方面。

(1)内容标记和分类：使用自然语言处理技术，自动分析内容特征并添加标签和元数据，实现内容的规范化分类。

(2)个性化推荐：根据用户的兴趣、特征和观看历史，自动进行个性化内容推荐。

(3)智能内容编辑和生产：使用AIGC技术自动拆解、组合，生成各类视频、音频、文字等内容。

(4)交互式内容体验：利用聊天机器人和其他交互方式，实现内容的个性化学习和查询服务。

(5)在线测试与评测：参会人可以进行在线知识测试，系统自动评分并提供学习建议。

(6)学习过程跟踪：自动跟踪学习过程并生成学习凭证，如时间、章节等。

(7)内容更新和维护：使用自然语言生成，自动更新内容，增加版本迭代，降低维护成本。

(8)效果分析：收集学习效果数据，进行自动化分析优化内容设计和推荐。

内容管理和学习自动化可以大幅降低成本，提供个性化体验，并实现会展内容的持续化利用。

总体来说，通过使用数字化工具和平台，主办方可以实现营销自动化、观众注册/购票管理自动化、展商预订与管理、注册与签到、演讲者安排等各个环节的自动化处理。这种自动化可以极大地提高效率，减少人为错误，并在整个会展过程中提供更好的可追溯性和数据管理。

（二）"端、网、云"一体化

在以数字经济为新动能的新会展生态中，"端""网""云"是新时代的价值基石。"端"在英文中的常见翻译有"Endpoint""Portal""Terminal""Interface""Access point"等。在数字会展的语境下，"端"可以翻译为各种表示信息、管理和服务活动的"入口""接入点"等，具体选择哪个词需要根据语境而定。

对于用户对象而言，端可以分为用户端（各类会展参与者群体）和管理端（会展主办方和服务方的工作人员）的入口，这个入口可以是软件，也可以是硬件。比如，根据入口的工具和载体不同，又可以分为PC端、移动端、硬件端。离散的"端"如果不进行有效连接，彼此互不相干，很难产生太大的价值，因此需要联网。

"网"指的是借助技术模块连为一体的包括产品、服务、会展参与群体和主办方在内的网络。网不仅是网络，也是网络平台。网络价值首先体现在数据的叠加和共享上,对同类或跨界的数据进行合并,从而刻画出更高层次的数据形态。实现协同效应、跨边平台效应等网络效应。"网"虽然可以进行数据的叠加、共享和协调,提高网络价值,但是这些活动仍然停留在"数据拿来就用"的层次。

"云"是服务于"端"和"网"的进行存储、运算和优化的虚拟解决方案,是基于互联网的相关服务,通过虚拟化技术,将计算、存储、网络、软件等IT资源抽象、池化和自动化,按需提供给用户,实现资源的灵活使用。换言之,"网"的本质是将碎片化的数据聚合、梳理。要挖掘数据的深层次价值,就一定要通过"云"这一数字会展最核心的组成部分来实现。

"端、网、云"一体化的价值闭环逻辑指的是:在数字会展的系统中,"端""网""云"相互依托,构成一个整体,缺一不可,共同构成了价值循环的闭环,刻画了整个智能生态价值构造的大图景。会展数字化将云计算、网络技术和媒体整合在一起,实现了会展参与者群体之间身份和业务关系,通过"云""网"和端连接并进行交互的一体化。比如,通过云端平台,展商和观众可以在线浏览展品、进行商务洽谈、观看直播演示等。此外,会展数字化还通过移动应用程序和社交媒体等渠道,扩大了会展的触及范围,使参与者能够随时随地参与会展活动。

1. 端

"端"作为用户与数字系统交互的入口和连接通道,具有两个主要功能:感知用户、反馈系统。感知用户,即"端"可以收集用户在数字场景的各类行为数据、互动内容等,实现对用户需求的感知。

反馈系统,即"端"将用户数据和需求反馈给计算系统,同时也将计算结果反馈给用户,完成人机交互循环。

"端"在数字会展中的主要应用场景有以下七个方面。

(1) 用户端:手机App、小程序、网站等为参会人、展商、演讲人等不同用户群体提供了信息获取、注册报名、签到门禁、参会交流等入口,这些入口可以收集用户数据,并提供个性化服务。

(2) 管理端:后台管理系统为主办方提供了注册管理、数据管理、展会监控、内容管理、现场门禁、接待管理、数据分析等入口,主办方可以进行统一调度,辅助决策。

(3) 智能硬件端:现场监管人员使用智能导览机器人、数字标识、传感器等硬件终端,可以实现观众流动管理、空间利用分析等。

(4) 交互端:通过会场内的智能问答机器人、AR/VR设备等提供沉浸式交互,收集用户需求,实现精准推荐。

(5) 内容端:支持用户个性化点播的内容平台,可以根据用户数据智能推送内容,提供个性化体验。

(6) 服务端:场内外的自助服务设备,如智能售票机、刷脸签到等,提升参会便捷性。

(7) 数据端:将各类数据汇聚分析,生成商业智能,辅助主办方制定数字化战略。

随着数字化程度提高,未来会出现更多创新形式的"端",它们连接起来构成端对端的数字化服务体系。比如,端到端数据流程、端到端内容管理、端到端用户体验、端到端商业运营、端到端决策支持、端到端过程优化、端到端统一管理等。所以,"端"是数字化过程中一个重要的概念和环节。随着科技的进步,未来数字会展的"端"将会更加智能化和便捷化,方便参会各方。

2. 网

数字会展中的"网"具有以下应用场景。

(1)数据聚合网(数据平台):通过API、数据库等技术将不同系统和端点的数据进行汇聚,实现数据资源的有效聚合。

(2)内容分发网(内容平台):建立内容管理和分发的数字化网络,实现会展内容的快速推送和更新。

(3)参会人社交网(社交平台):通过社群、社交等方式连接参会人,实现行业交流和资源共享。

(4)需求对接网(需求平台):搭建展商与观众的数字化商贸平台,实现精准对接。

(5)端到端服务网(服务平台):将会展项目和平台的各个流程与业务环节系统连接起来,实现端对端的协同服务。

(6)产业价值网/产业互联网:打通上下游企业,实现商业模式和生态的数字化升级。

(7)智能设备网:使各种智能硬件终端相互连接,共享数据和协同工作。

(8)决策支持网(决策平台):连接数据应用系统,提供数字化的商业分析和决策支持。

可以看出,"网"的本质是通过连接人、产品(物)和企业,实现数据的协同。"网"的价值在于连接和协同,是数字会展的重要基础。

3. 云

"云"在数字会展中的主要应用场景如下。

(1)云存储:利用云服务存储海量的会展数据,如用户行为数据、展商信息等。

(2)云计算:依托云计算服务进行大数据分析,开发数据应用。

(3)数据挖掘:使用云服务中的AI和算法,对数据进行深度分析,发现数据价值。

(4)个性化服务:基于用户喜好等数据,提供个性化的推荐、导览等服务。

(5)智能决策:通过数据分析,对会展运营进行预测和决策支持。

(6)自动化优化:根据运营数据,平台可以进行自动调整,实现会展流程优化。

(7)创新应用:基于云服务开发AR/VR等创新应用,提升会展体验。

(8)安全与管控:使用云平台统一监控参会人信息和数据,保障数据安全。

可以看出,"云"为数字会展提供了智能化的核心支持,是推动数字化升级的关键所在。云服务的存在也大大降低了主办方数字化转型的成本。

"端、网、云"不仅缺一不可,还是环环相扣、相互联通的。抢占了"端",就能够形成有价值的"网";丰富了"网",就能够迭代出先进的算法,形成智能的"云";更新了算法,就能够提高"端"的效率和体验。这意味着在数字会展时代,会展企业的优势是有流动性的:它可以从一个环节传递到另一个环节,通过不断传递,形成巩固和扩大优势的良性循环。这个过程中涉及四个具体的步骤——场景数据化、数据网络化、网络智能化和智能平台化。

(三)社群活动在线化

有了"端、网、云",会展数字化推动了会展社群、交流和供采活动的在线化。

1. 社群活动在线化的价值

各类社群在线化对于数字会展的价值主要体现在以下八个方面。

(1)提高参与度:在线平台打破了地域限制,让更多观众可以参与其中,扩大了会展的影响力和辐射面。

(2)深化交流效果:通过在线论坛、直播间等,观众可以进行深入交流,会展效果可以持续发酵。

(3)提升交易效率:在线平台可以让展商、观众更便捷地进行商业配对和交易洽谈。

(4)创新展示形式:虚拟展厅、3D展台等在线新形式,给参与者带来了新鲜的展示和访问体验。

(5)挖掘数据价值:在线平台可以收集大量用户数据,进行数据分析应用,创造更多商业价值。

(6)降低成本:在线平台降低了参展和参观的成本,使中小企业更容易参与。

(7)提高管理效率:通过在线管理系统,组织者可以提高其管理效率和运营效率。

(8)延伸会展影响:通过在线平台,使得会展的商业价值不再局限于线下场景,而且能够实现全年持续化。

2. 社群活动在线化的场景

1)线上会议

(1)在线论坛:建立论坛社区平台,展商和观众可以在此交流讨论、分享行业动态。

(2)视频直播:通过视频直播的方式,观众可以在线参与产品发布、论坛等活动。并且在会后,人们还可以回看录播。

(3)网络研讨会:举办网络研讨会,观众和展商无需现场也可以参与交流。

2)线上展览

(1)线上展厅:通过3D、VR等技术打造虚拟展厅,展商可以在线展示和推广产品,与客户在线交流洽谈。

(2)虚拟展品:通过图文、视频、3D等形式,展商可以在线推广产品。

3)在线社交

(1)在线聊天:提供类似社交媒体的在线社区和软件工具,如即时音视频交流或图文即时聊天,用于会展参与者之间的沟通。

(2)电子名片:在线开展名片交换,获取商机线索。

4）在线商务

（1）在线供需对接：搭建供需对接平台，展商和买家可以在线进行洽谈和交易。

（2）个性化推荐：根据用户喜好等数据，进行个性化推荐。

（3）买家配对：根据买家需求，匹配供应商。

5）在线服务

在线服务，包括AI在线服务，是指使用AI技术，为用户提供在线导览、询问等服务。

总之，在线是数字会展的重要组成，可以扩大会展价值并创造出更多可能。通过这些在线化场景，可以丰富会展的参与形式，提高会展效果。

（四）渠道数据整合化

在会展数字化的初级阶段，系统割裂，数据无法集成，无法实现各个环节产生的数据能够被整合和分析，实现多维度的数据分析。因此，通过集成不同系统和工具，包括注册系统、展商管理系统、交互式投票系统等，主办方可以获得展商和观众的行为数据、兴趣偏好和反馈信息。这些数据有助于主办方了解参与者的需求，优化会展方案，并提供更个性化的体验。具体表现如下。

1. 整合用户数据

将用户的线上（如注册、访问）数据与线下数据统一进行标注和存储，形成用户360°数据资产。

2. 内容数据整合

汇总会展项目所有内容数据，如演讲、文档、视频等，便于管理和应用。

3. 结构化数据整合

对展商、产品等结构化数据进行标准化处理，实现跨系统共享。

4. 多源数据分析

从多角度对跨平台、跨系统数据进行整合与关联分析，支持决策。

5. 数据驱动营销

根据用户数据进行精准营销，提升变现能力，实现业务创新。

6. 个性化服务

根据用户喜好数据，提供个性化内容和服务。

7. 安全与管控

汇聚审核身份和访问数据，保障会展安全。

总之，通过数据整合，可以发挥数据的协同价值，推动数字化进程。

（五）数据分析智能化

随着大数据时代的到来，传统的科学方法论面临挑战，需要采用新的研究范式。

曾在微软研究院任职的吉姆·格雷提出了科学研究的第四范式,之所以称其为"第四范式",是因为这种范式区别于经验、理论和计算机模拟。随着模拟方法以及实验科学中海量数据的出现,"数据密集型"科学研究范式,即"第四范式"应运而生。

会展数字化利用大数据分析技术,实现对海量数据的智能分析。通过机器学习和人工智能算法,主办方可以从数据中发现潜在的趋势和模式,预测参与者的行为和偏好,并提供个性化推荐和定制化服务。这种智能化的数据分析帮助主办方做出更明智的决策,提高会展的效果和参与者的满意度。

会展大数据分析智能化应用场景主要包括以下几个方面。

1. 用户画像和细分

使用机器学习算法,根据用户特征进行精准画像和用户群体细分,进行差异化营销。

2. 精准推荐

根据历史观众数据,采用协同过滤等算法进行个性化精准推荐。

3. 数据预测

利用时间序列等算法,预测会展注册率、参与规模等核心指标。

4. 趋势分析

通过文本挖掘、情感分析等技术,发现会展热点、领域趋势。

5. 智能询答/客服

基于自然语言处理,实现会展问答机器人、智能客服等。

6. 智能安保

使用计算机视觉等算法,实现展会现场智能监控、风险预警、异常监测。

7. 业务智能

根据数字会展平台的访问数据、互动数据及其趋势,提供各类数字化商业分析报告,采购趋势报告等辅助决策。

8. 数据驱动

根据数据,洞察与优化会展方案、营销方案、资源分配等。

总之,会展大数据智能化是数字化的核心,可以持续优化和创造更大的价值。

四、会展数字化的现状与发展

(一)会展数字化的发展历程

基于数字技术的发展历程,会展数字化大体可分为五个阶段:前互联网时代(1987—1994年)、PC互联网时代(1995—2008年)、移动互联网时代(2009—2018年)、万物互联时代(2018—2022年)、数实融合与GAI时代(2023年至今)。

1. 前互联网时代(1987—1994年)

1987年,中国发送了从北京向德国卡尔斯鲁厄大学的第一封电子邮件,这开启了中国的信息时代。这个阶段主要以单机版为主,个人计算机可以收集整理并存储信息。

2. PC互联网时代(1995—2008年)

1994年,中国实现全功能接入国际互联网,成为国际互联网第77个成员。1995年,中国正式进入2G的通信时代,手机增加了上网功能。1997年,网易公司成立。1998年,搜狐、腾讯、新浪等公司创办。1999年,QQ出现并风靡全国,阿里巴巴开启电商新时代,2000年,百度公司成立。这些公司如今都是数字化平台巨头。自20世纪90年代中期以来陆续出现国内展会的信息化运作流程,直至2011年前,数字会展的基础是信息化,这个阶段主要通过填写纸质表单完成现场观众登记,用Foxpro等单机版本数据库做登记处理。随着互联网技术的发展,网上注册登记在20世纪90年代后期逐步出现。2002年,一些科技企业逐步提供专业的展览业信息化服务,提供注册登记、门禁和现场数据处理等业务。主要以PC互联网应用为主,发展速度慢,数据库工具和技术路线比较传统,应用更多局限在观众登记,展商管理和观众的数据分析使用有限。

3. 移动互联网时代(2009—2018年)

2009年,工业和信息化部为中国移动、中国联通和中国电信三大运营商发布3G牌照,中国正式进入3G时代。2011年,微信的推出,特别是在2013年的微信服务号、微信扫一扫和内嵌H5大大推进了数字会展向移动式发展。市场对开发独立App响应一般,而微信公众号和H5的结合却解决了移动化技术的低成本问题。2018年,微信小程序使观众从移动端进入更便捷。同时,相关支付基础设施方便了展会门票销售,红包促销引流营销同步发展。智能手机市场在2018年的基本见顶,预示着移动时代的结束,同时开启了万物互联时代。

4. 万物互联时代(2019—2022年)

数字经济发展驶入快车道,全国各地先后成立了大数据管理机构,为经济社会发展助力。随着技术不断迭代,与微信同步发展的有IABCD(物联网、人工智能、区块链、云计算、大数据)开始进入数字会展的范围。例如,物联网应用最多的是RFID和iBeacon。过去10年RFID芯片成本明显下降,展览和会议开始大规模应用;尽管iBeacon技术有一些亮点,但由于成本、硬件和操作系统的普及率等多方面的问题,它还不足以被大规模应用。在2017年,会议和展览开始应用AI带来的人脸识别技术,人脸识别准确率达到了95%。大数据和云计算技术的应用主要是线上与线下的全链路跟踪和大数据分析,目前已有较多应用。基于大数据的连接,更多基于社会化数据而不是自有数据。随着移动互联网的普及,以往大型展会采用的注册、门禁等逐渐普及化。显然,互联网时代带来诸多好处,例如便利性、数据处理迅速和及时性,流程标准化带来的效率提升,信息化形成的实时处理能力等。在全面连接的时代,会展主办机构能够以更多样化的线上与线下相结合的方式,创造更多的活动类型和活动数量,吸引更多的参与者,并收集更多的数据。

5. 数实融合与GAI时代(2023年至今)

如果说,以ChatGPT为代表的大模型的诞生的2022年标志着生成式人工智能

(GAI)的元年,那么2023年是会展业全面应用GAI的爆发之年。2023年也是数字会展的"数实融合"时代的开始。数实融合强调同时面向两个空间发展数字生产力和生产关系。在会展行业,同时强调线下的展厅、展区、会议室、交流空间,以及线上的展示、洽谈、对接网络。在这个阶段,GAI技术的快速发展加速了实体会展与线上会展的加速融合。会展主办方和广大企业尝试使用线下展会与元宇宙展会、线上展览、线上会议、网络研讨会等多种线上形式相结合,创造更多沉浸式、互动性强的会展场景和服务。

(二)会展数字化的发展现状

近年来,以人工智能、大数据、云计算、AR/VR等技术为核心的数字技术快速渗透并进入各个行业,为数字会展的发展奠定了技术基础,提供了更多的可能性和创新机会。数字技术不仅可以提高传统会展的管理效率,还能让展商、观众、参会人、演讲人等各类参与者可以更加方便、灵活地参与到活动中,同时提供更加丰富、个性化和互动性强的体验。数字技术的应用还可以帮助主办方采集和分析一手数据,优化活动策划和运营,提高参与度和满意度,进而推动数字会展的发展。

1.会展主办方数字化转型需求迫切

从国际视角看,知名会展头部主办企业通过自我培育和对外并购等方式来增强和扩展数字化业务,利用数字技术不断提升管理水平和客户服务体验,从线下到线上获得第二增长曲线。例如,英富曼集团早在2014年就开启了全球增长计划(Global Acceleration Programme,GAP),其核心就是数字化驱动的增长转型。自2014—2017年推出GAP Ⅰ到2021—2024年推出GAP Ⅱ战略计划,该集团一直在致力于扩大数字化转型力度。他们建立了第一方数据处理平台(IIRIS)赋能业务增长,并通过剥离情报业务,聚焦学术市场和数字市场,通过直接并购和战略投资以及整合数字化渠道、内容、技术和服务获得新的增长潜力。2024年,英富曼集团的目标是其40%的收入来自数字化。为了加速战略布局,不少全球知名会展集团通过直接并购数字媒体、咨询和电商平台,加速进军B2B数字化业务,寻求"会、展、贸、媒、咨"一体化线上与线下的边界拓展与融合。例如,法兰克福集团并购了电商平台"nmedia";英富曼集团2022年以3.89亿美元并购了Industry Drive之后,2023年又以3.8亿美元收购数字媒体、咨询和会展平台"Winsight",继续拓展线上数字业务;翡翠会展集团收购了B2B在线批发市场"Bulletin";Arc会展集团并购了媒体和咨询公司HighQuest。这些都是积极应对数字化挑战和机遇,完善线上与线下一体化发展的典型案例(见表1-1)。

表1-1 2022—2024年部分会展集团数字化项目并购案例

会展集团	并购对象	并购时间	并购金额
英富曼集团	TechTarget	2024年1月	未公布
英富曼集团	Winsight	2023年5月	3.8亿美元
英富曼集团	Industry Drive	2022年7月	3.89亿美元
翡翠会展集团	Bulletin	2022年7月	未公布

续表

会展集团	并购对象	并购时间	并购金额
ARC会展集团	HighQuest	2022年8月	未公布
法兰克福展览集团	nmedia	2022年9月	未公布

(来源:31会议研究院,根据行业新闻整理)

作为英富曼集团在华的中外合作公司的上海博华国际展览有限公司自2006年便开始数字化探索和业务升级的尝试,自2022年正式发布博华数字4.0战略,即线上与线下一体化发展战略,全面推进会展数字化的再次升级,号召业务人员把数字化技术和模式,用最有效的方式,应用到博华的数字化建设上来,实现博华数字化平台的强力盈利模式。在外部环境压力和内在发展动力的驱使下,很多会展主办方都将发展数字会展作为主要战略。根据中国会展经济研究会、中国贸易报社、长三角会展研究院、上海对外经贸大学会展与传播学院、广东会展组展企业协会联合发起的《中国会展主办机构数字化调研报告(2023)》(DRCEO 2023)显示,主办机构对数字化的认识在不断深化,会展业数字化转型在加速,会展数字化转型处于转折点,主办方对数字化转型的认知已经从要不要做的犹豫和讨论转向具体的探索和实践入手,关于数字化转型的总体战略,参与调研年的主办企业中90%都有积极举措,主办企业持续投入数字化转型也成为主流选择,70%以上的主办机构2023年对数字化的预算投入比2022年有所增长。

会展主办机构采用了更多的技术和数字化服务来服务客户,创造了新的模式。超过90%的会展主办机构积极探索会展数字化转型。从图1-2可以看出,截至2022年已经使用的技术的前三名占比从高到低依次是:会展门户(67%)、营销自动化工具和新媒体营销工具(53%)、线上会议/线上研讨会/元宇宙会议(49%),这些工具主要是对外营销和推广服务类;未来2—3年内会使用的技术前三名占比从高到低依次是:AI智能客服/AI呼叫中心(33%)、采购管理系统(32%)、项目管理系统(30%);远期可能会考虑使用的技术前三名占比从高到低依次是:采购管理系统(22%)、AI智能客服/AI呼叫中心(19%)、线上会议/线上研讨会/元宇宙会议(19%)。

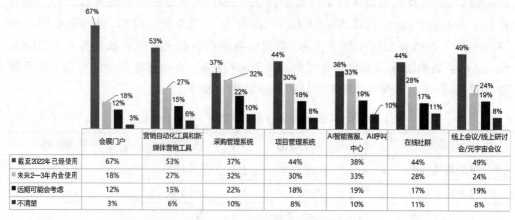

图1-2　会展主办机构对数字工具的应用

(来源:《中国会展主办机构数字化调研报告(2023)》)

2. 会展企业积极建设数据中台

以往,会展主办方业务数据分散,营销拓展、客户管理、流程管理、现场管理等业务各自为政,容易产生数据孤岛。尤其是管理大型展会、多个展会、多个会议和多届展会时,庞大的数据处理往往是一个难题。第一方数据来源广、分布散、管理难,这就需要有集中的数据中台统一处理。从国际会展集团的标杆案例来看,会展主办企业整合多展、多会、多届的观众数据和参会人数据是一个大趋势。以英富曼集团为例,该集团开发了第一方数据集成系统IIRIS,并于2022年开始在全球各个业务部门推广。IIRIS是B2B市场客户数据的集中数据和分析引擎,将整个集团不同公司旗下展会业务的第一方数据集中到一个系统中,集成后的每一位观众都有一个唯一的ID。这位观众参加不同类型和线上以及线下的展会、活动,都会以标签的形式进行管理。IIRIS作为数据中台,是集成化的客户数据管理与营销平台,可以汇聚各类数据,深度分析客户信息,有针对性地提供服务。除此之外,Questex还自主开发了第一方数据平台"Q Activate",该平台获得了2023年UFI数字创新年度大奖。

拓展知识

第一方数据,具体是指会展主办方直接从展商、观众那里收集到的数据,此类数据一般由企业内部的销售、市场以及运营团队负责采集,后续进行存储并投入使用。来自其他自有媒体资产或接触点的客户关系数据、网站分析或客户交互数据也可以是第一方数据。这种类型的数据直接来自客户,易于访问,深入揭示用户行为和偏好。

第一方数据既可以用于个性化营销,也可以用于预测客户行为和趋势,支持更复杂的目标定位。所谓的"零方数据"(Zero-party Data),是由弗雷斯特研究公司(Forrester Research Inc.)提出的一个专业术语,是第一方数据的一种形式。例如,客户有意主动与组织分享个人偏好数据,以换取更具个性化的体验。

3. 数字会展组织陆续成立

2020年以来,国际会展业界先后成立了虚拟会展协会(VEI)、混合会展城市联盟(HCA)等多个与数字会展有关的行业组织。在我国,中国会展经济研究会数字会展工作委员会于2021年6月正式成立,这是第一个全国范围内汇聚数字会展开拓者、建设者和应用者的组织,以共商、共建数字会展建设,普及数字会展理念和应用为目标,旨在发挥数字会展对会展经济的推动作用,弥合数字鸿沟,以科技创新和数字化变革催生会展业发展新动能和新格局。2022年5月,西安市会展行业协会成立数字会展委员会;2023年8月,上海市会展行业协会成立数字会展委员会。数字会展工作委员会的成立,标志着行业对数字会展的需求已经从隐性需求上升为显性需求,说明数字会展实践和应用在各地的进一步落地和深化。促进会展行业拥抱"数字会展"发展新趋势,利用数字化技术提升展会质量,推动行业数字化发展已成为协会的一项工作职责。

在会展组织的积极推动下,多个促进会展数字化发展的政策和标准陆续出台。

2021年,中国贸促会商业行业委员会发布《线上展会服务规范》(T/CCPITCSC 066—2021)团体标准。2022年,由福建省会展业标准化技术委员会提出并归口的福建省会展领域首个地方标准《线上会议和展览服务规范》(DB 35/T 2068—2022)正式发布,引领带动福建省会展业加速数字化转型,实现线上与线下双向融合发展。同年,山东省威海市贸促会为促进数字化赋能国际会展活动,促进会展业升级发展,推出了《数字国际会展指导标准》。此外,西安、成都等地在年度会展扶持政策之中增加了对建设会展业数字化服务平台的补贴。

总之,随着科技水平的提升,会展数字化也将不断创新,推动产业持续升级。

第二节　会展数字化的应用场景

会展数字化的应用场景可以从产业链角度进行分析。所谓"会展产业链",是指会展产业链上下游企业使用数字化的软硬件技术提供数字化服务和管理,重塑组织结构、工作方式、业务流程;面向会议、展览、节庆赛事活动的参与群体提供数字化的产品和服务,创建数字化的连接,创造数字化的、个性化的服务体验,获得数字化的收入,从而促进会展产业链企业数字化转型的运营和管理行为的集合(见图1-3)。广义上的数字会展包含第一级(会展的核心参与者)和第二级(会展所需的服务提供者)。因此,广义上的数字会展可以延展为会展项目的数字化、会展企业的数字化、会展行业的数字化、会展生态的数字化等不同的维度。

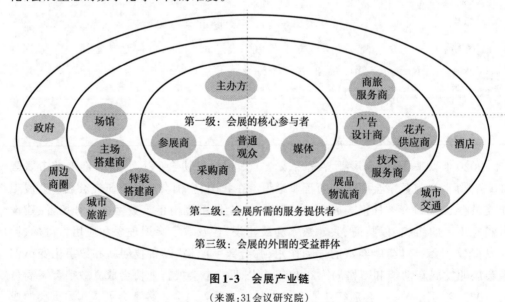

图1-3　会展产业链

(来源:31会议研究院)

一、展商数字化服务

展商的数字化服务主要体现在数字化广告、商机对接、定制服务和交易闭环四个方面。

（一）数字化广告

1. 数字化广告的优势

与传统广告相比，数字时代的广告具有以下几个区别和优势。

1）精准定位

数字化广告提供了更精确的定位和目标受众选择。通过用户数据和行为分析，广告内容可以有针对性地投放给特定的受众群体，使得广告更加精准有效。

2）互动性

数字化广告可以与观众进行互动。观众可以点击广告、填写表单、留下评论等，从而与广告主进行实时互动和反馈。这种互动性加强了用户参与度，提高了品牌知名度和用户参与度。

3）实时反馈

数字化广告可以提供实时的数据和反馈。主办方可以准确地了解广告的展示次数、点击率、转化率以及用户行为等关键指标。这些数据可以帮助主办方进行实时优化和决策，从而提高广告投放的效果和投资回报率。

4）可量化效果

数字化广告的效果可监测和量化。通过跟踪链接、转化代码和分析工具，主办方可以准确地衡量广告的效果和投资回报率，并根据数据做出相应的调整和优化。

5）多样化的形式

数字化广告可以采用多种形式和媒体进行展示，包括横幅广告、视频广告、原生广告、社交媒体广告等。这些不同形式的广告能够适应不同平台和观众的需求，提供更多样化的用户体验。

2. 数字化广告的类型

数字化广告包括但不局限于以下五种类型。

1）数字化广告位

主办方可以向展商提供数字化广告位，展商可以在会展活动的官方网站、移动应用程序或其他数字平台上展示他们的广告内容。这些广告可以是横幅广告、插页广告、视频广告等，通过展示展商的品牌和产品信息来吸引目标受众的注意力。

2）智能推送

智能推送是计算广告在数字会展领域的应用。主办方可以利用智能推送技术，将展商的广告消息、特价优惠或相关信息定向发送给参会人。通过分析参会人的兴趣和行为数据，可以将个性化的推送内容传递给适合的受众，提高展商的曝光和转化率。智能推送由于是千人千面的精准推送，可以最大化地发挥长尾效应，让合适的商业信息匹配相应的受众，因此打破了传统广告位（含电子广告）受物理空间和版面空间影响的限制。此外，智能推送的效率更高，利用算法和数据匹配进行分发，是广告领域的一次智能革命。

3) 短信/EDM营销

主办方可以向展商提供短信或电子邮件营销服务,让展商将促销信息、活动通知、产品推荐等信息通过主办方的平台直接发送给参会人的手机或电子邮箱。这样,展商可以对自己的产品和服务进行曝光,并与潜在客户建立联系,推广其产品或服务。

4) 精准搜索

通过会展活动的官方网站或移动应用程序提供精准搜索功能,主办方可以向展商提供广告位或推荐位置,使得展商的信息在展商列表及其搜索结果中得到突出展示。这样,展商可以通过购买关键词、优化标签等方式在观众的搜索结果中获得更多的优先曝光,并获得点击量转化。

5) 虚拟展厅

随着虚拟和混合现实技术的发展,特别是在元宇宙会展场景中,主办方可以为展商提供线上虚拟展厅的机会。展商可以在虚拟平台上展示其产品、提供演示和互动体验,吸引在线参会人的关注,并通过虚拟展览的运营模式实现收入。

通过以上数字化方式,主办方能够为展商提供更多的曝光和推广机会,帮助展商与目标受众建立联系并促进业务增长。同时,这些数字化服务也可以为主办方提供额外的收入来源,增加会展活动的经济回报。

(二) 商机对接

1. 数字化商机对接的优势

主办方可以为展商提供一个数字化商机对接平台,该平台可以连接买家和卖家,促进他们之间的交流和合作。通过这个平台,展商可以发布自己的产品或服务信息,并与潜在的买家进行配对。使用数字化商机对接平台相较于传统的对接方式有以下几个区别和优势。

1) 自主性和便利性

商机对接平台提供了一个数字化的平台,与传统的对接方式相比,参与者不再需要面对面地进行洽谈,而是可以通过互联网随时随地进行商务交流。这种数字化自主性和便利性提高了商务对接的速度和效率。

2) 精准匹配

商机对接平台利用数据分析和智能算法,能够根据买家或专业观众的需求和展商的供应信息进行精准配对。这样可以确保买家与最符合其要求的展商进行对接,大大提高了商机的质量和成功概率。

3) 扩大范围

商机对接平台突破了传统对接的地域限制,使得全球范围内的买家和展商都可以参与对接。这样展商可以得到更多来自不同地区和行业的商机,同时买家也能够获得更多的选择和机会。

4) 数据支持

商机对接平台提供了数据分析和反馈功能,可以跟踪商机对接的过程和结果,并提供有关商机成效的数据指标。这些数据可以帮助参与者评估商机对接的效果,并进行进一步的优化和调整。

5) 降低成本

传统的商务对接通常需要参与者进行长途旅行、租赁展位、印制宣传材料等,成本较高。而商机对接平台通过在线数字化对接,大大降低了时间、金钱和资源的投入成本,使得商机对接更加经济高效。

6) 长尾效应

在商机对接平台上,展商可以发布各种类型、规模和领域的供应信息,包括那些可能不太热门或有着特定受众的产品或服务。这样,展商有机会吸引到那些在传统市场中相对较难找到的买家或潜在合作伙伴。

7) 时间灵活性

商机对接平台提供了随时随地的商机对接环境,不再受限于特定的时间和场地。参与者可以根据自己的时间安排,在自己方便的时间段进行商务洽谈和对接,提高了参与者的灵活性和便利性。

综上所述,商机对接平台相较于传统的对接方式具有数字化自主性和便利性、精准匹配、扩大范围、数据支持、降低成本、长尾效应和时间灵活性等优势。这些优势使得商机对接更加高效、便捷、经济,并为参与者带来了更多商机和合作机会。

2. 数字化商务对接的形式

1) 买家配对

主办方可以利用数据分析和智能算法,根据买家的需求和偏好,将他们与适合的展商进行配对,买家通过预约洽谈的方式实现对接。这样可以提高买家的工作效率,使其更容易找到感兴趣的供应商,并促成商务洽谈。

2) 线上对接会

主办方可以组织线上的商务对接会,通过虚拟会议室、视频会议等方式,让展商和买家进行线上的商务洽谈和交流。这种线上对接会为展商和买家提供了一个便捷的平台,节省了时间和成本。

3) 发布供应信息

主办方提供线上平台,提供供应信息发布服务功能,展商可以在供需对接平台上发布自己的供应信息,吸引潜在买家的关注。这样展商可以提高曝光率,并增加与潜在买家之间的商业联系。FoodTalks供需平台页面如图1-4所示。

4) 交换名片

主办方可以提供数字化的名片交换服务,使展商和买家可以通过直接点击交换或通过小程序、手机应用程序扫码等方式快速交换联系信息。这样的数字化名片交换可以简化交流过程,并加快商业洽谈的进行。名片还可以通过进入线索列表进行管理。

图 1-4　FoodTalks供需平台页面截图

(三) 定制服务

主办方可以向展商提供定制服务,如定制报告、数据挖掘、数据分析和营销咨询等。

1. 定制报告

主办方可以根据展商的需求和要求,提供定制化的市场研究报告或行业分析报告。这些报告可以包括市场趋势、竞争分析、消费者洞察、产品定位等关键信息,帮助展商了解市场情况、优化业务策略,并做出更明智的决策。

2. 数据挖掘

主办方可以利用大数据技术和分析工具,对展会相关数据进行挖掘和分析。通过深入分析展商和买家的行为数据、交易数据和参与数据,主办方可以提取有价值的信息,为展商提供洞察和建议,帮助他们更好地理解客户需求、评估市场机会,并优化营销和推广策略。

3. 数据分析

主办方可以根据展商的需求,提供数据分析服务。这包括对展商提供的数据进行统计分析、趋势分析、数据可视化等,以揭示潜在的商机、市场动态和业务洞察。通过数据分析,展商可以更好地了解自己的业务表现、市场竞争态势,并制定相应的策略和决策。

4. 营销咨询

主办方可以与展商合作,制定针对性的数字营销策略。这包括确定目标受众、选择适宜的数字渠道(如社交媒体、搜索引擎营销、内容营销等),并制定相应的市场推广计划。主办方可以为展商提供专业意见和指导,帮助他们在数字领域取得更好的曝光度和效果。具体策略包括网站和落地页优化、内容营销策略、社交媒体营销、数据分析和优化。主办方可以根据提供的咨询服务的复杂性和价值来制定相应的收费模式,从中获得收入。

(四)交易闭环

主办方通过向展商提供交易闭环服务可以获得收入,其中包括在线询盘、佣金收入和分成模式。

1. 在线询盘

主办方可以在商机对接平台上提供在线询盘服务。展商与买家之间的沟通和洽谈可以通过平台进行,主办方可以为此提供在线聊天、即时通信工具或询盘管理系统。展商收到买家的询盘后,可以与其进一步交流并达成商业协议。主办方可以根据展商收到的询盘数量或配对次数来收取相应费用。

2. 佣金收入

主办方可以采取佣金模式,即在展商和买家之间的交易中收取一定比例的佣金(适合电商模式)。当展商通过商机对接平台成功与买家达成交易时,主办方按照约定的佣金比例收取一部分交易金额作为佣金收入。这种模式激励了主办方积极促成更多的成功交易,因为他们的收入直接与展商的业务成果相关。

3. 分成模式

主办方可以与展商达成分成协议,按照一定比例分享展商从交易中获得的收益。主办方可以提供市场推广、销售支持、资源整合等服务,为展商带来更多的商业机会,帮助展商实现更高的销售额。通过与展商分享交易收益的一部分,主办方在展商获得成功时也能够分享其中的成果。

固定年费,即按照年费或月租费收费,是一种很多撮合平台的收费模式,主办方可以通过向展商收取固定年费来实现收入。这种模式通常适用于提供长期价值和服务的商机对接平台或会展平台。年费所包含的服务项目往往是多种组合,如展商店铺展示、商贸对接等。

这些交易闭环服务为主办方提供了多样的收入来源。特别是向会展贸一体化发展的电商平台,主办方可以根据具体情况和电商平台的定位来决定收取费用的方式和比例。例如,主办方可以依据不同的展商级别、行业属性或交易规模来制定差异化的费率。此外,主办方还需要建立相应的支付和结算系统,确保参与者的交易流程顺畅,并及时进行费用结算。

通过向展商提供交易闭环服务,主办方不仅可以为展商创造更多商机和交易机会,还可以通过佣金收入或分成模式获得收益,进一步激发平台的活跃度和商业价值。目前,主办方通过并购或自建电商平台的案例也越来越多。

环球旅讯旅连连平台定价模式如图1-5所示。

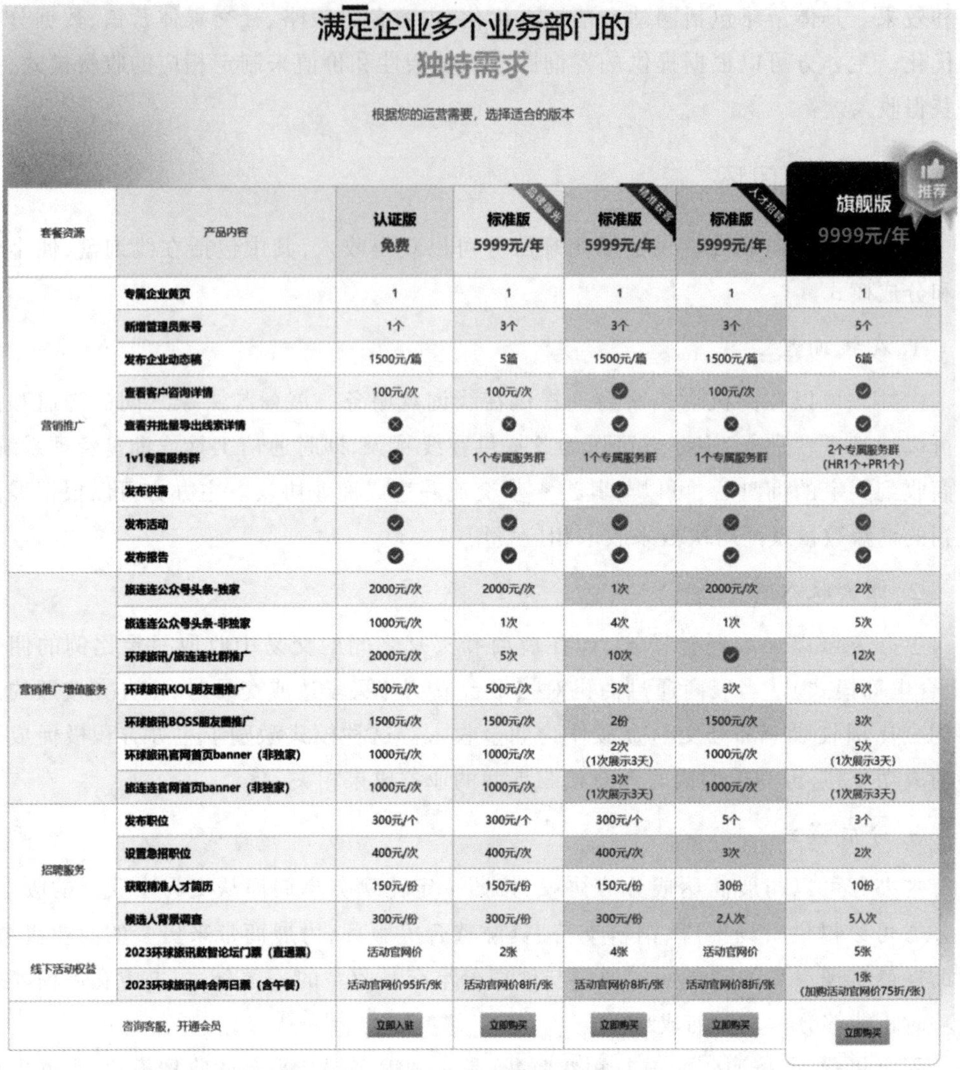

满足企业多个业务部门的独特需求

根据您的运营需要，选择适合的版本

套餐资源	产品内容	认证版 免费	标准版（品牌曝光） 5999元/年	标准版（精准获客） 5999元/年	标准版（人才招聘） 5999元/年	旗舰版（推荐） 9999元/年
营销推广	专属企业黄页	1	1	1	1	1
	新增管理员账号	1个	3个	3个	3个	5个
	发布企业动态稿	1500元/篇	5篇	1500元/篇	1500元/篇	6篇
	查看客户咨询详情	100元/次	100元/次	✓	100元/次	✓
	查看并批量导出线索详情	✗	✗	✓	✗	✓
	1v1专属服务群	✗	1个专属服务群	1个专属服务群	1个专属服务群	2个专属服务群（HR1个+PR1个）
	发布供需	✓	✓	✓	✓	✓
	发布活动	✓	✓	✓	✓	✓
	发布报告	✓	✓	✓	✓	✓
营销推广增值服务	旅连连公众号头条-独家	2000元/次	2000元/次	1次	2000元/次	2次
	旅连连公众号头条-非独家	1000元/次	1次	4次	1次	5次
	环球旅讯/旅连连社群推广	2000元/次	5次	10次	✓	12次
	环球旅讯KOL朋友圈推广	500元/次	500元/次	5次	3次	8次
	环球旅讯BOSS朋友圈推广	1500元/次	1500元/次	2份	1500元/次	3次
	环球旅讯官网首页banner（非独家）	1000元/次	1000元/次	2次（1次展示3天）	1000元/次	5次（1次展示3天）
	旅连连官网首页banner（非独家）	1000元/次	1000元/次	3次（1次展示3天）	1000元/次	5次（1次展示3天）
招聘服务	发布职位	300元/个	300元/个	300元/个	5个	3个
	设置急招职位	400元/次	400元/次	400元/次	3次	2次
	获取精准人才简历	150元/份	150元/份	150元/份	30份	10份
	候选人背景调查	300元/份	300元/份	300元/份	2人次	5人次
线下活动权益	2023环球旅讯数智论坛门票（直通票）	活动官网价	2张	4张	活动官网价	5张
	2023环球旅讯峰会两日票（含午餐）	活动官网价95折/张	活动官网价8折/张	活动官网价8折/张	活动官网价8折/张	1张（加购活动官网价75折/张）
咨询客服，开通会员		立即入驻	立即购买	立即购买	立即购买	立即购买

图1-5 环球旅讯旅连连平台定价模式

二、观众数字化服务

主办方基于数字化工具可以向参会人和专业观众提供按需点播、线上培训、电子报告、内容订阅、线上会员等形式的知识服务。

（一）按需点播

主办方可以提供会议或活动的按需点播服务。这意味着参会人和观众可以在活动结束后，根据自己的时间安排和需求，选择点播感兴趣的演讲、研讨会或培训课程。他们可以通过支付相应的费用，获取对应的视频录像、幻灯片或相关资源，并进行在线观看。

（二）线上培训

主办方可以开设线上培训课程,针对特定行业或领域的参会人和专业观众提供深入的学习与培训机会。这些学习与培训课程一般涵盖了新技术、市场趋势、管理技巧等内容,并由行业专家或知名讲师主讲。参会人和观众需要支付一定的费用,以参与这些线上培训课程。

（三）电子报告

主办方可以将会议或活动的重要报告、研究成果或行业洞察整理为电子报告的形式,并提供给参会人和观众进行购买。这些电子报告可能包含市场分析、趋势预测、研究数据等有价值的内容,可以帮助参会人和观众深入了解行业动态和商业机会。

（四）内容订阅

主办方可以创建一个订阅平台或专栏,并定期发布高质量的内容,如行业新闻、趋势分析、专家见解、案例研究、采购指南等。参会人和观众可以通过订阅来获取这些内容,并保持对行业动态的密切关注。

（五）线上会员

主办方可以退出线上会员计划,向参会人和专业观众提供独家权益与服务。作为线上会员,他们可以享受特定的优惠、早期访问权、专属内容和网络社区等福利。参会人和观众需要支付一定的会员费用,以获得这些额外的价值和权益。同时,线上会员模式提供了多种权益组合、服务套餐和优惠折扣等灵活的收费方式。

三、主办方管理数字化

主办方需要通过数字化转型来实现内部的管理数字化,需要密切关注市场趋势和参与者需求的变化,灵活调整策略,以保持竞争力和创造更多的数字化商机。

（一）全面数字化转型

为了实现数字化收入,主办方需要进行全面的数字化转型。这涉及从组织结构、业务流程到文化和人才能力的变革。数字化转型需要将数字化视为核心战略,并在各个层面上进行改革和创新。

（二）业务重构

为了开拓数字化收入,主办方需要对传统业务进行重新评估和优化。他们需要思考如何将线下活动、服务或产品转化为在线或数字化形式,以满足参会人和观众对数字化体验的需求。

（三）数字媒体和内容

引入数字媒体和数字内容是实现数字化收入的重要步骤。这涉及创建和发布高质量的数字内容，包括文章、视频、报告、研究等，以吸引目标受众并建立品牌影响力。

（四）数字技术专家

数字化转型需要专业的数字技术人才来支持和推动。主办方可能需要招聘或与数字媒体、数字营销、数据分析、平台开发等领域相关的专家或团队合作，以确保数字化策略有效实施并达到预期的收益。

（五）持续投入

实现数字化收入不是一蹴而就的过程，而是一项需要持续投入和不断改进的工作。主办方需要制定长期的数字化战略，并持续投资于技术、内容创作、数字营销和用户体验等方面，以不断提升数字化产品和服务的质量与价值。

除了主办方，还有服务商数字化协同，鉴于服务商的数字化不是本书的研究和学习重点，在此不作展开。

思考与练习

1. 数字会展、会展数字化的概念和范畴有哪些联系和区别？
2. 数字经济有什么独特的运行规则？为什么会出现收益递增的现象？
3. 选择本地区某知名会展项目为研究对象，指出其线上或线下会展数字化应用场景有哪些。

第二章
会展数字技术

本章思维导图

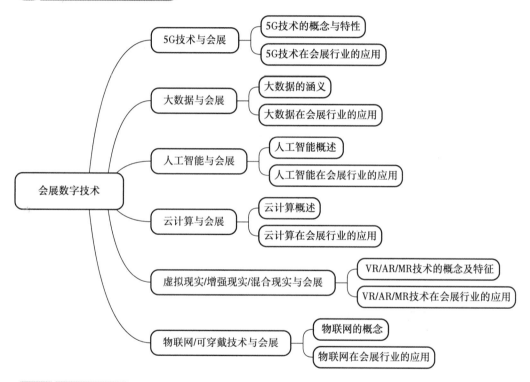

关键词

● 5G　● 大数据　● 人工智能　● 云计算　● VR/AR/MR　● 元宇宙　● 物联网

学习目标

- 1. 理解会展数字技术的核心概念。
- 2. 掌握会展数字技术的应用场景。
- 3. 培养会展数字化创新与跨界融合能力。

引导案例

"VR+"加出新精彩:2023世界VR产业大会元宇宙会议

一、大会简介

世界VR产业大会由中华人民共和国工业和信息化部、江西省人民政府主办,中国电子信息产业发展研究院、江西省工业和信息化厅、南昌市人民政府、江西省虚拟现实(VR)产业技术创新战略联盟承办。自2018年首届世界VR产业大会以来,至2023年10月,大会已经连续举办六届,成为全世界了解中国虚拟现实产业的重要窗口,以及全球虚拟现实资源的聚合平台。每年的世界VR产业大会不仅要展现虚拟现实领域的科技成果,还要通过数字会议展现大会的科技感,塑造独具VR特色的科技大会,成为政府大会虚拟现实技术应用的标杆。自2022年以来,连续2年的世界VR产业大会在南昌以线下和线上(元宇宙)相结合的形式融合举行。

二、九大VR创新应用场景

2023年,世界VR产业大会充分运用虚拟现实、增强现实、人工智能、数字人和云计算等先进技术,构建了包括虚实互联空间开场特效、虚拟主持人(江小薇3.0)、服务数字人系列、元宇宙逛展参会、VR产业考察及对话(乡村振兴+产业展现)、大会高清直播与回看、VR明信片海报、智能字幕、虚拟现实成果中心在内的九大创新会展应用场景(见图2-1)。其中,真人+虚拟主持人的混搭开场模式尤为创新,通过摄像头,动态捕捉真人主持人的动作、表情、说话动态等,驱动虚拟主持人与现场嘉宾互动。

虚实互联空间开场特效

虚拟主持人
(江小薇3.0)

服务数字人系列

元宇宙逛展参会

VR产业考察及对话
(乡村振兴+产业展现)

大会高清直播与回看

VR明信片海报

智能字幕

虚拟现实成果中心

图2-1 九大VR创新应用场景

三、元宇宙会场场景与体验

1.2023年世界VR产业大会元宇宙会场的主要场景

(1)虚拟数字分身:参会者注册元宇宙会议,可以选择自己的个性化的虚拟形象。

(2)3D虚拟空间：包括虚拟广场、虚拟主论坛、虚拟分论坛和虚拟展厅等多样化的虚拟空间场景，实现全终端互联互通。虚拟空间融合了江西特色文化，让参会者身在虚实融合的氛围中。

(3)虚拟主持人/虚拟发言嘉宾：采用数字虚拟的方式进行主持或演讲。

(4)虚拟直播：参会者在元宇宙空间观看现场直播或连线演讲的投屏。

(5)虚拟参会：在3D虚拟会展空间内，参会者通过数字分身可以选择座位就座，观看视频，会场可以转换观看视角。参会者的数字分身可以鼓掌、文字留言、查看参会名单，以语音或视频发言。

(6)虚拟漫游：参会者可以以数字分身的形式漫游虚拟空间，浏览展区。

(7)虚拟社交互动：数字分身可以与其他参会者的数字分身进行握手、语音交流。

元宇宙会议主要场景列举如图2-2所示。

图2-2　元宇宙会议主要场景

2.参加元宇宙会议的流程

与传统线下参会的注册、签到、入场参会、观展流程不同之处在于，元宇宙会展活动遵循自身特色的流程。

(1)多端登录：用户可以通过PC端、移动端等多种终端设备注册元宇宙会议账号，完善注册信息。

(2)选择虚拟形象：注册用户需要为自己选择一个数字分身，自定义个性化的虚拟形象。

(3)功能体验：进入元宇宙会议后，用户的数字分身可以在虚拟主广场、虚拟分论坛、虚拟展厅等不同的虚拟空间进行切换、浏览和漫游，观看演讲和参与互动。

通过本案例，我们看到元宇宙会议场景可以打破地理空间限制，扩大会议受众面，提供创新性、科技感的会议体验，在相当程度上增强用户互动性和参与感，从而重塑会展行业的展示、交流和学习的形式和体验，为传统会展模式注入创新活力。与此同时，作为VR产业的大会，主办方通过引入元宇宙会展场景，并以虚实融合的形式主办，也是为了更好地展示VR/AR/MR等科技创新成果，通过大会的传播效应，展示拥抱科技创新的理念，为经济注入活力，促进行业的数字化转型。

视频

数字技术：VR产业大会元宇宙案例

> **请思考：**
> 1. 与传统会议以赞助和注册费作为盈利模式相比，元宇宙会议的盈利模式可以是哪些模式？
> 2. 元宇宙会议用到了哪些技术？
> 3. 展望未来，随着技术的不断进步，元宇宙会展会在多大程度上替代传统线下会展？其应用和发展前景如何？

第一节 5G技术与会展

一、5G技术的概念与特性

第五代移动通信技术（简称5G或5G技术）是最新一代蜂窝移动通信技术，也是继4G、3G、2G和1G系统之后的延伸。5G的性能目标是高数据速率、减少延迟、节省能源、降低成本、提高系统容量和大规模设备连接。5G技术的特性主要表现为大带宽高速率、低时延高可靠、海量连接。

（一）大带宽高速率

5G技术中的大带宽高速率（eMBB）提供了前所未有的高速数据传输能力。用户体验速率可达1 Gbps，峰值速率更是高达上行20 Gbps、下行10 Gbps，这为用户带来了极快的网络速度和流畅的在线体验。同时，该场景下的流量密度也非常高，每平方米可达10 Mbps，能够满足大量用户同时在线和高速下载的需求。这种特性使得5G技术在高清视频、VR/AR等需要高带宽的应用场景中有着广泛的应用。

（二）低时延高可靠（uRLLC）

5G技术专注于提供低时延高可靠（uRLLC）的网络服务。空口时延仅为1 ms，端到端时延也保持在毫秒量级，可靠性接近100%。这种特性使得5G技术在需要实时响应和高可靠性的应用场景中表现出色，如远程医疗、智能交通和工业自动化等。在这些场景中，即使微小的时延或数据丢失，都可能造成严重的后果，因此5G技术的低时延高可靠特性至关重要。

（三）海量连接

5G技术的海量连接（mMTC）旨在支持大量设备的连接和通信。连接数密度可达100万台/m^2，同时，这些设备还具有超低功耗和超低成本的特点。这使得5G技术在物联网领域有着广泛的应用前景，如智能家居、智慧城市和农业物联网等。通过5G技术,这些设备可以实现更高效、更智能的连接和通信,从而为用户提供更加便捷和智能的生活体验。

二、5G技术在会展行业的应用

(一)实时互动与沟通

在5G网络的赋能下,参展企业和远程观众能够轻松地实现跨地域的视频会议、高清语音通话以及即时消息传递。这种即时且稳定的连接,不仅极大地促进了业务洽谈的顺利进行,还加深了各方的理解和信任。此外,展商能够实时地将高清的产品演示视频、精彩的宣传活动内容传输至展会现场的大屏幕或观众的移动设备上,确保每一位观众都能享受到清晰、流畅的视觉体验。例如,在2024年的巴黎奥运会上,借助5G的广泛覆盖,奥运现场的活动可以无缝对接至全球观众,无论是开幕式还是精彩瞬间,都能实时分享给全球各地的观众。

(二)虚拟展览体验

5G网络的普及,为VR/AR技术在展会中的应用提供了坚实的基础。通过5G的高速传输和低延迟特性,展商能够构建出高度逼真的虚拟展览空间,让观众即使身处家中,也能通过VR头盔或AR眼镜身临其境地参观展会。这种沉浸式的体验,不仅让观众能够自由地探索展区的每一个角落,还能通过互动元素增强参与感,也使得展览活动不再受物理空间的限制,真正实现了"永不闭幕"的虚拟展会展厅。

(三)展台智能化

5G网络在物联网领域的广泛应用,为展会带来了智能化的升级。展商可以利用5G网络将展台上的各种智能设备连接起来,形成一个高效、协同的物联网生态系统。从智能照明、温控系统到展品展示、信息推送,都可以通过5G网络实现远程控制和自动化管理,极大地提高了展台的智能化水平和运营效率。同时,智能化的展台还能根据观众的行为和偏好,提供个性化的服务,增强观众的参观体验。

(四)远程监控管理

5G网络的高稳定性和高质量连接,为展会中的远程控制和监控提供了有力保障。会展现场部署的大量物联网设备,如智能展台、传感器、高清摄像头等,都可以通过5G网络实现远程监控和管理。展商可以随时随地查看展台实时运行状态,包括展品展示情况、观众流量、设备状态等,一旦发现异常或问题,可以立即进行远程调整或处理,确保展会的顺利进行。这种远程监控管理方式不仅提高了展台的运营效率,还增强了展会的安全性和可靠性。

(五)大规模数据分析

5G网络在数据传输和分析方面的优势,为展会中的数据统计和分析提供了强有力的支持。展商可以通过5G网络实时采集和分析展会期间产生的各种数据,包括参展企业和观众的行为数据、流量数据、互动数据等。这些数据不仅可以帮助展商深入了解观众的需求和偏好,还能揭示展会的热点和趋势,为展商提供精准的数据洞察和决策支持。

第二节 大数据与会展

一、大数据的涵义

最早提出大数据时代到来的是全球知名咨询公司麦肯锡。麦肯锡公司在《大数据:创新、竞争与生产力的下一个前沿》(*Big data:The Next Frontier for Innovation, Competition, and Productivity*)报告中称:"数据,已经渗透到当今每一个行业和业务职能领域,成为重要的生产因素。人们对于海量数据的挖掘和运用,预示着新一波生产率增长和消费者盈余浪潮的到来。"《纽约时报》2012年2月的一篇专栏中所称,大数据时代已经降临,在商业、经济及其他领域中,决策将日益基于数据和分析而作出,而并非基于经验和直觉。2012年,世界经济论坛发布了*Big Data,Big Impact:New Possibilities for International Development*的报告,从金融服务、健康、教育、农业、医疗等多个领域阐述了大数据给世界经济社会发展带来的机会。

(一)大数据的概念

目前,人们对大数据尚未有一个公认的定义。国际上不同机构对大数据给出了不同的定义,高德纳公司认为,"大数据"是需要新的处理模式,才能具有更强的决策力、洞察发现力和流程优化能力来适应海量、高增长率和多样化的信息资产。麦肯锡公司认为,大数据是一种规模大到在获取、存储、管理、分析方面大大超出了传统数据库软件工具能力范围的数据集合,具有海量的数据规模、快速的数据流转、多样的数据类型和价值密度低的"4V"(Volume、Velocity、Variety、Value)特征。IBM提出了大数据的五大特点("5V"):Volume(大量)、Velocity(高速)、Variety(多样)、Value(价值)、Veracity(真实性)。国内对大数据普遍的理解为,大数据是指具有数量巨大、来源多样、生产极快且多变等特征,以及难以用传统数据体系结构有效处理的包含大量数据集的数据。大数据的内涵不仅仅是数据本身,还包括了大数据技术以及大数据应用,其研究与突破的最终目标是从复杂的数据集中发现新的模式与知识,挖掘得到有价值的新信息。

（二）大数据的结构

大数据的结构包括海量交易数据、海量交互数据和海量数据处理。

1. 海量交易数据

海量交易数据包括企业内部的经营交易信息,主要包括联机交易数据和联机分析数据,是结构化的、通过关系数据库进行管理和访问的静态、历史数据。通过这些数据,我们能了解过去发生了什么。

2. 海量交互数据

海量交互数据源于国外的Facebook、Twitter、LinkedIn或者国内的微信、QQ、抖音、快手、小红书等社交媒体数据。它包括了呼叫详细记录CDR、设备和传感器信息、GPS和地理定位映射数据、通过管理文件传输Manage File Transfer协议传送的海量图像文件、Web文本和点击流数据、科学信息、电子邮件等。这些数据可以告诉我们未来会发生什么。

3. 海量数据处理

海量数据处理,即大数据的涌现已经催生出了设计用于数据密集型处理的架构。例如,具有开放源码、在商品硬件群中运行的Apache Hadoop。

二、大数据在会展行业的应用

大数据技术在会展行业的深入渗透,正在以前所未有的精细度和深度重塑着这个传统领域的运作逻辑与效率边界。2020年以来,随着线上会议、线上展览、数字贸易平台获得了较广泛的应用,双向、多向、一对多、多对多的线上互动逐渐开始成为比较广泛的应用。

（一）精准策划与定位

在会展策划阶段,大数据技术使得会展企业能够基于历史数据和当前市场趋势,进行更为精准的展会策划与定位。通过对历史展会数据的深入分析,如展商数量、观众构成、展品类别、交易情况等,会展企业能够洞察行业热点、市场趋势以及潜在需求。同时,结合宏观经济数据、行业动态及消费者行为分析,会展企业能够更准确地判断未来市场走向,从而制定更具吸引力的展会主题、目标受众及展商招募策略。

（二）精准招商与招展

在招商招展环节,大数据实现了展商与观众的精准匹配,提高了招商招展的效率和效果。会展企业利用大数据分析技术,构建展商和观众的用户画像,包括行业背景、地域分布、消费习惯、兴趣偏好等,从而更精准地推送展会信息,吸引潜在展商和观众的关注。此外,通过预测分析,会展企业还能够提前预判展商和观众的行为模式,为招商与招展策略的制定提供科学依据。例如,北京国际汽车展览会利用大数据分析,识别出潜在展商和观众的关注点,通过精准营销手段,成功吸引了大量优质展商和观众,提升了展会的知名度和影响力。

(三)优化展会服务与体验

在展会服务中,大数据技术极大地提升了展商和观众的参展体验。通过实时收集和分析展会现场数据,如人流密度、展品关注度、观众停留时间等,会展企业能够及时调整展位布局、优化展品陈列,确保展商能够最大化地展示其产品和技术。同时,大数据还可以促进会展企业提供个性化的服务,如智能导览、精准推荐等,根据观众的兴趣偏好和行为习惯,推送符合其需求的展会信息和展品推荐,增强观众的参展体验。例如,上海工博会-中国国际工业博览会(中国工博会)利用大数据技术,实现了展会现场的智能导航和展品推荐,为展商和观众提供了更为便捷、高效的参展体验。

(四)展会效果评估与反馈优化

展会结束后,利用大数据技术对展会效果进行全面评估,评估维度包括但不限于展商满意度、观众参与度、交易成果等。这些评估数据通过大数据分析技术,如全方位互动行为分析、社交媒体反馈监测、交易数据追踪等,会展企业能够深入了解展会的实际效果和存在的问题。例如,中国国际大数据产业博览会(数博会)利用大数据技术分析展商和观众的数据来优化展会布局,提高参展效率,增强观众的参展体验。

(五)客户关系管理与持续维护

展会结束后,大数据技术在客户关系管理中的应用同样重要。通过收集和分析展会期间与展商和观众的互动数据,如参观记录、洽谈记录、交易记录等,会展企业能够建立更完善的客户画像,了解他们的需求和偏好。基于这些数据,主办方可以采取个性化的关怀措施和沟通策略,如定期发送行业资讯、提供定制化服务方案等,提升客户满意度和忠诚度。同时,通过大数据分析,还可以挖掘客户的潜在价值,如识别出具有潜力的合作伙伴或高价值客户,为会展企业开发新的产品和服务提供灵感和依据。

第三节 人工智能与会展

一、人工智能概述

人工智能(Artificial Intelligence,AI)就是通过计算机和其他相关技术模拟或扩展人类的智能。作为计算机学科的一个重要分支,人工智能是在1956年正式提出的,被称为世界三大尖端技术之一。在新一代信息技术的引领下,随着数据的快速积累、运算能力的大幅提升、算法模型的持续演进以及行业应用的快速兴起,人工智能的发展环境发生了深刻变化,跨媒体智能、群体智能、自主智能系统、混合型智能逐渐成为新的发展方向。人工智能的主要应用领域广泛且多样,涵盖了智能监控、智能安保、智能投顾、智能客服、机器人技术、安防监控与金融监管等多个方面。这些领域通过先进的算法和技术,实现了相互之间的紧密联系和协作。

生成式人工智能(Generative Artificial Intelligence,GAI)是人工智能的一个分支,是基于算法、模型、规则生成文本、图片、声音、视频、代码等内容的技术。2022年是GAI爆发元年,以创意音视频和图文内容生成、AI辅助议题策划、AI搜索和调研、AI智能体、AI会议摘要等为代表的AIGC(Artificial Intelligence Generated Content,人工智能生成内容)应用在会展领域出现了爆炸式增长和广泛渗透,本书第十三章将详细介绍生成式人工智能。

二、人工智能在会展行业的应用

人工智能在会展领域可以应用于智能客服、语音识别、机器翻译、图像识别、数字人、内容生成等多个方面。借助这些技术,主办方可以提高客户服务水平,提升参与者的体验和满意度,同时也可以提高工作效率,降低运营成本。更为重要的是,随着展会线上与线下一体化,线上展览平台无论是在内容获取还是商机获取上都扮演着"匹配"的角色,让合适的内容在合适的场景下找到合适的用户。此外,借助人工智能的预测性分析让数据驱动的企业成为可能。

(一)智能客服

在智能客服领域,聊天机器人、AI呼叫中心、数字人播报、虚拟助理等方式可以提高沟通效率。聊天机器人和虚拟助理是人工智能工具,可以通过提供即时、个性化的帮助来显著提升参展、参会人员的体验。在展会期间,机器人导览通过语音交互、智能导航、讲解服务等功能,可以为参观者提供便捷、个性化、高效的导航和讲解服务。而移动端的人工智能助手可以回答常见问题、协助导航、日程提醒、实时语音翻译服务。通过全天候的即时响应,这些人工智能解决方案不仅能够提高与会者的满意度,还能减少活动工作人员的工作量,使他们能够专注于其他关键任务。

(二)人脸识别

人脸识别技术在会展领域的应用,不仅提升了活动的科技感,更在安全性、效率和个性化服务方面带来了显著的提升。通过人脸识别签到技术,参会者无须携带纸质票据或证件,直接通过面部识别完成签到,这不仅减少了纸质材料的使用,也增强了环保意识,并提高了效率。同时,人脸识别系统能够在几秒钟内完成身份验证,大大提高了签到速度,减少了参会者排队等待的时间,同时也降低了人为错误的可能性。此外,人脸识别技术通过精确匹配参会者的面部信息,有效杜绝了未授权人员的入场,提升了活动的安全性。通过人脸识别签到,主办方能够实时获取并分析参会者的数据,这些数据也为活动策略的调整和优化提供了依据,帮助主办方更好地理解和服务目标群体。

(三)图像识别

通过图像识别技术可以实现展品的自动识别与介绍,为参观者提供个性化的导览服务。观众扫描展品上的二维码或利用摄像头捕捉展品图像,系统能够迅速识别并展示相关产品的详细信息、背景故事及互动内容,极大地丰富了参观体验,提高了信息获取效率。

人工智能在会展领域的应用正变得越来越广泛,除了以上常见的技术,主办方和线上平台运营方还可以使用AI智能审核系统自动识别和处理违规信息,确保会展内容的合规性,AI数据分析工具通过深度学习和机器学习算法,能够对展商和观众的行为数据进行分析,为会展策划和运营提供有力的数据支持。本书的后续章节均有相关讲述。

第四节 云计算与会展

一、云计算概述

云计算(Cloud Computing)是分布式计算的一种,指的是通过网络"云",将巨大的数据计算处理程序分解成无数个小程序,然后通过多台服务器组成的系统进行处理和分析这些小程序得到结果并返回给用户。云计算早期,就是简单的分布式计算,解决任务分发,并进行计算结果的合并。因而,云计算又称为"网格"计算,通过这项技术,可以在很短的时间内(几秒钟)完成对数以万计的数据的处理,从而达到强大的网络服务。现阶段所说的"云服务"已经不单单是一种分布式计算,而是分布式计算、效用计算、负载均衡、并行计算、网络存储、热备份冗杂和虚拟化等计算机技术混合演进并跃升的结果。云计算被认为包括以下几个层次的服务(见表2-1):基础设施即服务(IaaS)、平台即服务(PaaS)和软件即服务(SaaS)。

表2-1 云计算的服务层次

服务层次	备注
基础设施即服务 (Infrastructure-as-a-Service,IaaS)	用户通过Internet可以从完善的计算机基础设施获得服务。例如,硬件服务器租用
平台即服务 (Platform-as-a-Service,PaaS)	PaaS实际上是指将软件研发的平台作为一种服务,以SaaS的模式提交给用户。因此,PaaS也是SaaS模式的一种应用。但是,PaaS的出现可以加快SaaS的发展,尤其是加快SaaS应用的开发速度。例如,软件的个性化定制开发

续表

服务层次	备注
软件即服务 （Software-as-a-Service，SaaS）	它是一种通过Internet提供软件的模式，用户无须购买和下载软件，而是租用基于Web的软件来管理企业经营活动。国内外知名的数字会展管理平台均采用SaaS的服务

二、云计算在会展行业的应用

会展项目产生庞大的结构化数据与非结构化数据，云计算技术的引入，为会展业的数字化进程与数据管理带来了前所未有的高效、低成本及灵活可靠的支持。

（一）基于SaaS订阅模式的会展管理平台

会展主办企业通过租用基于SaaS的会展管理云平台，能够快速搭建起会展核心应用系统，推动关键业务流程向自动化、标准化、数字化快速迁移，显著提升企业的运营管理效能，减少开发成本。此外，面对业务高峰期数据量的急剧增长，云计算的海量存储能力和弹性扩容能力为企业提供了坚实后盾，确保系统持续稳定运行并保障数据的完整无损。更进一步，基于云平台强大的大数据分析能力与人工智能技术的融合应用，企业能够深入挖掘数据的潜在价值，洞悉行业发展趋势、展商和观众的行为特征等关键信息，从而实现会展资源的精细化分配、营销战略的实时优化，为会展运营的精准化与智能化赋能。

（二）云计算在创新应用集成中的应用

随着云计算技术的不断发展，越来越多的互联网创新应用基于云服务提供，会展主办企业无须重复开发，只需要通过数据接口和系统集成，就可以快速与会展管理平台进行集成。例如，第三方支付、机器内容审核、云安全服务、云数据分析服务、第三方电子发票系统等，这些应用的集成使得会展管理更加高效和便捷。通过云服务，会展组织者能够实现资源的最优配置，提升服务质量，同时降低运营成本。这种集成化的云服务模式，不仅提高了会展的运营效率，也为展商和观众提供了更加丰富与便捷的创新服务体验。

（三）云计算在线上平台运营中的应用

基于云服务部署的线上会展平台，开展全年的云对接、云会议、云展览、云展厅等服务形式已成为会展行业的新模式。这种模式打破了传统会展的时间和空间限制，使得展商和观众可以随时随地参与交流和对接活动。云对接和云会议功能使得商务洽谈更加灵活，云展览和云展厅则为展商提供了一个全新的展示平台，使得产品展示和品牌宣传不再局限于实体空间。此外，云服务的数据分析能力还能够帮助线上平台运营方更好地了解展商和观众的需求，从而提供更加精准的服务。这种基于云服务的线上平台运营模式，不仅为会展行业带来了新的增长点，也为参与者提供了更加便捷和高效的服务体验。

第五节　虚拟现实/增强现实/混合现实与会展

一、VR/AR/MR技术的概念及特征

（一）VR技术

虚拟现实技术（Virtual Reality，VR）又称"虚拟实境""灵境技术"。VR是一个科学技术领域，指利用计算机科学和行为界面，在虚拟世界中模拟3D实体之间实时交互的行为，让一个或多个用户通过感知运动通道，以一种伪自然的方式沉浸于此。VR以计算机科学为核心，涉及计算机图形学、仿真技术、多媒体技术、人工智能技术、计算机网络技术、传感器技术、光学技术等多学科技术（见图2-3）。此外，VR技术具有沉浸性、交互性和构想性的特征（见表2-2）。

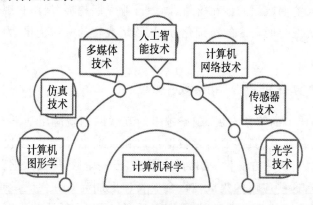

图2-3　VR涉及的学科技术

表2-2　VR技术的特征

特征	说明
沉浸性	用户作为主角沉浸到虚拟的空间之中，脱离现有的真实环境，获得与真实世界相同或相似的感知，并产生身临其境的感受
交互性	交互性是通过软硬件设备进行人机交互，包括用户对虚拟环境中对象的可操作程度和从虚拟环境中得到的反馈的自然程度
构想性	使用户沉浸其中并且获取新的知识，提高感性和理性认识，从而使用户深化概念和萌发新的联想

（二）AR技术

增强现实技术（Augmented Reality，AR），即将计算机生成的虚拟信息叠加到真实场景上，并将感知和显示设备将虚拟信息与真实场景融为一体，从而实现对现实的"增强"，最终呈现给用户一个感官效果真实的新环境。AR技术具有虚实融合、三维注册和实时交互的特点。其能同时显示虚拟场景和现实场景，使虚实融合为一体，需要将摄像机获得的真实场景的视频流转化成数字图像，然后通过图像处理技术，辨识出预先设置的标志物；识别出标志物之后，将标志物作为参考，结合定位技术，由增强现实程序确定需要添加的三维虚拟物体在增强现实环境中的位置和方向，从而确定数字模板的方向；然后将标志物中的标识符号与预先设定的数字模板镜像匹配，确定需要添加的三维虚拟物体的基本信息，使用程序根据标识物体位置，将虚拟物体放置在正确的位置上；用户可以实时地、直观地获取AR场景中的信息进行交互操作。表2-3列举出了AR系统的五种分类。

表2-3　AR系统的分类

类别	说明
投影式增强现实系统	通过投影设备将虚拟影像投影到地面、墙面来实现，比如迪士尼城堡的灯光秀
基于显示器的增强现实系统	显示器包括计算机的显示屏及手机的PAD屏幕，是最简单的AR实现方案，对硬件要求比较低，所以被大量采用，但不能给用户带来完全的沉浸感
基于光学原理的穿透式头盔显示系统	真实世界的图像直接或通过一定的处理后直接进入人眼，虚拟通道的信息经投影反射后再进入人眼，两者以光学的方法进行合成。比如，谷歌AR智能眼镜Project Astra、微软HoloLens 2眼镜
视网膜投影	一种数字光学处理技术，也是大多电影院采用的技术，通过连接智能设备，将图像直接投影到视网膜上，对视力欠佳群体用户友好
全息投影	全息投影是一种虚拟成像技术，是利用光的干涉和衍射原理进行记录再现物体真实三维图像的技术

（三）MR技术

混合现实技术（Mixed Reality，MR）是将虚拟世界与现实场景融合起来，生成新的交互环境，让真实物体和虚拟物体实时共存并进行互动。简而言之，MR技术存在于物质世界或虚拟世界，是现实和虚拟现实的混合。

VR、AR、MR技术的比较如表2-4所示。

表2-4　VR、AR、MR技术的比较

	VR技术	AR技术	MR技术
虚拟程度	全部虚拟	部分真实,部分虚拟(主要物体)	部分真实,部分虚拟(深度融合)
技术	利用计算机图形学、仿真技术、多媒体技术、人工智能技术等模拟人的视觉、听觉、触觉等	利用计算机增强或者移除真实环境中的信息或物体	利用全息图将虚拟、真实的环境结合起来
目的	利用设备产生虚拟影像和环境,起到身临其境的目的	将真实场景增强,增加立体感,让主要物体生动起来	在虚拟环境中引入现实场景,通过摄像头辨认目前场景来构建新的"世界"
应用	VR游戏、VR看房等	AR红包、导航等信息提示	展览、医疗、装修等
感知	明确自己处于虚拟世界	能够明确区分虚拟和现实	理想状态,无法分辨虚拟和现实
真实程度	逼真	失真	逼真
影响	关闭掉现实"世界"的视觉、触觉等感官	对现实"世界"不产生影响	虚实交互,对现实可以产生影响

总之,VR技术强调的是沉浸感,是完整的虚拟现实体验,不要求现场感(所看到的一切都是假象);AR技术强调的是现场感,展现的内容必须和现场息息相关(能够分清哪个是真的,哪个是假的);MR技术是真实世界和虚拟世界天衣无缝的融合(已经分不清哪个是真的,哪个是假的)。

二、VR/AR/MR技术在会展行业的应用

(一)产品展示

利用VR技术,企业可以构建出产品的三维模型,这些模型不仅栩栩如生,还能让参与者在虚拟环境中自由旋转、缩放,从而近距离地查看产品的每一处细节。无论是产品的外观设计、内部结构,还是其材质和工艺,都能得到全面而直观的展示。此外,通过虚拟演示功能,展示还能模拟产品的使用场景,让参与者在虚拟环境中亲身体验产品的功能和效果,从而增强对产品的理解和认同感。

(二)培训和教育

虚拟现实技术在培训和教育领域同样具有巨大的潜力。通过构建虚拟环境,企业

可以为员工提供一个安全、无风险的实践平台,让他们在其中学习复杂的操作或流程。这种虚拟培训方式不仅可以降低培训成本,还可以提高培训效率和质量。同时,虚拟现实技术还能提供虚拟演讲和培训课程,让参与者沉浸在虚拟的课堂中,与讲师进行实时互动,从而更加深入地理解和掌握相关知识。

(三)虚拟导览

虚拟现实技术还能为展会提供虚拟导览服务。通过制作虚拟展会地图和导航,参与者可以远程参与展会,浏览展会区域,了解各个展台和活动。这种虚拟导览方式不仅方便了参与者的参观和体验,还扩大了展会的受众范围和影响力。同时,虚拟导览还提供了交互式的导航功能,帮助参与者更好地定位和了解展会布局,提升参观效率和体验。

(四)品牌推广

虚拟现实技术为品牌推广提供了全新的创意和方式。企业可以利用虚拟现实技术创造独特的品牌体验,如虚拟展厅、虚拟发布会等,吸引更多参与者的关注和兴趣。同时,通过制作虚拟现实广告,企业可以将品牌信息以创新的方式呈现给参与者,增强品牌的知名度和美誉度。这种虚拟现实品牌推广方式不仅具有高度的互动性和趣味性,还能让参与者在沉浸式的体验中更加深入地了解和认同品牌。

(五)互动游戏与体验

虚拟现实技术还能为展会设计丰富的互动游戏和体验。通过构建虚拟游戏场景和互动环节,企业可以增加展会的趣味性,吸引更多参与者的参与和关注。同时,利用虚拟现实技术创造与产品或服务相关的虚拟互动体验,如虚拟试穿、虚拟试驾等,可以让参与者在互动中更加深入地了解和体验产品或服务,从而提升品牌的吸引力和竞争力。

(六)会议与演讲

虚拟现实技术还能为会议和演讲提供全新的体验方式。通过提供虚拟现实的会议和演讲体验,企业可以让远程参与者感受到现场的氛围和互动。同时,利用虚拟技术创建沉浸式的虚拟会议空间,可以促进与会者之间的紧密互动和交流,提高会议效率和实现更好的效果。这种虚拟现实会议和演讲方式不仅具有高度的真实感和互动性,而且能够促进跨地域的互动和交流,加强参与者之间的联系。

虚拟现实技术适用于会展项目的虚拟空间营造、展示、交流、营销等,场景中的建模和内容制作成本较高,如能一次建模后反复使用,可平摊一次性投入,降低虚拟会展运营成本和时间成本,为企业带来更加便捷和高效的会议体验。

第六节　物联网/可穿戴技术与会展

一、物联网的概念

物联网(Internet of Things,IoT)是指通过信息传感设备,如射频识别(RFID)、红外感应器、全球定位系统、激光扫描器等装置与技术,将目标物品与互联网相连接,进行信息交换和通信,以实现智能化识别、定位、跟踪、监控和管理的一种网络。

物联网主要由感知层、网络层、平台层和应用层组成。感知层负责数据采集,包括各类传感器和RFID标签等;网络层负责数据传输,包括无线网络、有线网络等;平台层提供数据处理和分析能力;应用层则是面向用户的最终服务和解决方案。

物联网,简单来讲就是"物物相连的互联网",是使用信息传感物理设备按照约定的协议,将任何物品与互联网连接起来进行信息交换的网络,以实现物理生产环境的智能化识别、定位、跟踪、监控和管理。

二、物联网在会展行业的应用

(一)智能证件与身份识别

物联网技术在会展行业的应用之一体现在智能证件和身份识别系统上。通过基于物联网的智能证件、智能手环、智能门禁等设备,可以高效地识别和验证现场参与者的身份,实现快速入场和安全管理。这些设备不仅可以提高展会的安全性,还可以通过减少排队时间,提升参展者和观众的体验。同时,这些智能设备可以收集参与者的进出数据,为主办方提供人流分析和安全管理的实时信息。

(二)精准定位与个性化导航

利用物联网技术,展会现场可以部署大量的RFID标签、蓝牙信标或NFC(近场通信)设备,结合参会者佩戴的可穿戴设备或智能手机,实现精准的室内定位与导航。参会者只需要通过简单的操作,即可获得个性化的参观路线规划,直接导航至感兴趣的展区或展位。同时,基于参会者的历史浏览记录和兴趣偏好,系统还能智能推荐相关展览内容、论坛讲座或商务对接机会,从而提高参展效率,增强体验。

(三)身份识别与社交匹配

物联网技术结合大数据分析,能够在会展期间实时分析参会者的行为模式和社交偏好,通过算法匹配出潜在的合作伙伴或兴趣相投的社交对象。参会者可以通过专属智能证件或移动端应用接收到系统推送的个性化社交建议,包括附近的同行专家、潜在买家或合作伙伴信息。此外,通过可穿戴设备间的轻触互动,参会者还能快速交换电子名片或建立联系,极大地促进了商务社交的便捷性和效率。

(四)人流监控与安全管理

物联网传感器遍布展会各个角落,实时监测并调整室内温湿度、光照强度、空气质量等环境参数,确保参展人员和展品处于最佳状态。同时,这些传感器还能监测人流密度,为展会管理方提供数据支持,以便及时调整展位布局、增设休息区或引导人流分散,避免拥堵和安全隐患,有效预防并快速响应安全事件,保障展会顺利进行。

(五)数据洞察与决策支持

会展活动结束后,物联网设备收集的海量数据成为主办方宝贵的资产。通过对参与者行为模式、展台和展区热度、人流分布等多维度数据的深度分析,主办方能够构建出详尽的用户画像和市场需求洞察,为未来的展会策划、展位布局、展商选择等提供科学依据。同时,这些数据也为展商提供了宝贵的市场反馈,帮助他们精准定位目标客户群体,优化产品策略和市场推广方案。通过这些数据的分析和应用,物联网技术为会展行业的持续改进和发展提供了强有力的支持。

总之,会展数字技术多采用系统化、集成化的建设思路,基于会展业务场景,将移动互联网、AR/VR/MR技术、云计算、大数据、人工智能、物联网和区块链等新兴技术进行有机整合,打造一体化的会展科技应用工具和数字会展管理系统与平台。这种集成化的技术应用方案,既能够发挥各项技术的优势互补效应,又能够确保数据的互联互通,从而为主办方、展商和观众等群体提供端到端的数字化解决方案。通过软硬件技术的深度融合与创新应用,会展企业能够构建起全方位的数字化能力体系,推动展会运营和服务模式的持续升级,最终实现会展业的数字化转型和高质量发展。

思考与练习

1. 会展科技与本章提出的新兴技术之间存在什么关系?
2. 数字技术与信息技术有什么区别和联系?
3. 观察一个展会现场,识别其用到了哪些数字技术,又分别解决了什么问题。

第三章
会展数字化转型与进阶

📊 **本章思维导图**

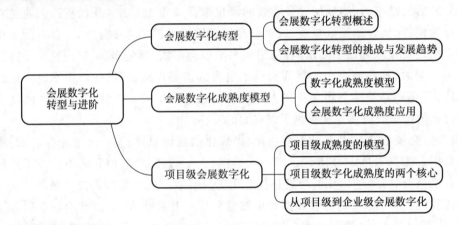

📖 **关键词**

- 数字化转型 • 会展数字化转型 • 会展数字营销 • 数字化成熟度

📚 **学习目标**

- 1. 通过案例学习,了解企业数字化转型的必要性和紧迫性。
- 2. 理解数字化转型及其在会展行业中的表现形式与趋势。
- 3. 掌握数字化转型的理论模型及其在会展业的应用。
- 4. 培养分析会展数字化转型过程的关键能力。

📱 **引导案例**

博华的数字化转型之路[①]

上海博华国际展览有限公司(以下简称"博华")由王明亮先生于1992年创办于上海。1998年,博华与亚洲博闻成立合资公司,后来随着英富曼集团并购博闻集团后,博华成为英富曼集团的成员企业,也是国内最早的一批会展外资企业。

---
① 案例主要内容由上海博华国际展览有限公司提供并独家授权使用。

当前,博华开展线上与线下一体化运营,全年主办70多个展会,租馆总面积达到180多万平方米,为来自全球的超过120多万采购人士创造了多重贸易机会。博华自2006年起开始发展线上业务,至今打造了32个中英文B2B优选网站,6个博华优选云展电商小程序和多款App产品组成的线上平台。2006年,博华开始进行数字化转型,其数字化发展历程如图3-1所示。

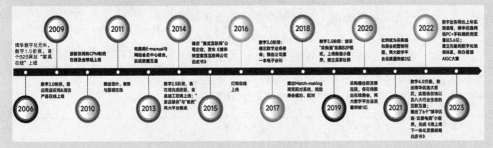

图3-1 博华数字化发展历程

一、博华会展数字化转型的阶段

博华的会展数字化转型分为五个阶段,每个阶段都有特定的目标、手段和工具,如表3-1所示。

表3-1 博华会展数字化转型的五个阶段

阶段	目标	措施	技术应用	工具选择
1.0阶段 (2006—2008年)	摸索起步,开拓线上展览业务;探索业务增长的第二空间	建立垂直行业B2B网站,推出第一个B2B网站"家具在线";搜索引擎优化	门户网站CMS管理,搜索引擎优化	搜索引擎平台(如百度等)进行关键词优化、推广
2.0阶段 (2009—2013年)	为博华创造新的利润增长点;同时引领行业企业"+互联网"转型	推出多个垂直行业的B2B网站,利用社交媒体平台进行宣传推广	移动应用开发、社交媒体营销	社交媒体管理工具(如微博、微信的官方账号管理工具)
2.5阶段 (2014—2016年)	构建生活方式和大健康行业生态圈;增强用户黏性,提升平台产品力和品牌力	打造"家店装休"和"食药"两大平台IP;利用信息流和自媒体平台进行内容分发和营销	平台内容管理系统(CMS)、自媒体平台运营	微信生态、今日头条等信息流平台
3.5阶段 (2017—2021年)	提出展览互联网公司的定位;实现线上平台作为新的盈利中心,提供365天营销增值服务	推出基于微信小程序的采购通工厂直销服务;利用社群进行用户运营;实施Salesforce CRM系统,进行客户关系管理;利用Eloqua营销自动化平台进行数据库营销	微信小程序开发;客户关系管理(CRM)系统;营销自动化平台	微信小程序开发框架;微信社群;Salesforce CRM系统;Eloqua营销自动化平台

续表

阶段	目标	措施	技术应用	工具选择
4.0阶段（2022年至今）	注重流量转化和流量变现，使在线平台成为一个自我循环和进化的独立生态；推动业务流程的数字化改造和组织结构重组	发布线上与线下一体化发展战略；利用大数据和AI技术进行用户行为分析和画像；利用新媒体平台进行宣传推广；利用直播工具进行线上会议和活动；构建IIRIS数据中台，实现数据互联互通	大数据和AI技术；新媒体平台运营；直播工具；数据中台建设	IIRIS数据中台；Salesforce CRM、Eloqua；抖音、视频号等新媒体平台；小鹅通、腾讯会议等直播工具

二、博华数字化4.0战略转型的成果

通过持续的数字化转型，博华实现了四个方面的效果。

1. 业务增长

线上平台矩阵的流量从2015年的842万增长到2023年的3.6亿，询盘量也从2015年的11317个增长到2023年的83857个。

2. 收入增加

2023年，数字化总营收达到1.44亿元，其中纯数字化收入为9317万元，同比2022年实现倍增。

3. 组织结构优化

团队结构年轻化，由市场及线上职能人员组成的互联网大运营职能人数占公司总人数接近一半，管理体制也进行了相应的改革。

4. 技术应用成熟

在各个阶段，博华都成功地将新数字技术应用到业务中，提高了业务效率和客户体验。

三、总结和启示

博华的数字化转型是一个持续演进的过程，通过不断探索和应用新技术，实现了从传统展览向数字化展览的转变。博华的数字化转型不仅提升了自身的业务能力和市场竞争力，也为会展行业提供了宝贵的转型经验。在约翰·P·科特、丹·S·科恩所著的《变革之心》中，提出了领导组织变革的八个步骤，这些步骤可以帮助我们理解博华数字化转型案例的成功要素，并从中提炼出有价值的启示。

通过博华的数字化转型案例，我们可以看到，数字化转型是大势所趋，企业的领导者应该顺应技术变革的趋势，明确战略目标，并尽早启动组织以有效地管理变革过程。这要求领导者不仅要有远见卓识，还要能够制定清晰的转型路线图，并通过强有力的执行力来确保变革的成功和持久性。此外，领导者还需要构建支持变革的组织文化，培养员工的变革意识和能力，以及建立有效的激励和保障机制，从而推动组织在变革中不断前进，实现长期的可持续发展。

> 请思考:
> 1. 对照著作《变革之心》中领导组织变革的八个步骤,分析博华分别做了什么。
> 2. 是否只有博华这样的大型国际化会展企业才更适合数字化转型,小微企业投入收益不成比例,暂时还不适合?

第一节 会展数字化转型

新一轮的科技革命蓄势待发,以大数据、人工智能、虚拟现实、云计算等为代表的数字技术也迎来了日新月异的发展,数字化转型已成为实现企业高质量发展的重要驱动力。会展企业同样受其驱动,尝试抓住数字化转型的新机遇,利用新一代数字技术促进会展业务模式的变革,以提升管理绩效和经营业绩。

一、会展数字化转型概述

(一)会展数字化转型的内涵

会展数字化转型是指会展产业链上下游企业(尤其是会展的主办机构)应用大数据、人工智能、虚拟现实、云计算等数字技术,对内重塑组织结构、工作方式、业务流程,以提升管理和运营效率;对外提供数字化的产品和服务、创建数字化的连接、营造新的行业生态、提供数字化的个性服务和体验、获得数字化的收入,从而促进企业数字化转型的经营和管理行为的过程的集合。

会展数字化转型的核心目标是通过数字化手段优化资源配置、提高运营效率和客户满意度,并最终提高企业的经济效益和市场竞争力。这不仅涉及技术的应用,还包括业务模式的创新、数据驱动的决策、文化和组织的变革等多个方面。通过这一转型,会展企业能够更好地适应数字经济时代的发展,实现持续增长和创新,从而在激烈的市场竞争中保持领先地位。

(二)会展数字化转型的内容

会展业的数字化转型正在重塑整个产业生态,通过运营效率提高、客户体验重塑和服务模式创新三个方面,推动行业向数字化、智能化方向发展。

1. 提高运营效率

会展业的运营效率提高是数字化转型的基础。通过数字化管理平台、智能化运营和数据协同,实现全流程的自动化和智能化,显著提高运营效率,降低人力成本,主要表现为以下几点。

1)一体化数字化管理平台实现全程可控

通过构建覆盖项目前、中、后全过程的一体化数字化管理平台,打通营销、销售、客服等环节的数据壁垒,实现资源统一调配和流程标准化,大幅提升管理效率。同时,通过数据中台的建设,支持跨部门数据共享和业务协同,为管理决策提供数据支撑。

2)智能化运营降本增效

借助人工智能和物联网技术,实现展会运营的智能化升级。比如,通过智能算法优化展位分配和定价策略,最大化收入;利用物联网和大数据技术实时监控现场人流密度和现场状态,实现主动式预测性管理,提升运营安全性和可靠性。这些智能化手段显著减少了人工干预,提高了运营效率。

3)数据协同助力精准决策

构建基于大数据的决策支持体系,通过数据采集、分析和可视化,为运营决策提供支持。建立展会数据分析平台,实时监测各类运营指标;运用机器学习技术预测市场趋势和客户需求;通过智能化KPI考核体系,实现精准的绩效管理。数据协同使得管理决策更加科学和高效。

2. 重塑客户体验

在数字化时代,数字技术为会展业带来了客户体验的革命性变革,通过打造沉浸式体验、提供个性化服务和实现全渠道触达,全方位提升客户满意度。

1)沉浸式体验突破空间限制

运用VR/AR等新兴技术,创造突破性的展览体验。通过虚拟展厅和3D展示,让参观者突破时空限制,随时随地体验展品;利用混合现实技术,实现线上与线下融合互动;通过全息投影等技术,打造沉浸式的展示环境。这些创新技术极大地提升了展览的表现力和互动性。

2)个性化服务满足差异化需求

基于大数据分析,为不同类型的客户提供定制化服务。通过智能推荐系统,为参观者规划个性化参观路线;利用AI算法,实现精准的商务配对;提供多语言实时翻译和智能导览服务,满足国际客户需求。个性化服务显著提升了客户体验的针对性和效果。

3)全渠道触达无缝衔接服务

构建全渠道服务体系,确保客户在各个触点获得一致的体验。整合线上与线下渠道,实现服务的无缝对接;通过智能客服系统,提供7×24小时响应;建立统一的会员体系,实现跨渠道认证和服务集成。全渠道触达策略确保了服务的连续性和一致性。

3. 创新服务模式

会展业数字化转型催生了新型服务模式,通过平台化运营、会员经济和数据服务,开创新的收入来源。

1)平台化运营构建产业生态

会展主办企业通过打造在线平台,连接展商、观众和服务商等多方主体,建立行业资源在线的交易平台、人脉社交平台、资讯和学习平台,实现从双边到多边的价值链变现能力。开发供应商管理平台,整合行业服务资源,构建产业大数据平台,可以极大地扩展会展业的价值边界。

2)会员经济深化客户价值

构建基于会员体系的新型商业模式。设计多层次会员权益体系,提供差异化的增值服务;开展会员社群运营,强化客户黏性;推出会员专属活动和服务,让高质量观众流量以知识付费、继续教育、专业服务等模式,帮助企业建立稳定的收入来源。

3)数据服务创造增量价值

将数据资产转化为新的业务增长点。例如,开发行业研报、行业资讯订阅服务,满足专业用户的信息需求;提供数据分析和咨询服务,帮助用户优化决策;推出精准营销解决方案,提升营销效果。数据服务模式为会展企业开辟了新的盈利空间。

会展行业的数字化转型是一个复杂而多维的过程,通过这三大方向的转型,会展企业不仅可以优化现有业务,还可以构建面向未来的竞争优势,这也是企业适应数字经济时代发展的必然选择。这种全方位的数字化转型,正在重塑会展业的发展范式,推动行业进入新的发展阶段。

二、会展数字化转型的挑战与发展趋势

在全球化和技术进步的推动下,会展数字化转型面临着前所未有的机遇与挑战。随着人工智能、大数据、物联网等技术的迅速发展,展会的运营模式、客户互动方式和市场拓展手段正在发生深刻变革。然而,尽管数字化转型为会展行业带来了显著的创新和效率提升机会,但企业在推动这一进程时,仍具有来自技术、人才和市场环境等多方面的挑战。此外,大数据和智能化将有力推动业态模式和管理服务创新,AI等新技术将增强数字展览的沉浸式体验,会展业正通过数字化转型实现数字经济与展览经济交汇融合的发展趋势。

(一)会展数字化转型的挑战

技术的快速更新要求会展企业不断进行系统升级,这不仅需要大量的资金投入,还需要丰富的技术运营经验和数字化人才。《中国会展主办机构数字化调研报告(2024)》显示,缺少运营人才和运营经验是会展企业数字化转型面临的最大瓶颈(见图3-2),且连续三年所占比例呈上升趋势。

会展行业在数字化转型过程中面临的主要挑战包括技术、安全、人才、观念、市场与政策等方面。

1. 技术更新与应用挑战

会展行业数字化转型的核心在于技术的持续更新与应用。随着人工智能、大数据、物联网、虚拟现实等新兴技术的发展,会展企业需要不断投入资源进行技术升级和系统维护。新兴技术的应用可以极大提升展会的互动性、参与感和数据处理能力,但同时也带来了高昂的成本和技术人才短缺的问题。企业必须权衡技术投资与回报,寻找合适的技术解决方案,以保持行业竞争力。

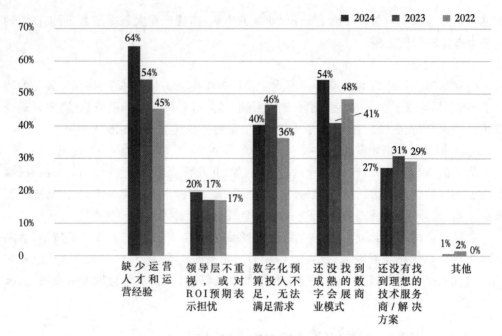

图 3-2　我国会展企业数字化转型面临的挑战

(来源:《中国会展主办机构数字化调研报告(2024)》)

2. 数据安全与隐私保护

在数字化转型过程中,会展行业将积累大量的展商和观众数据,这些数据不仅涉及个人隐私,还关系到企业机密和市场竞争力。因此,数据安全和隐私保护成为会展企业必须面对的重要挑战。企业需要建立健全的数据安全管理体系,采取先进的加密技术、访问控制和数据备份策略,以防止数据泄露和滥用,同时要遵守相关的法律法规,确保合规经营。

3. 人才培养与技能提升

数字化转型对会展行业的人才结构提出了新的要求。传统的会展人才可能缺乏必要的数字技能,而新兴的数字化岗位又难以在市场上找到合适的人才。因此,会展企业需要加大对员工的培训力度,提升他们的数字技能和创新能力。同时,通过校企合作、行业培训等方式,培养一批既懂会展业务又精通数字技术的复合型人才,以支撑行业的数字化发展。

4. 传统观念与习惯的转变

会展行业的数字化转型不仅涉及技术层面的变革,还涉及企业文化和工作方式的转变。一些企业和从业人员可能对数字化转型持保守态度,担心变革会带来不确定性和风险。因此,企业需要通过示范项目和成功案例,增强内部对数字化转型的信心和动力。同时,通过持续的沟通和培训,逐步改变传统的工作习惯,培养数字化思维和协作方式。

5. 市场与政策环境的适应

会展行业的数字化转型还需要适应不断变化的市场和政策环境。随着全球经济一体化和数字经济的发展,会展企业需要更加灵活地应对市场变化,利用数字化手段开拓新的市场和客户。同时,政府的政策法规也在不断调整,企业需要密切关注政策动向,及时调整经营策略,以适应政策环境的变化。此外,企业还需要关注国际市场的动态,利用数字化平台拓展国际合作和交流,提升国际竞争力。

会展行业在数字化转型过程中面临的挑战复杂而多元,从技术更新到人才培养,再到市场和政策环境的适应,企业都需要投入大量的资源和精力来应对。这些挑战不仅需要技术和资金的投入,还要求企业进行观念上的转变,尤其是加强对数字化转型的战略规划和运营管理,以实现可持续的数字化发展。这些挑战要求会展行业在推进数字化转型的过程中,不仅要关注技术的应用和创新,还要重视人才培养、文化转变和环境适应,以实现行业的可持续发展。

(二)会展数字化转型的发展趋势

会展业面临技术革新、运营模式调整和客户体验升级等多重挑战,同时也获得了新的机遇和创新路径。

1. 新的商业模式

1)收入多元化

数字化为会展行业开辟了新的收入渠道。除了传统的展位租赁和门票销售,线上展会的举办使得虚拟展位销售、线上广告投放、数据增值服务等成为可能。例如,通过对展商和观众的行为数据进行分析,企业可以提供精准的市场洞察报告,进而收取数据服务费用。

2)服务模式创新

会展企业已转型为提供综合数字化解决方案的组织,不仅满足客户在不同场景下的参展需求,还提供线上展示平台搭建、直播推广和远程商务洽谈等服务,从而超越传统的场地供给和活动组织角色。线上展览和线下展会将相互融合、相互补充,形成双线展会并行的模式。会展组织者将根据展会的特点和需求,灵活选择线上与线下的展示方式和活动内容,为展商和观众提供多元化的参展体验。线上与线下的互动体验将成为展会的重要亮点,通过直播、视频会议、互动论坛等功能,实现信息的实时共享和互动交流。这种服务模式的创新有助于提升客户的满意度和忠诚度,增强企业的市场竞争力。

2. 运营效率不断提升

1)业务流程自动化

借助数字化技术,会展行业的各项业务流程可以实现自动化处理。大数据分析将为会展组织者提供全面的、深入的市场洞察和业务分析,为展会的策划、运营和管理提供科学的决策依据。展商的预订、缴费、展位分配等环节可以通过线上系统辅助完成,减少人工操作的烦琐和错误,提高工作效率。观众的注册、签到、参观路线规划等也可以通过数字化手段进行优化,提升观众的参展体验。智能客服系统将广泛应用,能够快速解答展商和观众的常见问题,提供7×24的服务支持。

2) 资源管理最优化

数字化转型使会展企业能够更好地管理和调配资源。通过建立数字化的资源管理系统,企业可以实时掌握场地、设备、人员等资源的使用情况,根据展会的需求进行合理的安排和调配,提高资源的利用率,降低运营成本。数字化转型将促进会展产业链上下游的整合和协同发展,会展主办方、展商、观众、服务商等各方将通过数字化平台实现信息的共享和业务的协同,提高产业链的运作效率和服务质量。会展平台将逐渐发展成为一个生态系统,汇聚各种资源和服务,为展商和观众提供全方位的支持与解决方案。

3. 数字营销成为必备利器

1) 差异化精准营销

数字化技术使会展企业能够收集和分析大量的展商和观众数据,包括他们的兴趣爱好、行为习惯、购买意向等信息。基于这些数据,企业可以进行精准的市场细分和定位,包括根据展商和观众的需求和兴趣,制定个性化的营销方案,提供定制化的展会内容和服务,提高营销效果和转化率。

2) 全球化业务推广

线上平台的搭建打破了地域限制,使展会能够面向全球进行推广和宣传。随着全球经济一体化的发展,国际展会的数字化拓展将成为趋势。企业可以通过社交媒体、电子邮件、网络广告等多种渠道,将展会信息快速传递给全球的潜在展商和观众,扩大展会的影响力和覆盖面,吸引更多的国际展商和观众。随着数字化进程的深入,各国会展企业将更加频繁地通过数字化平台进行资源共享、技术交流和经验分享。

4. 端到端用户体验覆盖用户旅程

1) 互动性增强

数字化转型为展商和观众提供了更多互动机会。例如,通过线上直播、视频会议、虚拟展厅等功能,展商可以与观众进行实时的交流和互动,解答观众的疑问,展示产品的特点和优势。观众也可以通过在线留言、点赞、分享等方式,与展商和其他观众进行互动,增强参与感和体验感。沉浸式体验设计将运用先进的技术和创意,打造更加逼真参展体验,提高展会吸引力和影响力。

2) 个性化服务

人工智能算法将对展商和观众的行为数据、兴趣偏好等进行深度分析,实现更加精准的营销推广和个性化的服务推荐。基于客户数据的分析,会展企业可以为展商和观众提供个性化的服务。例如,根据观众的兴趣爱好,为他们推荐相关的展会活动、展品和展商;为展商提供定制化的展位设计和宣传方案,满足他们的个性化需求。个性化的展位设计、展示方案和宣传策略将满足不同用户的个性化需求。

5. "双碳"目标推动数字化进程

1) 减少资源消耗

数字化技术让会展企业大幅减少资源浪费。线上展览的发展显著减少了展位搭建、展品运输等过程中对资源的消耗。虚拟展位、电子参展材料、电子门票的使用代替了传统的实体搭建和纸质宣传,降低了纸张、塑料等耗材的使用。此外,线上展览还减少了大量物理空间的需求,从根本上降低了水、电等资源的使用,极大地优化了展会的环境影响。

2) 可持续供应链与循环利用

数字化转型助力会展行业建立更加环保的供应链系统。通过智能化管理系统,会展企业可以优化场地设施、设备和物资的使用效率,确保物料的循环利用。可回收展位设计、可再生材料的使用以及绿色物流的推广,可以帮助会展行业减少对环境的影响。例如,展会场馆和参展企业可以采用可持续材料进行展位搭建,结束后拆卸的材料可以循环利用。

通过数字化与绿色环保的深度融合,会展行业不仅能够实现更高效的运作,还能为全球的可持续发展作出积极贡献。这种转型趋势将为会展业注入新的发展动力,提升行业竞争力,并为推动全球环保目标的实现提供有效支持。

总之,会展企业应抓住机遇,积极应对挑战,制定合理的战略和策略,推动数字化转型的顺利进行,为展商和观众提供更好的服务与体验,为行业的可持续发展注入新的动力。

第二节 会展数字化成熟度模型

数字化转型不仅是技术的革新,更是管理模式、商业模式和客户体验的深刻变革。本节我们将探讨数字化成熟度模型,并介绍该模型如何应用于会展企业的实践中,助力会展企业实现高效率、智能化和可持续的发展。

一、数字化成熟度模型

数字化成熟度模型(Digital Maturity Model,DMM)是一种帮助企业科学分析和评估自身在数字化转型过程中成熟度水平的系统性工具。该模型源于软件行业的能力成熟度模型(CMM),最初用于评估软件行业的组织系统开发过程能力及成熟度标准,改善软件质量。随着数字化转型的兴起,研究者们将CMM的概念扩展到企业数字化转型领域,从而衍生出DMM用于指导企业数字化转型实践。它通过定义多个维度的评估标准,帮助企业评估当前数字化水平、识别发展差距、明确转型路径、制定实施策略。

（一）关键过程域

过程域是数字化成熟度模型的基础构建块，它们代表了一系列紧密相连且相互支持的活动、方法和技术，这些元素共同定义了一个组织在特定领域内的过程能力。过程域也是评估和提升企业数字化成熟度的基石，它们共同构成了模型的支柱。该模型通常包含五个关键过程域，每个过程域都涵盖了一系列与数字化转型相关的实践和活动。通过评估这些过程域的实施情况，组织可以了解在数字化转型过程中的强项和弱项，并据此制定改进措施。

1. 战略与组织

战略与组织过程域关注企业如何制定和执行数字化转型战略。这一过程域要求企业建立明确的数字化发展愿景，制定差异化的价值创造战略，并确保战略落地的组织保障。企业需要评估现有组织结构是否适应数字化转型需求，建立配套的管理制度和激励机制，培育支持创新的组织文化，确保战略目标能够有效传达和执行到各个层级。

2. 基础设施

基础设施过程域着重评估企业的数字化基础能力建设。这一过程域包括IT基础设施的部署、数字化技术的应用以及数据资源的建设与管理。企业需要建立稳定可靠的网络环境，配置必要的硬件设施，构建安全的数据中心，并确保各类数字化工具和平台的有效集成。同时，还需要建立完善的数据治理体系和安全防护机制，为数字化转型提供坚实的技术支撑。

3. 业务流程与管理类数字化

业务流程与管理过程域关注企业核心业务的数字化改造。这一过程域评估企业如何将数字技术与业务流程深度融合，实现流程的标准化、自动化和智能化。企业需要对现有业务流程进行系统梳理和优化重组，借助数字化工具提升运营效率，强化流程管控。同时，通过数据分析赋能业务决策，实现精细化管理，推动业务模式创新。

4. 综合集成

综合集成过程域评估企业内外部系统的协同程度。这一过程域关注企业是否实现了各个业务系统之间的无缝对接，以及与外部合作伙伴的系统集成。企业需要打破信息孤岛，实现数据的全面贯通和共享，建立端到端的业务协同机制。通过系统集成，企业可以优化资源配置，提高价值链协同效率，增强整体竞争力。

5. 数字化绩效

数字化绩效过程域专注于评估数字化转型的实际成效。这一过程域建立了一套完整的评价指标体系，从效率提升、成本优化、客户体验、创新能力等多个维度衡量转型效果。企业需要建立科学的度量方法，定期评估转型进展，识别存在的问题和不足，并通过持续改进来优化转型效果。这个过程域为企业提供了清晰的反馈机制，确保数字化转型始终朝着正确的方向推进。

这五个过程域相互关联、相互支撑,共同构成了企业数字化转型的完整评估体系。企业可以根据自身特点和发展阶段,有针对性地开展评估和改进工作,推动数字化转型目标的实现。

(二)成熟度等级

企业在数字化转型的过程中,其成熟度通常被划分为初始级、成长级、提升级、综合集成级和持续改善级这五个等级,每个等级代表了企业在数字化转型过程中的不同阶段,描绘了企业在数字化道路上的不同发展水平,它们相互衔接,形成了一个循环上升的螺旋结构,如图3-3所示。

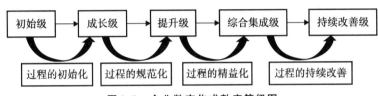

图3-3　企业数字化成熟度等级图

1. 初始级

对数字化转型的认知较为浅薄,缺乏明确的转型规划,数字化技术的应用程度低,且应用范围有限。

2. 成长级

开始重视数字化转型并着手进行初步规划,培养内部数字化素养和创造力,对数字化技术的应用的范围增大。

3. 提升级

数字化转型战略初步实施,基础设施得到改善,数字化技术的应用程度和范围都在不断扩大,企业数字化素养提高。

4. 综合集成级

数字化转型进入更高级的阶段,数字化技术在企业各个层面得到广泛应用,基础设施先进,紧追行业领先者。

5. 持续改善级

在数字化转型方面已经达到了较高的成熟度,与世界发展动向相一致。不仅在技术和应用上领先,还能不断创新和引进新兴技术,企业成为行业生态的领跑者。

(三)代表性成熟度模型

在数字化时代,企业面临着前所未有的转型挑战。为了系统地评估和指导企业在数字化转型过程中的成熟度,多个组织都相继开发了各种数字化成熟度模型。这些模型旨在帮助企业识别自身在数字化旅程中的位置,制定相应的战略,并实施有效的转型计划。表3-2是一些由领先厂家、科研机构、智库和咨询公司提出的主流数字化成熟度模型的对比概览。

表3-2 常见的数字化成熟度模型

提出方	模型名称	特点
华为	开放数字化成熟度模型ODMM	该模型将数字化分成战略决心、以客户为中心、数字文化、人才和技能、创新与精益交付、大数据与人工智能，以及技术领先等6大评估维度
中国电子技术标准化研究院	《信息技术服务 数字化转型成熟度模型与评估》(GB/T 43439—2023)国家标准	定义了7个能力域和29个能力子域，以5个等级评估企业数字化转型成熟度
中关村信息技术和实体经济融合发展联盟	《数字化转型 成熟度模型》(T/AIITRE 10004—2023)团体标准	从发展战略、新型能力、系统性解决方案、治理体系和业务创新转型5个域和对应的22个子域进行评估，分为规范级、场景级、领域级、平台级和生态级5个成熟度等级
波士顿咨询公司（BCG）	数字化加速发展指数（DAI）	评估企业在运营效率、股东价值和营收增长等方面的数字化成熟度；DAI得分在67—100的公司被认定为仿生企业，得分在44—66的公司正在建立数字化能力；强调仿生企业将新技术与人的能力相结合，推动数字化转型
普华永道(PwC)	企业数字化成熟度评估框架	普华永道企业数字化成熟度评估框架从战略引领、业务应用结果、技术能力支撑、数据能力支撑、组织能力支撑，以及数字化变革6个维度对企业的数字化成熟度进行评估。每个维度又可以细分为若干子维度
Gartner	Digital Business Maturity Model	侧重于战略与治理、技术平台、客户体验、业务模式、合作伙伴生态系统、数据管理与分析、组织与文化、运营效率、财务绩效9个关键领域。将企业的数字化成熟度划分为5个阶段
德勤(Deloitte)	数字化成熟度模型(Digital Maturity Model)	从客户、战略、技术、运营、组织与文化5个维度考察数字化成熟度。这5个核心维度被细分为28个子维度，进一步细分为179个具体评估标准，用于评估数字化成熟度

(来源：根据公开资料整理)

（四）成熟度评估方法

为了深入评估企业的数字化成熟度，不仅需要建立一套指标体系，还需要进一步细化这些指标,使之成为可量化、可操作、可评级的评估工具。以下是评估数字化成熟度的几个关键步骤。

1. 建立指标体系

数字化成熟度模型作为一种评估工具,第一步是根据过程域建立指标体系,指标体系通常包括一级指标和二级指标。

一级指标代表了数字化转型的关键领域或过程域,它们是评估数字化成熟度的主要维度。这些指标通常包括客户体验、战略管理、技术基础、运营效率、组织文化等。

二级指标是一级指标的进一步细化,更具体地描述了企业在各个领域内的具体实践和能力。例如,在"客户体验"一级指标下,二级指标可能包括多渠道一致性、客户数据分析能力、个性化服务提供、客户反馈的响应速度、数字化成熟度等级等。

以德勤(Deloitte)2018年提出的数字化成熟度模型(Digital Maturity Model)为例,它从客户、战略、技术、运营、组织与文化5个维度考察了数字化成熟度。这5个核心维度(一级指标)被细分为28个子维度(二级指标),如表3-3所示。

表3-3 德勤(Deloitte)数字化成熟度模型评价维度

维度(一级指标)	子维度(二级指标)
客户(Customer)	客户参与
	客户体验
	客户洞察与行为
	客户信任与感知
战略(Strategy)	品牌管理
	生态系统管理
	财务与投资
	市场与客户
	投资组合、创意与创新
	利益相关者管理
	战略管理
技术(Technology)	应用
	物联网
	数据与分析
	交付治理
	网络
	安全
	技术架构
运营	智能与适应性流程管理

续表

维度(一级指标)	子维度(二级指标)
运营	标准与治理
	敏捷变革管理
	自动资源管理
	实时洞察与分析
	集成服务管理
组织与文化	领导力与治理
	员工赋能
	组织设计与人才管理
	文化

(来源:德勤 Digital Maturity Model,2018)

2. 量化评估标准

建立量化指标体系意味着对于每一个二级指标都需要定义一系列具体的评估维度和衡量参数,这些参数应该是明确的、可操作的,并且能够通过数据进行量化分析。以德勤(Deloitte)为例,其28个子维度还将进一步细分为179个具体评估标准。

例如,假设有一个关于"客户体验"的一级指标,那么在二级指标层面,可能会有多渠道一致性、客户反馈响应时间、个性化服务提供等具体指标。对于这些二级指标,需要进一步细化为可量化的评估标准,比如:

(1)多渠道一致性:评估企业在不同客户接触点(如网站、社交媒体、客户服务热线等)上提供的信息和体验是否一致。

(2)客户反馈响应时间:衡量企业从接收到客户反馈到采取行动的平均时间。

(3)个性化服务提供:评估企业根据客户数据和行为提供个性化服务的能力。

每一个评估标准需要被转化为可量化的分数(如1—5分)或等级(如1—5个等级),从而形成一个可打分的问卷或自评表,以便企业能够通过具体的数据来衡量自身在这些方面的表现。

3. 评分定级

形成可量化打分的问卷或自评表后,企业就能够对自身的数字化成熟度进行更精确的自我评估,通常包括以下几个步骤。

(1)填写问卷:企业通过填写自评问卷来评估其在每个二级指标上的表现。为了确保自评的准确性,可能需要收集相关的数据和证据来支持自评结果,如客户满意度调查、技术使用情况、员工培训记录等。

(2)汇总评分:根据自评问卷和收集的数据,对每个二级指标进行打分并汇总每个指标下的得分获得总分。如果多人评估,可采用总分的平均分。

(3)成熟度定级:根据得分和等级规则,可针对每个一级指标(过程域)和整体的数字化成熟度等级。

（4）差距分析和行动计划：识别强项和弱项，制订改进措施和行动计划。

（5）持续监测和改进：定期重复评估过程，监测改进情况，并根据市场和技术变化调整战略。

数字化成熟度模型通过这种系统化的评估方法，为企业提供了一个清晰的框架来评估其数字化转型的成熟度水平，从而能够更有针对性地制定改进措施和战略规划。

二、会展数字化成熟度应用

（一）会展数字化成熟度的三个层级

会展主办企业可以将会展数字化成熟度模型分为三个层级：会展业务流程级、会展项目级、会展企业级。每一个层级都可以结合数字化成熟度建立独立的模型和评估体系。

1. 会展业务流程级的数字化成熟度

业务流程级的数字化成熟度是起始点，这涉及识别和评估会展业务中各个独立流程的数字化程度，如数据营销、观众注册、观众数据管理、展商管理、现场管理等。在这一级别，需要考虑流程的自动化程度、数据收集和分析的能力，以及这些流程如何与客户的数字化体验相结合。

2. 会展项目级的数字化成熟度

项目级的数字化成熟度要求超越单个流程，考虑整个会展项目从策划到执行再到评估的全过程。在这一级别，不仅需要考虑评估流程的完整性，还需要考虑项目团队如何利用数字化工具进行协作与项目管理，以及项目成果的数字化度量和反馈循环。

3. 会展企业级的数字化成熟度

企业级的数字化成熟度需要扩展到整个组织。这不仅包括内部流程和项目管理，还涉及企业战略、文化、组织结构和外部合作伙伴关系的数字化转型。在这一级别，需要界定数字化如何影响企业的商业模式、客户关系、市场定位和长期可持续发展。

（二）会展数字化成熟度的进阶路径

业务流程级的数字化成熟度是会展企业数字化转型的起点，它着重于对数据营销、观众注册等单个业务流程进行数字化评估和优化。随着这些独立流程的数字化程度提高，企业将逐步过渡到项目级的数字化成熟度，这一阶段要求会展企业不仅关注单个流程，还需要从整体项目的视角出发，利用数字化工具实现项目团队的协作与项目管理的透明化，并建立起项目成果的数字化度量和反馈机制。最终，企业级的数字化成熟度将数字化转型推向整个组织，涵盖企业战略、文化、组织结构以及与外部合作伙伴的数字化互动，从而在商业模式、客户关系、市场定位等方面实现全面的数字化融合和创新。具体进阶路线如表3-4所示。

表 3-4　会展数字化成熟度的进阶路径

成熟度级别	焦点范围	关键要素	进阶路径
业务流程级	单个流程、单个环节、业务流程	业务覆盖度、流程自动化程度、数据收集与分析、数据应用水平、客户数字化体验	从独立流程优化开始，逐步实现流程间的数字化连接
项目级	整个会展项目	团队协同效率、流程集成度、数据共享程度、项目管理透明度、项目成果度量、管控能力	在流程数字化基础上，实现项目全周期的数字化管理
企业级	整个会展主办企业	战略规划、文化和组织变革、合作伙伴关系、业务创新、技术升级、文化重塑	从项目级扩展到组织整体，实现全面的数字化转型和商业模式创新

会展企业的数字化转型需要经历多个螺旋式上升阶段，每一阶段都有其关键任务与阶段特征。在实施数字化转型的过程中，应积极评估当前所处位置，制定最适宜的转型战略规划，并采取强有力的执行手段。

第三节　项目级会展数字化

一、项目级成熟度的模型

（一）OPM3项目管理成熟度模型

组织项目管理成熟度模型（Organizational Project Management Maturity Model，OPM3）是由美国项目管理协会（PMI）开发的一项标准，旨在帮助组织评估和提高其项目管理能力，以及通过项目实现组织战略的能力。会展项目级数字化模型的构建可以借鉴OPM3模型的框架和方法论，以形成项目级数字化成熟度模型。

OPM3模型从三个层次对组织项目管理进行评估，这些层次包括项目管理（Project）、大型项目管理（Program）、项目组合管理（Portfolio），如图3-4所示。会展企业可以参照OPM3模型中的单个项目管理、大型项目管理、项目组合管理以及组织项目管理的核心概念，来构建适合自身特点的数字化框架。其中，单个项目管理、大型项目管理对应项目级会展数字化成熟度，而项目组合管理对应企业级会展数字化成熟度。这意味着将会展项目视为具有明确目标和临时性的实体，通过数字化手段进行系统管理，以实现从项目到组织的战略目标。

OPM3模型涵盖了项目管理的10个领域和5个基本过程，将项目管理成熟度分为4个梯级，分别是：标准化（Standardize）、衡量（Measure）、控制（Control）、持续改进

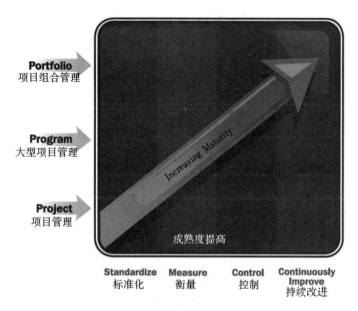

图3-4 OPM3:组织级项目管理成熟度模型

(Continuously Improve)。会展企业可以建立数字化标准,测量当前的数字化水平,控制数字化过程中的质量,并不断改进以提高成熟度。

OPM3模型中的最佳实践可以指导会展企业识别和采纳行业内或相关领域的最佳数字化实践。同时,将这些最佳实践转化为会展项目级的具体能力,如观众营销、门户网站搭建、线上展览平台搭建、展商管理、现场管理等,有助于会展企业提高项目执行的效率。

(二)会展4.0数字化成熟度模型

2020年,《国际活动与节日管理杂志》(*International Journal of Event and Festival Management*)发表了一篇名为《识别会展4.0:会展的数字化成熟度》(*Recognizing events 4.0: the digital maturity of events*)[①]的研究文献。该文提出了"会展4.0(Event 4.0,简称E4.0)"模型,该模型由Ryan W. Gerard、Alex Fenton、Wasim Ahmed和Phillip Scarf在他们的研究中提出,旨在探索和定义会展的项目集数字化成熟度,并借鉴工业4.0模型(Industry 4.0,简称I4.0)来创建E4.0的定义。该模型将会展项目的数字化成熟度分为4个不同的阶段,每个阶段代表了不同的技术应用和成熟度水平(见图3-5)。

以下是该模型从Event1.0到Event4.0的阶段及其主要表现。

(1) Event1.0基础阶段(Basic):在这个阶段,活动可能刚开始采用常规的数字技术,如电子邮件、手机、网站和社交媒体进行交流,缺乏更高级的数字集成和互动。

(2) Event2.0进阶阶段(Emerging):除了包含Event 1.0阶段的所有特征,数字技

---

① 本书为了表达统一,将event一律翻译为会展。

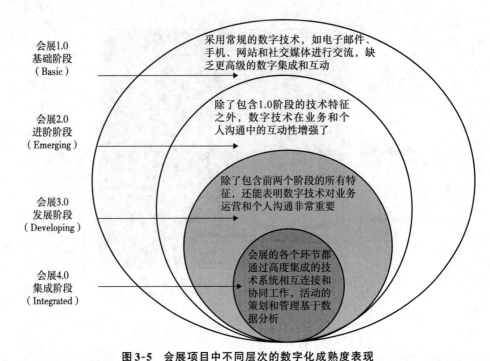

图 3-5　会展项目中不同层次的数字化成熟度表现
（来源：Recognizing events 4.0: the digital maturity of events，2020）

术在业务和个人沟通中的互动性增强了。

（3）Event3.0发展阶段（Developing）：在这一阶段，除了包含前两个阶段的所有特征，还能表明数字技术对业务运营和个人沟通非常重要。

（4）Event4.0集成阶段（Integrated）：在Event4.0阶段，活动的各个环节，包括策划、营销、执行和反馈等，都通过高度集成的技术系统相互连接和协同工作，活动的策划和管理基于数据分析。

在会展项目级数字化成熟度模型中，成果和关键性能指标的设定是衡量数字化成功的关键。会展企业可以参考以上模型，并根据自身的战略目标，定义数字化项目的成果，设定相应的关键指标，评估其项目管理的数字化成熟状态。

二、项目级数字化成熟度的两个核心

（一）基于用户旅程的会展项目全流程数字化

本书基于经典成熟度模型和会展项目的全流程管理实践，以用户旅程视角为主线，提出了一站式全流程的数字化管理成熟度，作为核心逻辑和后续章节的逻辑起点。从用户旅程角度，既关注主办方在管理端对项目的管理，满足其在项目管理中主要职能部门的管理需要，同时也兼顾参与者全流程参会、参展的用户体验流程。如图3-6所示，使用或提供数字化工具和系统是会展活动管理方的主要工作，而观众（参会者）从接收营销信息、注册报名，到参与线上与线下活动，再到活动后的反馈和信息整理这一系列行为，构成了一个完整的用户活动体验流程。

会展项目级数字化成熟度自测

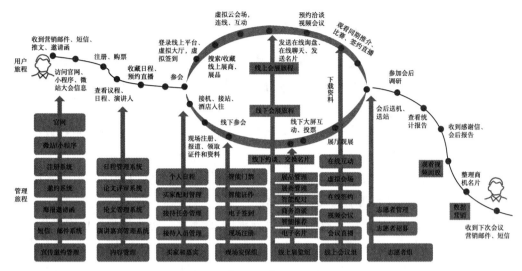

图 3-6　全流程数字化的用户旅程

基于以上观众和参会用户旅程，本书提炼了展览和会议项目的共性流程与差异化的数字化管理流程。

（1）会展数据管理与应用：会展数据的采集、分析、应用贯穿展览和会议项目数字化流程的每一个环节，数据是驱动决策和智能服务的关键要素。

（2）会展数字营销：数字营销是展会和会议项目数字化的基础，核心是利用数字化工具和平台进行营销推广，吸引参会者和展商。

（3）门户网站：是展览和会议项目数字化的共性基础，通过提供信息发布和用户交互的在线门户平台，作为服务会展参与者群体的统一入口。

（4）注册管理：是展览和会议项目数字化的共性基础，通过一站式平台实现活动的各类参与者的在线注册、信息收集和管理，为后续的会展营销服务、智能匹配、商务交流互动奠定了基础。

（5）日程和演讲嘉宾管理：主要是以会议项目为主，具有同期会的展会项目为辅，通过集成化的平台一体化管理日程、演讲嘉宾信息和演讲内容，促进参会者与议程和演讲嘉宾实现交互和互动行为。

（6）展商管理和服务：主要为展会项目的展商提供展示、营销和线索等服务和主办方的展商管理行为。

（7）现场交付管理：这是展会与会议项目数字化的共性基础环节，旨在通过集成化的数字化平台全面管理现场活动的各项流程。这包括但不限于现场接待和注册流程的优化、高效的签到服务、智能门禁管理以及现场互动和商务对接活动的数字化管理。

（8）线上展览平台：作为展会的线上模式和企业数字化转型的高级阶段，通过全连接的形式提供全年在线的线上展览和交流的空间，增强参展体验，创造新的商业模式，实现展览项目的高阶数字化转型。

（9）线上会议与直播管理：是作为线上会议的特色业务，通过在线的形式实现线上会议和直播活动的数字化管理，并通过运营项目实现线上会议社群的高阶数字化转型。

（二）基于平台的全流程数字化

平台能够实现数据的采集、集成和管理一体化，为主办方和参与者提供无缝的数字化体验。使用集成化会展管理平台能够显著提升项目的成熟度，其价值包括以下几点。

（1）数据采集与分析：一站式数字会展平台能够收集来自不同触点的用户数据，包括行为数据、偏好数据和交互数据等，为深入分析和理解用户需求提供基础。

（2）智能化运营：通过集成的数据分析工具，平台能够提供智能化的运营支持，如自动化的营销活动、智能调度和资源优化等。

（3）个性化服务：基于用户数据和行为分析，平台能够为每个用户提供定制化的服务和内容推荐，提升用户满意度和参与度。

（4）实时互动：平台支持实时的多边在线互动，包括聊天、社交、询盘和预约等，增强用户参与感和活动的互动性。

（5）虚实融合体验：平台能够整合线上与线下活动，提供无缝的虚实融合体验，如线上注册与线下签到、虚拟展览与现场互动等数据在一个平台存储。

（6）数据驱动决策：所有收集到的数据都可以用于支持决策，帮助主办方更好地理解用户行为，评估活动效果，并为未来的活动规划提供数据支持。

使用一站式的数字会展平台是项目级数字化成熟度的高阶，是会展行业数字化转型的关键步骤。

三、从项目级到企业级会展数字化

（一）企业级数字化成熟度模型的内容

企业级数字化成熟度模型呈现了基于主要企业管理维度的数字化成熟度模型示例，描绘了从初始级到持续改善级的成熟度阶段，每一个级别都反映了在数字化转型道路上，会展企业如何通过采用不同层次的战略、文化、业务部门、工具、团队、项目、数据等管理资源来提升企业数字化水平（见表3-5）。

表3-5 会展企业数字化管理成熟度模型示例

成熟度	级别				
	级别1: 初始级	级别2: 成长级	级别3: 提升级	级别4: 综合集成级	级别5: 持续改善级
管理域	会展项目管理主要依靠人工,数字化应用极少	开始应用基本的数字化工具,但仍以传统管理为主	广泛使用数字化工具,建立标准化流程	数据驱动决策,高度集成的企业级一站式数字化平台	智能化运营,创新技术深度应用,引领行业发展

续表

成熟度	级别				
	级别1: 初始级	级别2: 成长级	级别3: 提升级	级别4: 综合集成级	级别5: 持续改善级
数字化战略	无数字化战略,缺乏长远规划	初步制定数字化战略	数字化战略与业务目标相一致	实现整个组织内跨部门全年活动的一站式管理和分析,利用数字战略驱动业务增长	数字化战略领先行业,成为行业数字化转型标杆
数字文化	数字文化缺失,员工对数字化不认同	数字文化初步培养,员工开始接受数字化	数字文化成为组织一部分,员工积极参与数字化	数字文化深入组织,员工主动推动数字化	数字文化引领行业,员工创新数字化
数字化业务部门	缺乏跨部门数字化协作,业务部门开始调整,数字化角色初步形成	跨部门数字化协作开始,业务部门结构支持数字化,角色明确	跨部门数字化协作机制建立,业务部门结构优化,数字化角色高效协同	跨部门数字化协作深入,业务部门结构创新,数字化角色领先	跨部门数字化协作实现创新和整合,多业务、多部门业务支撑体系,企业内外协同的平台经济生态化
数字化工具	极少使用数字化工具	使用基础办公软件	专业会展管理软件	集成数据,建立业务中台、数据中台,数据互通	建立企业会展项目组合,技术工具赋能会展新业态、新生态
数据管理	数据管理无序,数据孤岛现象普遍	数据管理开始规范,数据集成初步实现	数据管理标准化,实现跨部门数据共享	数据管理优化,建设数据中台,实现数据驱动决策	数据资产化管理创新,实现数据资产化,赋能新业务孵化增长
项目管理	临时应对,缺乏系统规划	有基本计划,但执行不一致	系统化管理,标准流程	数字化实现全年、多届、多项目一个平台管理,资源优化	敏捷管理,持续创新
团队协作	各自为政	初步团队协作	跨部门协作流畅	虚拟团队,远程协作	动态团队,全球协作网络
知识管理	依赖个人经验	基本培训和例行交接	知识库建设	系统化学习平台	AI辅助学习,知识图谱

续表

成熟度	级别				
	级别1: 初始级	级别2: 成长级	级别3: 提升级	级别4: 综合集成级	级别5: 持续改善级
可持续发展	仅在基础层面上考虑多样性和可访问性,缺乏系统性措施	实施基础的数字化工具以支持多样性和包容性,如多语言界面、多端访问	利用数字化工具增强活动的多样性和可访问性,如在线翻译、AR/VR辅助技术	通过高级数字化解决方案进一步提升活动的多样性、公平性和包容性	用最新技术,如人工智能,以创新方式解决新的挑战

(二)企业级数字化成熟度的评价

会展主办企业数字化成熟度是衡量数字化转型成效的科学测评工具,同时也是转型进程的阶段性成果体现。数字化成熟度模型通过对战略规划、数字文化、业务变革、组织变革、技术应用、数据治理等多个维度的系统评估,描绘了企业从初始级到创新级的演进路径。

数字化转型作为一个渐进式的系统工程,需要企业在"数字化战略—数字文化—数字化组织—数字化能力"等多个层面协同推进:战略层面需要制定清晰的数字化转型路线图;文化层面要培育数字化思维,推动组织共识;组织层面需要重构业务流程,优化部门协作;能力层面则要构建数字化基础设施,提升数据治理水平。

这个过程体现为从传统人工作业到基础数字化工具应用,再到数据驱动决策,最终实现智能化运营的螺旋式上升。成熟度评估既是"导航仪",也是"体检表",帮助企业在复杂的数字化转型过程中,准确把握现状,明确提升方向,最终实现由点到面、由浅入深的全方位数字化升级。

会展企业级数字化成熟度自测

●●● 思考与练习

1. 结合本书学习的章节内容,选择一个业务流程,如数字营销、注册管理等,设计一个数字化成熟度评估模型及其评估问卷。

2. 研究一场品牌会展活动,选择其中一个业务板块或流程,按照上述设计的问卷进行量化评分,划分其成熟度等级。

3. 会展主办企业数字化进阶可以分为哪几个阶段?每个阶段有哪些优先事项?

中篇
实践篇

第四章
会展数据管理

本章思维导图

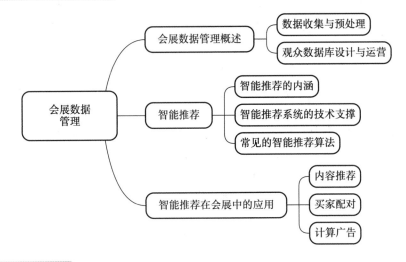

关键词

- 数据挖掘 • 第一方数据 • 智能推荐 • 买家配对 • 观众数据库管理

学习目标

- 1. 掌握数据管理的基本流程与方法。
- 2. 熟悉观众数据库管理的基本功能。
- 3. 掌握智能推荐的基本概念。
- 4. 掌握智能推荐的常见方法。

引导案例

数据赋能会展新生态:"励展通"

数据在会展行业的应用主要体现在三个维度:数据管理、数据应用和数据要素价值实现。新一代会展平台正在从传统的展示营销平台,向数据赋能的智慧会展生态转型。会展平台不仅能够提供更精准的供需对接服务,还能持续创造商业价值,实现展会服务的全年化、数字化和智能化,为展商和观众带来更大的商业成功。以下将通过励展博览集团自主研发的"励展通"商贸配对应用为例,详细阐述数据赋能在会展行业的具体应用。

一、励展通介绍

励展通是全球性的展览及会议主办机构励展博览集团在中国自行研发并获得软件著作权的一款智能化应用程序,旨在数字化赋能展商和观众,最大化其参展投资回报及优化参观体验。励展通结合展会现场的面对面交流,帮助企业获得商业成功。

励展通为展商提供企业及产品的数字化推广及互动平台,通过"商贸配对"相关功能,在全年精准触达行业买家,实时捕捉销售线索,促进商机转化为交易。与此同时,励展通也支持观众在线找展商、找展品、查看展会同期的主题会议活动和展会期间咨询"在线客服"。励展通还会根据观众用户的产品兴趣和数字行为,自动推荐高匹配度的展商给观众,从而大幅提高观众的寻源采购效率及参观体验。

二、励展通"商贸配对"功能和原理

使用励展通的展商和观众所产生的数据进行算法分析,为他们配对最有可能达成合作的商贸伙伴,双方即可在线交流或线下约谈。平台也提供在线聊天功能,支持展商和观众可以进行实时的商业交流。励展通算法所使用的用户标签和数字行为等信息均得到用户的隐私许可,确保合规。软件根据一定算法获得展商和观众的匹配度,为展商和观众配对最可能产生商贸合作的潜在伙伴。展商看到的是观众信息,观众看到的是展商公司及产品信息。

三、观众用户使用励展通流程

第一步:用户选择观众身份。

第二步:观众用户选择产品兴趣标签。

第三步:通过观众用户浏览、收藏、转发感兴趣的展商和产品等行为,励展通持续提升"商贸配对"匹配度。

第四步:观众用户查看配对列表的被推荐企业及匹配值。

第五步:观众用户对感兴趣的展商信息,点击"立即配对"。

第六步:观众用户选择已配对列表,进入展商详情页选择客服或聊天功能,可以与在线展商进行线上交流。

对于首次观展的观众,通过"推荐展商"功能可以优化观展的效果;对于有明确采购需求的观众,通过推荐可以直接和展商建立联系并预约会议,提高寻源采购效率;非展会期间,观众仍然可以通过该功能去找到适配的展商建立联系。

四、案例总结

励展通展示了数据要素在会展行业的创新应用价值。通过构建标签体系实现供需精准匹配,通过采集用户行为数据优化推荐效果,通过数据分析提升运营效率,形成了完整的数据赋能闭环。

1. 数据采集层面

构建了展商和观众注册系统,实现观众和展商关键信息和字段提交;建立了

视频

会展数据管理:励展通

规范的产品分类标签体系,实现展商供给和观众需求的标准化描述;全面采集用户行为数据,包括浏览、收藏、分享等显性行为;构建用户画像,记录用户的产品兴趣和互动偏好;通过数据采集,降低展会信息的分散性和不确定性。

2.数据应用层面

开发标签匹配算法,通过计算标签重合度实现初步筛选;设计行为权重体系,通过浏览、收藏、分享等行为数据优化匹配结果;建立智能推荐机制,为用户提供个性化的对接建议;实现数据驱动的精准匹配,提升供需对接效率。

3.数据价值层面

通过数据分析和智能推荐,提升用户寻源和对接效率;打破展会时间限制,实现全年在线商贸服务;通过数据赋能,促进展会成交转化,提升经营效果;沉淀行业数据,形成数据资产,持续优化服务质量。

请思考:

1.基于标签匹配的精准程度受哪些因素影响?

2.行为数据的准确性取决于哪些条件?

3.作为平台运营方,如何评估智能推荐和互动的质量并提出改进措施?

第一节　会展数据管理概述

数据管理能够帮助会展主办方更好地理解市场需求、优化资源配置,提高决策的科学性和精准性。通过数据分析与管理,会展主办企业可以提供更加个性化的客户服务,增强客户黏性,提升客户满意度和忠诚度。本节主要对会展数据的管理,包括数据收集与预处理、常见的观众数据库管理方法进行介绍。数据的应用则主要集中介绍以智能推荐和买家配对为核心的智能场景。鉴于数据是数字会展的核心要素,关于采集、分析和应用的场景和案例也将贯穿后续每一章节。

一、数据收集与预处理

(一)会展数据收集

1.会展数据的收集方式

数据的收集通常涉及多种渠道,以主办方自有营销渠道为主,如在线注册表单、电子邮件营销、社交媒体互动、电话调查、现场签到等。这些数据经过整理后,会被存储在数据库中,以便进行分析和应用。数据库是一个动态更新的系统,它不仅记录基本信息,还可能包括用户在活动期间的行为数据。会展数据的收集方式主要有以下几种。

(1)在线注册:在线注册是会展项目中各类参与者数据的最主要来源。

(2)问卷调查:通过设计调查问卷的形式对展商和观众等对象进行调查,以收集数据。这种方式覆盖范围广,能够在较短时间内收集大量数据。

(3)访谈:通过访谈的形式来收集结构化和非结构化的数据,获取的数据可能比问卷更加深入、详细,但需要耗费更多的时间和人力。

(4)数据库查询:通过数据库、报表、新闻报道等已有数据源的形式收集数据,省时省力。

(5)API接口:通过调用API应用程序接口来收集数据,快速方便,具有实时性。

(6)网络数据抓取工具:利用抓取工具从互联网网页获取数据,数据来源广,但收集时需要遵守相关法律法规。

(7)数据挖掘:利用数据挖掘、机器学习等方法对数据进行深度挖掘与分析,发现其中蕴含的规律、模式与联系,从而进行需求预测、智能推荐与精准营销等活动。

2. 会展数据的类型

目前,会展数据收集贯穿会展活动的整个过程,覆盖线上和线下,其主要数据源包括活动前、活动中和活动后各个环节产生的数据(见图4-1)。

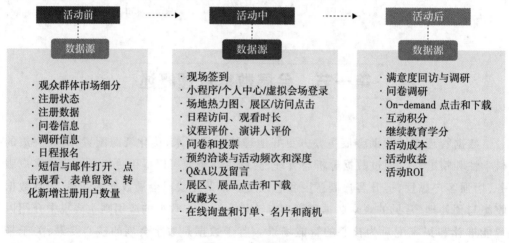

图4-1 会展数据源

在会展活动中收集的数据主要包括以下几种。

(1)注册和问卷数据:用户注册的数据,包含地理的、人文的信息,还有商品产地信息、用户需求信息等。

(2)标签数据:通常用户对自己定义的标签比主办方定义的更加准确,应该鼓励用户自定义,包括兴趣、意向、需求、行业等。

(3)需求数据:用户发布的询价、报价、供货需求等。

(4)线上行为数据:在线上活动产生的数据,包括询价、访问点击、停留时间、查看、投票、转发、收藏、洽谈、购买、评价、打标签、问卷反馈等。

(5)线下行为数据:在线下活动产生的数据,包括签到、洽谈、参会、观看、停留、动线、观看优先级等。

(6)渠道数据:包括获客引流的入口、邀请邀约渠道等。

从所有权和使用权而言,这些数据的本质是第一方数据。第一方数据(First Party Data)是指会展主办方、承办方直接从展商、观众那里收集并由销售和市场团队拥有、存储和使用的数据与信息是第一方数据。这种类型的数据直接来自观众,易于访问,深入揭示用户行为和偏好。第一方数据不仅可以用于个性化营销,还可以用于预测客户行为和趋势,支持更加复杂的目标定位。

会展项目中典型的注册数据、购票数据、签到数据、门禁数据、展台访问数据都是第一方数据,这些数据分布在注册系统、邀约系统、票务系统、证件系统,最终会回归数据管理系统。此外,来自线上平台的数据,比如观众登录平台后的线上访问数据、观看数据、停留市场,以及观众与展商进行的互动数据、洽谈数据、询盘数据等都是第一方数据,观众填写的问卷信息也是观众在平台留下的第一方数据。

引导案例

英富曼集团(Informa)的IIRIS数据集成系统

由于营销、管理、互动工具、平台和系统的分散,导致第一方数据来源广、分布散、管理难,这就需要一个集中平台来处理第一方数据,特别是管理庞大的多个展会、多个会议、多个届次数据是一个难题,第一方数据的集成就是一种解决方案。

英富曼集团开发了第一方数据集成系统——IIRIS。IIRIS是Informa的B2B市场客户数据的集中数据和分析引擎,将整个集团不同公司旗下展会业务的第一方数据集中到一个系统中,集成后的每一个观众都有一个唯一的ID,这名观众参加不同类型的线上以及线下的展会活动,都会以标签进行管理,从而产生有价值的数据洞察。英富曼集团把存储在IIRIS里面的观众称为"KEMA",即"Known, Engaged and Marketable Audience",就是专业的有知识需求的、积极参与互动的、有商业变现价值的专业观众。因此,可以把这个IIRIS看成观众数据集成系统。随着英富曼集团全球打造统一的集成化的观众数据管理系统的运用,IIRIS就成了英富曼集团的数据营销中台。

3. 会展业务与数据系统

会展业务与数据系统在会展主办企业中扮演着关键角色,它们通过不同的功能和业务特性为主办方提供了丰富的数据资源。常见的会展业务与数据系统如表4-1所示。

表4-1 会展业务与数据系统

系统名称	主要数据	系统作用
邀约系统	邀约系统通常会记录发送的邀请数量、接收者的反应(如打开率、回复率)以及受邀用户的基本信息,为后续数据分析提供基础数据	该系统是用于向潜在观众发送邀请和通知的自动化工具。它可以帮助主办方根据目标用户的特征和偏好定制邀请函,通过电子海报、电子邮件、短信或社交媒体等渠道发送

续表

系统名称	主要数据	系统作用
注册系统	注册系统通常具备在线填写表单、支付门票、选择参与活动或会议等功能。注册数据为主办方提供了用户的基本构成和需求分布,有助于会展活动规划和资源配置	该系统是用户参加会展活动前必须经过的流程,它会收集用户的个人信息、兴趣领域、参与意向等数据
营销自动化系统	营销自动化系统能够追踪用户与营销内容的互动情况,收集点击率、转发率、参与度等数据,为主办方提供深入了解用户行为的渠道	该系统是一套集成的软件平台,用于自动化和优化营销活动。它可以根据用户的行为和反馈自动调整营销策略,如发送定制化的邮件、社交媒体帖子、在线广告等
配对系统	配对系统通常收集参与者的业务信息、产品/服务类别、采购意向等数据,并利用算法进行智能匹配。配对结果和参与者的反馈为主办方提供了宝贵的数据,有助于优化未来的配对服务	该系统旨在提高会展活动中买家和展商之间的对接效率。通过分析双方的需求和偏好,系统可以自动推荐潜在的合作伙伴
在线平台	在线平台可以收集用户的在线行为数据,如页面浏览、内容互动、讨论参与、反馈提交等。这些数据对于分析用户的兴趣和满意度至关重要,也为主办方提供了改进在线体验的依据	该平台为观众提供了一个互动和参与会展活动的线上空间。这可能包括虚拟展览馆、网络研讨会、实时聊天室、社交媒体互动等功能
签到系统	签到系统会记录用户的到达时间、签到方式(如二维码扫描、身份证验证等)以及相关特殊需求。这些数据有助于主办方实时了解用户的到场情况,进行人流管理,并为后续的数据分析提供基础	该系统是用户进入会展活动现场的第一个接触点,通常用于确认用户的身份和注册信息。这个系统可以是手动的(如工作人员核对名单),也可以是自动化的(如使用自助服务亭或移动设备)
门禁系统	门禁系统会在用户通过门禁时自动记录时间、地点和身份信息,有助于主办方监控人流量、分析参观模式,并确保现场安全。此外,该系统还可以与签到系统相结合,提供更全面的用户数据	该系统用于控制和管理观众进入会展场地的权限。它通常包括电子门票、RFID手环、生物识别技术(如指纹识别和面部识别)等
证件系统	证件系统是指用于验证、打印和发放展商、观众或工作人员等各类证件的系统。这些证件通常包含个人信息、照片、二维码或芯片等,用于识别和验证身份	该系统在会展活动中起到关键作用,它不仅确保了参与者的身份验证和安全控制,还可以与签到和门禁系统相结合,提供详细的访问记录和行为数据。通过分析这些数据,主办方可以更好地理解用户的行为模式,优化活动布局和安全措施

这些系统共同构成了会展行业的数据生态系统,通过各自的功能和目标为主办方提供了全面和深入的用户数据。主办方可以利用这些数据进行用户洞察、市场分析、个性化服务提供,以及会展活动的持续改进和创新。

(二)数据预处理

在收集相关数据后,需要对数据进行预处理,以方便后续分析,提升数据的质量和可用性。数据预处理的方式主要有以下几种。

1. 数据清洗

数据清洗包括识别和纠正数据中的错误或不一致之处,如缺失值、重复数据和错误数据。它旨在提高数据的完整性和准确性,减少数据噪声,是确保数据质量的基础。

2. 数据转换

数据转换包括将数据转换成适合分析和建模的格式,使不同特征的数据具有可比性,提升模型性能。它包括:标准化(将数据调整为均值为0,标准差为1的标准正态分布);归一化(将数据缩放到一个特定的范围);离散化(将连续数据分割成离散区间)等操作。

3. 特征选择

特征选择是从数据集中选择最相关的特征,以减少冗余和提高模型效率。它包括:过滤方法,指基于特征与目标变量的相关性,如相关系数、卡方检验;包裹方法,指通过训练模型评估特征子集的性能,如递归特征消除(RFE);嵌入方法,指在训练过程中进行特征选择,如决策树的特征重要性;等等。

4. 数据集成

数据集成是将来自不同源的数据合并成一个一致的数据集,以提供更全面的数据视图,增强数据的价值。它包括:数据融合,指将不同来源的数据结合在一起,如数据库、文件系统等;数据匹配,指对数据进行对齐,处理不同数据源中的重复记录和冲突;等等。

5. 数据缩减

数据缩减包括对数据进行压缩和简化,以减少数据集的规模和维度,减少计算复杂性,提高模型训练和推断速度。它包括:主成分分析PCA,指通过线性变换将数据从高维空间映射到低维空间;线性判别分析LDA,指通过寻找最佳分离特征来减少维度;特征选择,指选择最具信息量的特征进行分析;等等。

二、观众数据库设计与运营

观众数据库是专门为展览和会议活动主办方设计的数据库管理系统(DBMS),用于集中存储、管理和分析观众(也包含各类参会人)相关的数据。这个系统不仅包括观众的基本信息,如姓名、联系方式、职业背景等,还涵盖观众的行为数据,如参展历史、互动记录、消费模式等。以下涉及的观众数据库功能设计的相关知识适用于参会人数据库的设计。

(一)观众数据库的价值

观众数据库的价值在于帮助主办方实现以下关键业务目标。

1. 数据整合

数据整合是建立营销数据中台的前提,将来自不同渠道和项目的观众数据整合到一个统一的平台上(第一方数据库),便于管理和查询,支持各项业务应用。

2. 数据分析

通过数据库中的数据分析工具,主办方可以深入理解观众群体的特征、需求和行为模式,从而制定更有效的营销策略。

3. 营销传播

利用观众数据库中的信息,主办方可以向观众发送定制化的邀请函、新闻通讯和活动通知,提高沟通的针对性和效果。

4. 资源优化

观众数据库为主办方提供了实时的数据分析结果,可以帮助主办方合理分配资源,如根据观众的行业背景和观展需求来调整展览内容、优化活动安排。

5. 价值评估

通过分析观众的参与度和潜在价值,主办方可以识别高价值观众,优先分配资源和关注。

6. 关系维护

观众数据库支持主办方建立和维护与观众的长期关系,通过跟踪观众的参与记录和反馈,提供持续的服务和支持。

7. 决策分析

通过监控观众数据,主办方可以及时发现潜在的风险,如观众流失或参与度下降,并采取相应措施进行干预。

观众数据库是活动管理中不可或缺的工具,它通过数据驱动的方式,提升了活动的效率和效果,同时也为主办方提供了宝贵的数据资产,有助于实现可持续发展和长期追踪。

(二)观众数据库的功能

数据处理是观众数据库的最基础功能,其中标签管理又是数据管理的根本。除了增加观众、批量导入观众数据、删除和批量删除观众数据,观众数据系统的列表管理通常还包括以下几个方面的功能。

1. 数据查询

观众数据系统支持根据单一条件或多个维度组合进行查询,这意味着主办方可以根据特定的标准,如观众的地理位置、参展历史、兴趣偏好等,快速检索到相关的观众数据列表或生成详尽的报告。例如,可以查询所有参加过上一届会展活动的观众,或者筛选出对特定主题感兴趣的潜在观众群体。

2. 数据编辑

观众数据系统支持对观众数据的导入和导出操作,使得数据可以与其他系统或工具进行交互。主办方还可以对观众的基本信息进行编辑和更新,包括联系方式、职业背景等,同时可以添加或修改标签信息,以便更好地进行观众分类和个性化沟通。例如,如果发现某个观众的职业信息需要更新,可以直接在系统中进行修改,或者为一组观众添加特定的兴趣标签,以便未来的营销活动能够更加精准。

3. 数据除重

为了避免数据冗余,观众数据系统提供自动查重功能,可以通过手机号、电子邮件等关键字段识别重复的记录。当发现重复数据时,系统能够根据预设的规则进行合并,确保每位观众的信息都是唯一且准确的。例如,如果两个不同的数据源提供了相同的观众信息,系统可以自动识别并合并这些信息,同时允许用户自定义合并规则,以适应不同的数据管理需求。

4. 数据批量处理

观众数据系统允许对大量数据进行批量处理,提高工作效率。这包括对缺失信息的补充、格式错误的修正以及其他常见的数据问题。例如,如果发现一批观众的国家信息缺失,可以通过批量处理功能一次性为这些观众添加国家信息。同样,如果某个国家的信息格式不统一,也可以通过批量处理进行格式的标准化。

(三)标签管理的主要功能

标签管理是数据处理中的一个重要组成部分,它允许主办方根据观众的行为、偏好、历史互动等信息对观众进行分类和细分。标签分为系统自动标签和手动标签。自动标签是由系统根据预设的规则和观众的行为数据(经过全链路跟踪和埋点)自动生成。比如,当参会者扫码进场之后,系统可以记录参与者入场时间,也可以根据触发门禁行为数据自动打上一个"线下参会"的标签,这类标签可以帮助主办方快速识别观众的特定行为和特征,如"首次参会""活跃用户""行业专家"等。手动标签由用户根据对观众的了解和互动手动添加。手动标签可以更加个性化和详细,如"特别关注""潜在合作伙伴""VIP客户"等。

标签管理是观众数据库的核心,其主要功能如下。

1. 标签规则设置

主办方可以设置一系列的触发规则,用于定义在什么条件下观众会被自动打上特定的标签。例如,如果观众连续参加了三届以上的会展活动,系统可以自动为其打上"忠实参与者"的标签。规则设置应当灵活,允许主办方根据实际情况调整和优化,以确保标签的准确性和相关性。

2. 标签编辑与管理

主办方可以新增、编辑和管理标签。这包括对标签名称、描述、分类和使用场景的编辑。系统通常支持批量编辑标签,以便在需要对大量标签进行更新或调整时,提高工作效率。

3. 标签应用与分析

标签不仅可以用于观众分类,还可以作为数据分析和报告的依据。系统通常能够根据标签生成观众群体的统计报告,帮助主办方了解不同群体的特征和行为模式。在营销活动中,标签可以用于定向推广,确保信息和内容能够精准地送达目标观众。

4. 标签的隐私与合规管理

在管理标签时,需要确保遵守相关的数据保护法规和隐私政策。对于敏感信息和个人隐私,应采取适当的保护措施。

通过标签管理,主办方可以更加精确地理解和服务观众,提升会展活动的个性化体验和参与度。同时,标签管理也为数据分析和营销策略的制定提供了强有力的支持。

(四)观众数据运营管理

观众数据运营主要包括数据源管理、数据融汇、数据加工、数据资产化管理、数据服务、数据运营。数据源是指产生和收集数据的原始来源,包括线上、线下两类,数据源的作用是为数据中台提供原始数据,是数据资产化和数据运营的基础。观众数据资产管理的底座是数据中台,数据中台是企业级的数据共享服务平台,扮演着数据整合者和数据加工者的角色,旨在对数据资产化的同时,实现数据的集中管理和高效利用。通过构建统一的数据平台,数据中台能够支持企业的多业务需求,实现数据使用价值的最大化。观众数据运营业务的主要流程如图4-2所示。

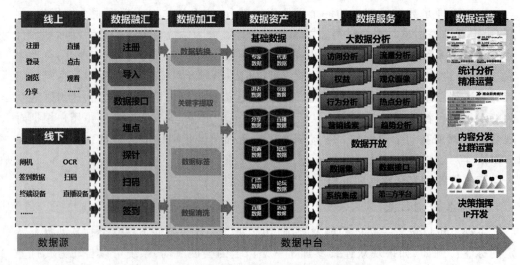

图 4-2 观众数据运营业务的主要流程示例

第二节 智能推荐

本节主要针对智能推荐进行介绍,包括智能推荐的相关概念、类型与价值,智能推荐的技术支撑(包括数据基础、算法支持、云计算算力和交互技术应用),以及在会展活动中的常见的智能推荐算法等内容。

一、智能推荐的内涵

(一)智能推荐系统的概念

当买家在意图明确的情况下,能够通过关键词、展品类目等进行搜索和筛选,找到理想的展商和展品,开展预约、询盘或即时沟通。然而,当买家不了解自己真正想要什么的时候,或者当平台上的数据量太大时,搜索就很难满足需求。智能推荐系统可以分析用户历史行为,找出用户可能感兴趣的对象和内容推荐给用户,满足用户的需求。

智能推荐系统(Recommender System, RS)是大数据时代解决信息过载问题的关键工具。它运用人工智能和机器学习技术,分析用户的历史行为、偏好和上下文信息,自动推送个性化内容、人脉关系、商品或服务。在B2B贸易展会平台中,智能推荐系统通过分析展商和买家的互动数据、产品偏好、业务需求和市场趋势,自动识别并推荐合适的商业机会。系统通过不断学习和优化推荐算法,以提高参展效率、增强用户体验,并促进商业机会的生成。

(二)智能推荐系统的类型

按照推荐形式的不同,推荐系统可以分为个性化推荐、相关推荐和热门推荐三种,具体应用方式会根据贸易展的特点进行调整。

1. 个性化推荐

个性化推荐根据展商和买家的历史行为、偏好和业务需求,利用机器学习算法分析展商和买家的业务特征,自动匹配潜在的合作伙伴,或推荐最适合买家的产品、服务或供应商。此外,个性化推荐还经常以"猜你喜欢""发现"等形式在平台首页出现。在观众的个人中心,个性化推荐也可以推荐该参会人感兴趣的潜在参会人、展商等。

2. 相关推荐

相关推荐根据买家的查询历史或当前浏览的产品,推荐具有相似产品或服务的其他供应商,常常以"相关推荐""推荐展商""推荐展品"等形式放在展商详情页、产品详情页,推荐与当前展商或产品相关的其他品类,帮助买家发现更多潜在需求。另外,在行业资讯或新闻页面,推荐与当前阅读内容相关的其他资讯或文章。

3. 热门推荐

热门推荐通常按照各类数据的统计结果进行推荐，具体包括以下三种。

（1）热门产品：根据展会期间的访问量、询盘量或成交率等数据，推荐当前市场上的热门产品或服务。

（2）热门展商：基于展商的参展次数、客户评价、成交记录等指标，推荐信誉好、受欢迎的展商。

（3）行业趋势：根据市场数据和行业分析，推荐当前行业的热门趋势或新兴技术。

通过这些智能推荐形式，B2B贸易展会的参与者可以更有效地找到他们感兴趣的内容和合作伙伴，提高参展效率和体验。同时，展会主办方可以利用这些策略来提高展会的整体参与度和满意度。当然，在B2B贸易展会领域，推荐系统的设计需要考虑商业环境的复杂性和专业性，确保推荐内容的相关性和实用性。此外，推荐系统还可以结合展会的实时数据和动态变化，为展商和买家提供更加及时、精准的推荐服务。

（三）智能推荐系统的价值

智能推荐系统在B2B贸易展会中扮演着至关重要的角色，它通过先进的算法和数据分析技术，为展商、买家和参会者等群体提供定制化的服务和决策支持。

在会展活动中，使用智能推荐的主要原因和价值在于以下几点。

1. 提高搜寻效率和质量

在数字化时代，信息量呈指数级增长，而人们的注意力和处理能力却有限。智能推荐系统可以帮助用户从海量信息中筛选出最相关和最有价值的内容。

2. 数据驱动决策

通过分析用户行为和交易数据，智能推荐系统可以揭示市场趋势和用户需求，帮助主办方和展商做出更精准的商业决策。

3. 提高匹配效率

通过智能推荐，展商和买家可以快速找到匹配的合作伙伴，节省搜索和筛选时间，增加潜在商业机会，提高交易的可能性。

4. 提升用户体验

通过分析用户行为和偏好，智能推荐系统能够提供更加精准的决策支持，帮助用户做出更好的选择，让参与者感受到个性化服务，提高用户满意度。

5. 优化资源分配

帮助展会主办方更有效地分配资源，如会议室、时间安排等。

6. 创造新的服务模式

智能推荐不仅是技术，而且是新的服务模式，比如基于智能推荐系统的买家配对、智能营销、智能广告成为新的服务模式。

智能推荐系统在B2B贸易展会中的应用，有助于提升展会的专业性和效率，为参展各方创造更大的商业价值。

二、智能推荐系统的技术支撑

"算法＋数据结构＝程序"是由计算机科学家尼克劳斯·沃思归纳提出的一个著名公式。该公式指出程序运行的过程就是数据流的处理过程,至于怎么处理,那就是算法问题。这个公式同样适用于智能推荐。智能推荐系统是现代信息技术的集大成者,它结合了多种技术手段,以提供高效、个性化的服务。数据、算法、云计算算力和应用技术是智能推荐的关键技术支撑。随着成本的降低,越来越多主办方可以低成本、高质量获取最新技术应用,赋能业务增长。

(一)数据基础

2020年以来,随着线下与线上的融合以及在线平台的发展,由此产生了更多的线上用户和线上活动、更丰富的活动类型和空间场景、行为数据,互联网的全面普及以及此后线上平台的深化发展,数据量迅速上升。基于大数据收集展商和买家的多维度数据,如基本信息、互动记录、行为日志、反馈信息等成为可能,这对于传统的数据采集方法是一次革命,海量数据让智能推荐成为一种新的匹配方式。图4-3为数字化重构人、活动、空间和场景。

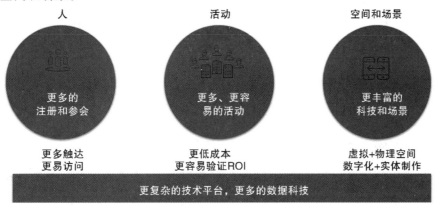

图4-3 数字化重构人、活动、空间和场景

此外,基于线上与线下融合的大数据智能推荐系统相比传统推荐系统具有多个方面的优势,包括数据规模、数据类型、个性化程度、实时性等(见表4-2)。这些优势使得大数据智能推荐系统能够提供更准确、更个性化的服务,从而提升用户体验和商业价值。

表4-2 大数据智能推荐与传统推荐系统的区别

特性	大数据智能推荐	传统推荐系统
数据规模	处理全量数据、动态数据而非抽样数据	通常基于有限数据或抽样数据进行分析和推荐
数据类型	行为数据,反映用户实际行为和偏好	静态数据,如用户填写的属性、态度、需求

续表

特性	大数据智能推荐	传统推荐系统
数据维度	多维度整合,包括注册、浏览、互动、社交等线上行为数据,以及线下签到、门禁、参会、观展等行为数据	单一维度,如用户线下展会期间的行为数据
实时性	实时处理和分析用户行为,动态推荐	通常非实时,更新频率较低
个性化程度	高度个性化,根据用户行为定制推荐,千人千面	个性化程度较低,可能存在"千人一面"的推荐
推荐准确性	通过大数据分析优化算法,提高推荐准确性	推荐准确性受限于数据量和分析能力
用户体验	快速找到感兴趣内容,提升用户满意度和忠诚度	用户体验可能因推荐不准确而受影响
商业价值挖掘	帮助企业开发新的商业模式和服务,提高竞争力	商业价值挖掘能力有限
决策支持	提供丰富信息,帮助企业做出科学决策	决策支持能力有限
创新和实验	支持 A/B 测试,快速验证新想法和策略的有效性	创新和实验能力受限于数据和分析工具
技术挑战	需要处理和分析大规模数据,对技术和算力要求高	对技术和算力要求相对较低

(二)算法支持

算法是用计算机程序实现的、基于数据分析、面向特定目标的一套指令或方案。算法也是一套规则,它不仅确立了机器试图实现的目标,同时也指出了实现目标的路径与方法。有了大数据作为基础,大数据算法在处理能力、实时性、复杂性、数据多样性、个性化推荐、预测能力、自适应性、可扩展性、集成性、透明度和可解释性、优化和自动化,以及多目标优化等方面都具有明显的优势。这些优势使得大数据算法能够更有效地支持智能推荐系统,提高推荐的相关性和用户满意度。

(三)云计算算力

云计算算力为智能推荐系统提供了强大的技术支持,主要表现在以下几个方面。

(1)基于云计算平台,通过其大数据分析能力,能够高效地收集、存储和分析海量数据。

(2)云计算平台上的机器学习服务使得推荐模型能够不断优化,提升推荐结果的准确性和个性化。

(3)云计算资源使得复杂的自然语言处理任务,如语义分析和情感分析成为可能,加强了推荐的相关性。

(4)云计算平台的实时计算能力,确保了推荐结果能够实时更新,满足用户对即时信息的需求。

(四)交互技术应用

交互技术应用在智能推荐系统中扮演着至关重要的角色,主要包括以下几点。

(1)它通过设计直观、易用的用户界面来提高用户体验,比如用户注册并登录个人中心或在线平台后,通过醒目的"猜你喜欢""展商推荐"向用户推荐信息。

(2)通过提供个性化推荐服务以满足用户的定制化需求,增强用户的参与感,提高其满意度。

(3)系统通过收集用户反馈和行为数据来评估推荐效果,并持续优化推荐算法,以提升服务的质量和效率。

(4)安全性和隐私保护也是技术应用的关键方面,确保数据安全和用户隐私的同时,遵守法律法规,建立和维护用户的信任。

综上,智能推荐系统的成功实施需要综合运用数据、算法和云计算等多方面的技术。通过不断优化这些技术,智能推荐系统能够为B2B贸易展会的参与者提供更加精准、高效的服务,创造更大的商业价值。

三、常见的智能推荐算法

(一)基于协同过滤的推荐算法

基于协同过滤的推荐算法是指利用相似用户的反馈和行为数据,为当前用户推荐那些受到相似用户欢迎的内容。比如,系统通过分析观众以往的参观记录和展商的参展历史,找出相似的观众群体和展商,然后推荐他们可能感兴趣的展商或观众。如图4-4所示,如果系统发现观众C与观众A相似,会把观众C访问过的展商D推荐给观众A。

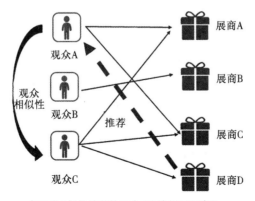

与观众A相似的其他观众C也访问了展商D

图4-4 基于协同过滤的推荐算法示例

（二）基于内容的推荐算法

根据用户点击、访问的展商、展品、资讯等内容，推荐与之匹配的类似展商、展品、资讯、文章或视频。例如，系统分析展商的产品和服务描述，为观众推荐内容上相似的展商。如图4-5所示，如果观众查看了有关绿色能源的展位，系统可能会推荐其他专注于可持续能源解决方案的展商。

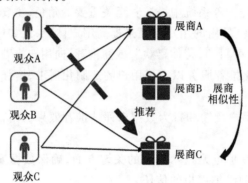

与展商A相似的展商还有展商C

图4-5 基于内容的推荐算法示例

（三）混合推荐算法

智能推荐可以根据多种规则进行组合来实现精准推荐，其他常见算法规则包括以下四类。

1. 聚类分析

聚类分析是指将用户根据注册信息和行为数据进行聚类，为每个用户群体推荐适合其特征的内容。例如，系统将参会者根据兴趣和行为进行聚类，并推荐与他们兴趣群组相关的会议内容。例如，对于一个对供应链管理感兴趣的参会者，系统会推荐相关的研讨会和讲座。

2. 关联规则学习

关联规则学习是指发现用户注册信息、需求问卷和询盘行为之间的关联规则，用于推荐相关联的产品或服务。例如，系统识别参会者在会议议程中的行为模式，推荐他们可能感兴趣的其他议程项目。例如，如果参会者报名参加了关于数字营销的会议，系统可能会推荐电子商务相关的其他会议。

3. 序列推荐

序列推荐是指分析用户的行为序列（如浏览、询盘、预约等），预测其下一步可能感兴趣的内容或活动。

4. 强化学习

强化学习是指根据用户对推荐内容的反馈（如是否进行了点击、浏览、预约、询盘等),不断优化推荐策略,不断调整推荐的列表。如果用户对某些推荐不满意,系统会学习这些反馈并优化未来的推荐。

通过这些算法规则的结合使用,智能匹配系统能够更全面地理解用户的需求和偏好,从而提供更加精准和个性化的推荐。随着人工智能和机器学习的进一步发展和成熟,未来的智能推荐算法之中还会引入基于多臂老虎机、多目标优化、上下文感知等策略的算法,不断致力于提高精准性和个性化。

第三节 智能推荐在会展中的应用

会展数据的管理与应用覆盖了会展活动的全流程,包括营销、注册、邀约、配对、现场管理、数据报告、线上平台等各个方面,可以为整个项目生命周期赋能。本节主要对智能推荐在会展活动中的几种典型应用场景进行介绍,包括内容推荐、买家配对和计算广告等。

一、内容推荐

对于议程种类繁多的大型会议,参会群体专业具有广泛的多样性分布,这时可以使用智能推荐技术,推送用户感兴趣的内容,这些内容包括个性化在线日程和议程、在线视频、电子报告、在线资讯等。对于议程的智能推荐而言,主要适用于日程是多天、议程分类和场次多、会议规模大的场景,特别是大型学术会议和跨界峰会,这类活动日程数量多、类型复杂、参会人员层次复杂,需要使用推荐技术提高参会效率。

内容推荐主要是基于注册用户的用户画像、用户的历史行为等数据输入,然后依据推荐算法,计算用户与各议程的契合度,自动推荐契合度最高的个性化内容给每个注册参会者。这样可以提高用户对感兴趣的各类线上内容和线下议程的关注度、参与度。

内容推荐主要是基于以下数据。

(一)用户画像

用户画像主要是通过注册信息和注册问卷采集的注册用户的属性特征,构建画像标签。具体包括行业、岗位、兴趣关键词、公司规模、年龄段等。

(二)行为数据

行为数据主要是通过跟踪分析用户在会议管理平台、App/小程序中的浏览点击行为来构建推荐体系权重。具体包括浏览日程和议程、收藏嘉宾、点赞等。

(三)关系数据

关系数据,即同行业用户也喜欢的内容,同类参会者也点赞的嘉宾、议程和内容等。

（四）内容特征

内容特征是指分析内容属性，提取标签词与用户画像属性匹配相关程度。以议程推荐为例，议程为新产品发布会（产品、发布），嘉宾为马云（商业、创新）。

（五）知识图谱

知识图谱是指基于特定领域知识图谱模型，挖掘画像标签与内容之间的关联，以日程推荐为例，包括产品经理与产品发布会（正向强关联）、医生与创业论坛（弱关联）。

（六）时间衰减权重

时间衰减权重是指基于用户最近的行为，代表更强的偏好，赋予更高权重，比如，一天内点赞的权重乘以 1.5；一周内点赞的权重乘以 1.2。

（七）异常过滤

异常过滤是指过滤不符合逻辑的异常推荐结果，避免错误输出。同时，通过协同过滤等，挖掘用户的关联偏好。

近年来，随着AI、大数据的技术成熟，以及线上与线下会议的一体化融合，会议内容的数量呈现爆炸式增长。会议管理平台通过综合构建用户画像属性、历史行为、用户群体关系等多个维度的特征，智能推荐算法在会议内容的智能推荐方面获得了广泛而深入的应用。随着演讲内容、视频讲座、专业报告等越来越多会议内容转化为数字化的产品，智能推荐将获得更多的应用。

二、买家配对

（一）买家配对的概念和原理

买家是指那些经主办方邀请或审核后注册参加展会、具有购买意向或决策权的个体。他们通过买家配对计划与展商在展会上进行洽谈、签署意向协议或下订单，买家关注产品细节、市场趋势和竞争情况。

1. 买家配对

买家配对也称为"商务配对""商贸配对""贸易配对"等。在B2B贸易展会活动中，买家配对作为展商或赞助商的一项参展权益，是由主办方安排有采购意向的买家（或专业观众）与对应的展商进行商务洽谈或商务互动等配对活动，进而促进交易达成的一种行为。由于一个展会中的买家和展商的数量很大，因此通常使用买家配对系统来完成。图4-6为买家配对示例。

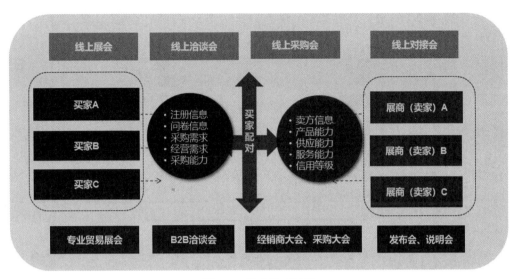

图 4-6 买家配对示例

2. 买家配对系统

由于展会中的买家(或专业观众)和展商数量众多,传统的人工核对电子表格方式无法满足配对需求。因此,主办方通常需要使用专业的系统来管理买家配对。买家配对系统是指主办方利用智能化的工具向展商推荐买家,或者向买家推荐展商,促进双方对接洽谈的活动,这是贸易展会中成熟且常见的撮合交易行为。

3. 买家配对的原理

在数字化时代,买家配对正逐步向智能配对系统升级,利用更先进的技术手段。如图 4-7 所示,系统根据一定的规则或人工智能算法向买家推荐展商,或向展商推荐买家,完成推荐即完成了配对过程。配对完成后,买家可以向展商进行商务预约洽谈,进一步提升展会的效率和效果。

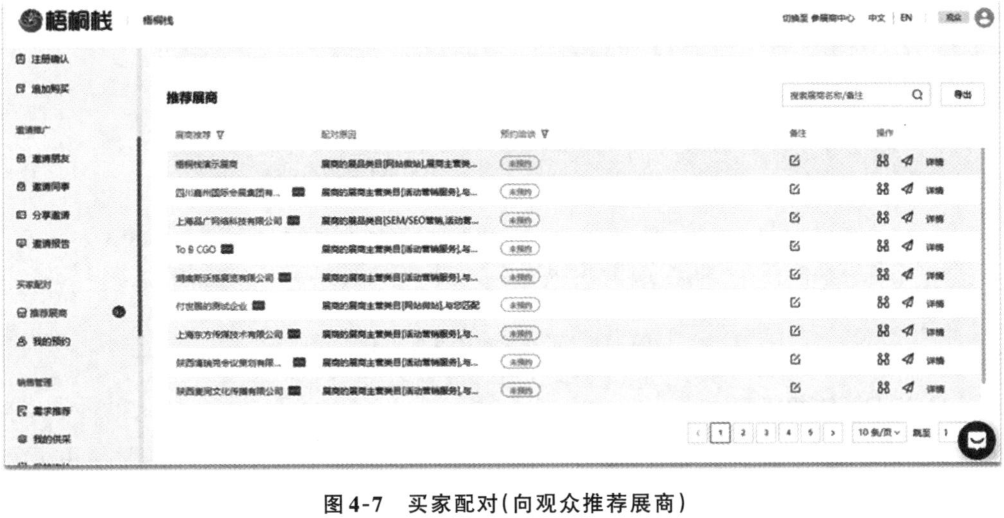

图 4-7 买家配对(向观众推荐展商)

智能配对系统的运作机制可以分为以下三个层次,智能配对的原理如图4-8所示。

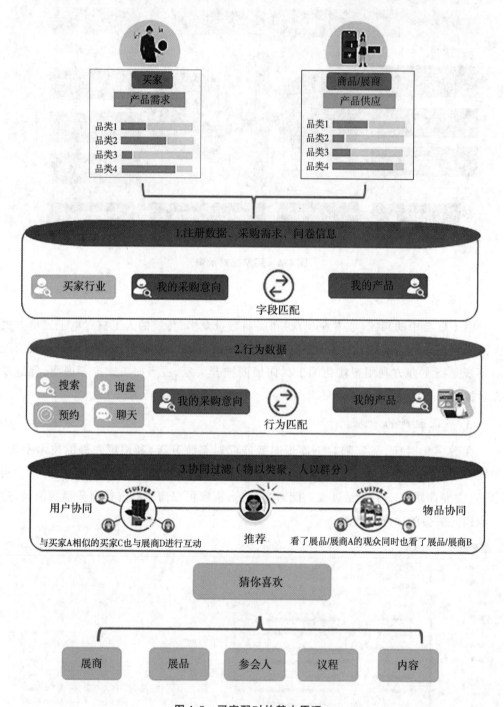

图 4-8 买家配对的基本原理

1)基于标签的匹配

这是推荐系统接触新用户、新展品、新展商、新内容时的初始阶段,通常使用买家注册时提交的注册信息、问卷信息和采购意向,还有展商注册时在线提交的企业信息、产品信息和供应信息,系统通过买家和展商在注册时留下的字段标签进行匹配,从而完成买家匹配的冷启动。

2)基于买家行为的匹配

随着平台入驻的展商和展品越来越多,买家在平台上留下了大量的行为数据,比如搜索数据、访问数据、询盘数据、交换名片的数据、收藏展商和展品数据、预约洽谈数据、观看直播的数据等,推荐系统开始深入分析单个用户的行为模式和历史数据。这种纵向的分析意味着系统在收集和学习特定用户的行为特征,从而实现更精准的个性化推荐。

3)基于协同过滤的推荐

协同过滤是指基于"物以类聚,人以群分"的规则,通过分析其他买家群体或产品之间的相似性来生成推荐。在协同推荐的基础上,系统将不再只关注单个买家的行为,而是在更广泛的买家群体或内容中寻找相似性,从而为买家推荐他们可能感兴趣的新产品或新内容。最后,还可以向买家、专业观众推荐其感兴趣的展商、展品、议程、信息等。

基于智能推荐的买家配对系统是提升会展效率和个性化体验的关键工具,它通过智能算法快速匹配买卖双方,增强社交互动,提供数据驱动的决策支持,提升参与度,并最终提高活动的投资回报率。数字化时代,越来越多主办方使用智能化的买家配对系统提升匹配效率和用户体验。比如,本章的引导案例介绍的"励展通商贸配对"应用案例,提供展商推荐,方便了买家了解和联系展商。

(二)买家配对的流程和数据应用

1. 买家配对的流程

买家配对需要使用多个系统的集成协同,包括买家数据库、展商管理系统、配对系统、预约系统。如果是线上平台,还需要集成电子名片交换系统、在线询盘系统等。买家配对的流程如图4-9所示。

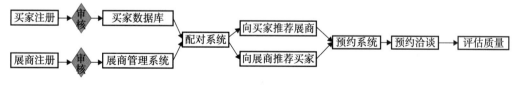

图4-9 买家配对的流程

(1)前期准备:了解买家和展商的需求和目标,配置适合的买家注册系统、展商管理系统、配对系统、预约洽谈系统。

(2)买家注册:开放买家注册,收集买家的公司信息、产品或采购兴趣信息,以便于系统能进行识别和配对。

(3)线索分配/匹配:使用规则或AI算法分析买家和展商需求,使用智能推荐向买卖双方中的一方或双方推荐合适的配对对象。

（4）预约洽谈：为买卖双方提供商务预约系统，用以管理他们在展期的预约档期，支持买家和展商根据配对建议选择预约对象，预订商务洽谈的时间。

（5）预约跟进：完成预约后，通过消息通知促进履约洽谈。

（6）数据分析：活动结束后，收集和分析洽谈数据和活动数据，以评估配对质量和配对效果，为未来的活动提供改进建议。向买家或展商提供有关他们参与配对和洽谈的报告和洞察。

通过这个流程，买家配对活动可以为所有参与者创造更大的价值，提高效率，并促进商业交易。

2. 买家配对的数据应用

在进行买家配对时，主要依据以下数据。

（1）买家用户画像：买家配对流程首先要求买家提供注册信息，包括买家的企业信息、个人身份信息、报名的议程或买家活动、填写的采购的意向。系统获得明确的买家用户画像，包括兴趣和偏好的产品类别。

（2）买家行为数据：系统会追踪并分析买家的行为，比如，买家发布的需求信息、询盘信息，包括他们搜索的产品类别。系统可以利用通过注册数据完成的用户画像结合行为数据进行智能匹配，将买家与他们感兴趣的展商或展品相连接。

（3）聚类分析：系统还会考虑其他买家的兴趣和行为，将具有相似偏好的买家聚集在一起，形成一个群体，以便进行更精准的群体匹配。整个流程旨在通过个性化的推荐和群体聚类，提高买家的满意度和交易的成功率。

（4）追踪优化：系统还可以通过追踪配对后的行为来分析配对质量，比如，是否发起了浏览、询盘、聊天、预约洽谈等商贸互动的频率和时长（深度），来优化数据匹配模型。

3. 买家配对的扩展应用场景

通常而言，买家配对完成后，并不是配对的结束，而是开展买家对接或商务对接（互动）的开始。因此，买家配对的本质是促进买家与展商之间的商务对接。主办方可以精心策划一系列线上或线下的商务对接活动，旨在为买家和展商提供一个直接交流的平台，促进双方的商业合作。这些活动是买家配对过程的延伸，但更加注重实际的商务互动和交易机会的发掘。买家对接的形式主要包括以下几种。

（1）买家计划：亦称为"买家邀请计划"或"买家会议计划"，是一种专为买家和展商量身定制的、预先安排的会议服务。通过这种计划，买家承诺与展商进行一系列会议，并提供预算、决策权、时间安排和需求等信息。展商则提供定制化信息，以确保会议效率，通常会议时长为15—30分钟。主办方负责向展商匹配买家，并向买家提供酒店、机票或其他类型的激励措施。

（2）预约洽谈：在配对之后，主办方通过系统平台为买家和展商之间安排线上或线下形式的一对一会议，支持双方之间能够发起会议的预约，深入讨论合作细节，建立信任关系。

（3）一对多会议：主办方通过提供展商活动或买家对接会报名系统，将活动信息推荐给买家,允许一个展商同时向多个潜在买家介绍自己的产品或服务,适合产品推介和买家对接会。

(4)线上互动:主办方通过买家配对系统推荐合适的买家和展商,之后双方可以通过在线询盘、即时聊天、电子名片交换等线上功能开展对接。

上述这些买家对接活动可以是线上完成的,也可以是线下完成的。其中,应用最广泛的是一对一洽谈,因为这种方式对于活动双方的自主性和便利性都很高。

(三)买家配对的质量评价

评价买家配对的质量是确保买家计划成功的关键因素之一。这不仅涉及买家配对的数量,更重要的是配对的质量以及买卖双方的满意度。以下是衡量买家配对质量的几个重要指标。

(1)配对率:在系统推荐的配对机会中,成功完成配对的比例如何。

(2)完成率:配对成功的买家和展商之间是否就共同的兴趣点和业务开展了对接需求,其完成率比例如何。

(3)参与度:买家和展商在后续买家对接活动中的互动程度,包括交流的深度和双方的积极参与,比如发起预约洽谈的数量、预约洽谈的时长、询盘数量、名片数量等。

(4)成果:配对后双方是否达成了具体的合作意向、签订了合同或者有明确的后续行动计划。

(5)反馈:双方对配对质量的满意度反馈情况,可以通过调查问卷、评分系统或直接的访谈来收集。

(6)转化率:从配对到实际业务转化的比率,即最终成功实现实际商业交易或合作的配对数量占总配对数量的百分比。

通过对以上指标的综合评估,可以对买家配对的质量进行全面的衡量。这有助于主办方不断优化买家计划,提高参与者的满意度,并最终提高整个买家计划的成功率。

三、计算广告

(一)计算广告的概念

传统的电子广告通常指的是通过网页端和移动端首页、用户个人中心的固定页面和固定位置,进行的单向信息传播的广告,通常以Banner形式出现居多。这样的广告内容一般固定,缺乏个性化,对所有观众展示相同的广告信息。广告效果评估通常基于曝光量、点击率等基本指标,广告投放决策更多依赖先买先得优先原则,卖完即止。

计算广告则是利用算法和自动化技术来优化广告的投放过程,实现个性化推荐。广告内容可以根据用户的行为、偏好和上下文信息进行实时调整。采用机器学习等先进技术,对广告效果进行深入分析和预测,理论上可以实现实时竞价和程序化购买,提高广告投放的效率和精确度,实现千人千面的效果,让更多展商实现了展示的机会。

（二）计算广告的功能

计算广告的功能主要包括以下几个方面。

（1）**个性化产品推荐**：在在线平台的PC端和移动端首页或相关的展商、展品详情页上，根据用户的商务互动历史和浏览行为推荐展商、商品。

（2）**活动推荐**：在日程页面或议程详情页，根据注册用户的浏览行为、报名参会的数据信息，向用户推荐有关的展商活动，帮展商引流。

（3）**搜索引擎营销**：在展商和展品的搜索页面，根据注册买家的搜索查询，提供相关的展商链接或产品推荐广告。

（4）**内容推荐系统**：在在线平台的资讯栏目，推荐用户可能感兴趣的展商的文章或视频。

（三）计算广告的盈利模式

计算广告的盈利模式主要有以下几种。

（1）**按点击付费**：广告主仅当用户点击广告时才需要支付费用。

（2）**按展示付费**：广告主根据广告展示的次数支付费用，无论用户是否点击。

（3）**按行动付费**：广告主根据用户完成特定行动（如注册、报名、预约、询盘等）支付费用。

（4）**实时竞价**：广告主通过实时竞价获得广告展示机会，竞价基于广告效果预测。

（5）**程序化购买**：自动化的广告购买过程，通过算法优化广告的投放和定价。

（6）**数据销售和分析服务**：利用收集的注册用户的行为数据，为广告主和用户提供行业趋势、市场分析和咨询服务。

由于目前B2B在线展览平台的数据量和数据活跃度还远达不到电商平台和社交平台的体量，计算广告还受限于注册数据的量以及互动的频次等多种因素，目前尚在不断探索和完善中，相关的盈利模式还在不断优化。毫无疑问，智能推荐作为计算广告的一个重要组成部分，通过个性化和精准的广告投放，可以为广告主和用户创造更大的价值。

思考与练习

1. 思考如何将观众数据变为数据资产，发挥数据决策的价值？
2. 进入会议管理平台，熟悉其活动数据看板的维度设计，分析这些数据维度的决策价值。
3. 进入会议管理平台，针对第六章思考与练习中创建的活动，使用数据库管理系统（DBMS），对已有报名参会人数据进行标签分组管理（如无数据，可录入30个模拟数据）。针对活动需求创建一个短信或邮件营销模板，完成营销信息的发送测试。

第五章 会展数字营销

本章思维导图

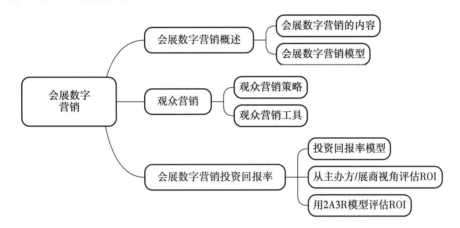

关键词

- 数字营销 - 观众营销 - 营销漏斗模型 - 营销 ROI

学习目标

- 1. 理解数字化时代会展数字营销的必要性。
- 2. 掌握数字营销和传统营销方式的区别和特点。
- 3. 了解会展数字营销的主要服务场景。
- 4. 熟悉常见的观众营销策略和观众营销工具。
- 5. 了解数字营销的 ROI 评估模型和主要指标。

引导案例

MWC(世界移动通信大会)数字营销策略

数字营销为会展带来了更高的精准度和互动性,使得展商能够更有效地触达目标受众,并通过多样化的渠道提升品牌影响力与观众的参与度。世界移动通信大会——MWC 成功利用数字营销手段,成为会展数字化转型的典范。

一、案例背景

MWC(Mobile World Congress)是全球规模较大、极具影响力的移动通信行业展会,每年吸引成千上万的展商、观众和媒体前来参加。作为一个展示最新科技成果的重要平台,MWC还组织了多场主题演讲、技术展示与圆桌讨论。在全球展会竞争日趋激烈的背景下,MWC通过多种数字营销策略,不仅提升了品牌影响力,还促进了展商和观众之间的互动与转化,成功巩固了其行业领袖地位。

二、电子邮件营销策略

MWC在展会的不同阶段(展前、展中、展后)分别策划了精细化的电子邮件营销活动。基于注册信息和以往参展数据,MWC将观众细分为不同群体,如技术开发者、企业高管和媒体代表等。针对每个细分群体,MWC定制了相应的电子邮件内容。例如,技术开发者会收到关于技术展示和工作坊的详细信息,而企业高管则会关注商业合作机会和市场趋势分析。这种精准化的电子邮件营销策略显著提高了邮件的打开率和点击率,确保了观众接收到高度相关的内容。这不仅提高了展会注册率与参会率,还通过个性化沟通方式提升了受众对于MWC品牌的认同感与忠诚度。

三、社交媒体营销

为提升全球影响力,MWC在展会前期便通过社交媒体平台(如Twitter、Facebook、Instagram等)发布了大量预热内容,介绍展商、演讲嘉宾和倒计时信息。展会期间,MWC通过实时直播主题演讲、产品发布会及互动问答环节,利用活动标签(如#MWC2024)吸引了全球观众的关注和互动。展会结束后,MWC继续通过社交媒体分享展会回顾、精彩时刻和观众反馈,从而保持了品牌的持续曝光度。通过社交媒体的广泛覆盖,MWC成功扩展了其全球知名度。社交媒体上的广泛讨论和转发进一步提升了品牌的影响力,同时增强了与观众的互动,增加了品牌的用户黏性。

四、内容营销与移动应用

MWC在其官方网站和移动应用上提供了大量优质内容,包括行业报告、技术白皮书以及展商专访等。这些内容在展会前吸引了观众的兴趣,推动了展会注册和关注。展会期间,移动应用提供了实时日程、展位地图、展商介绍等信息,帮助观众更有效地规划参会行程。此外,移动应用还提供了预约会议、即时消息、实时投票等互动功能,进一步促进了展商和观众之间的互动。通过整合内容营销和移动应用,MWC提供了高度互动的用户体验,增强了观众的参与感,同时推动了更多的商业机会与合作转化。这种线上与线下的无缝结合,不仅提升了参展体验,也显著提升了展会的商业价值。

总之,MWC通过电子邮件、社交媒体、内容营销与移动应用的全面整合,实现了精准的数字营销效果,提升了品牌影响力,并促进了展会中的互动与商业转化。其成功的数字营销实践不仅提高了展会的参与度,还为未来的展会活动奠定了坚实的数字化转型基础。

> **请思考：**
> 1.数字营销与传统营销的主要区别是什么？MWC是如何利用数字营销扩大与提高品牌影响力和观众参与度的？
> 2.MWC在电子邮件营销中是如何实现观众细分的？这种细分策略对提升营销ROI有何影响？
> 3.在MWC的营销方式中，哪些方式是公域营销，哪些方式是私域营销？

第一节　会展数字营销概述

会展数字营销是数字营销在会展项目管理中的具体应用。会展数字营销主要体现在会展主办方通过规划数字营销计划，利用用户数据和用户画像，使用数字化的系统、工具和传播渠道来推广会展活动品牌及其产品和服务，从而以一种及时性、相关性、定制化和节省成本的方式与会展活动的参与者进行沟通，识别会展参与者群体及其需求，进而利用数据、算法和AI技术参与营销，吸引观众和参会者注册报名、招募展商参展，扩大会展项目品牌效应。数字营销不仅打破了传统会展营销的时间与空间限制，还为展会的组织者和参与者提供了更多互动与精准营销的可能性。

一、会展数字营销的内容

会展是一个高效的营销平台，主办方通过举办展会、会议和相关活动来帮助展商和赞助商实现品牌推广与商机拓展。会展数字营销的主要工作包含两个方面：其一是会展项目的营销，即吸引参会者、观众、买家、展商和赞助商参加会展活动；其二是会展的营销服务，即主办方向展商和赞助商提供营销服务。本章主要关注前者，即会展项目的营销。会展项目营销主要包括观众营销、展商营销和品牌营销，其中核心是观众营销，因为观众是主办方和展商共同关心的参与者群体。

（一）观众营销

会展活动成功与否的前提是能否邀请到高质量的观众群体，因此，邀请观众群体参加展会是主办方和展商的一项重要工作。在会展数字营销中，观众营销的核心是吸引普通观众、专业观众和买家（统称"观众群体"）。吸引观众群体又称为"招商"，是指通过数字化的工具，向历史观众和潜在观众传达营销信息，吸引他们参加展会、会议和相关活动。邀请观众群体参展不仅是主办方要做的事情，也是展商特别关注的事情，因此，主办方不仅会发动自身的资源开展观众营销工作，也会采取激励措施，通过发动展商、展团、观众、参观团、行业协会、媒体等进行观众营销工作。

（二）展商营销

在会展数字营销中，展商营销是指主办方提供数字化的展示机会、商机撮合和对接机会，通过数字化的营销渠道工具宣传和推广会展项目的营销服务、展示机会、广告机会，吸引展商参展的行为。鉴于展商营销重在对展商的营销服务和招展管理，本书将主办方对展商的营销服务，特别是数字化服务的内容放在第九章详细展开。

（三）品牌营销

在会展数字营销中，品牌营销是指主办方通过数字化的营销方式，如门户网站、在线平台、新媒体推广等形式来提升自身的会展项目品牌（即"会展IP"）的影响力、行业地位，树立自己的会展项目品牌在某一行业中的专业形象和领导地位，从而为展会项目寻找新的发展机会。比如，可以吸引媒体、政府机构、合作方、赞助方、投资人对会展品牌的关注、合作和投资。

二、会展数字营销模型

2A3R模型与5A模型为会展数字营销提供了视角与工具。鉴于会展行业的独特性，我们构建了会展数字营销漏斗模型，旨在通过精准定位与高效执行，助力企业在激烈的市场竞争中脱颖而出。

（一）2A3R模型

2A3R模型（AARRR模型）因其"掠夺式"的增长方式，又被称为"海盗漏斗模型"，也叫"增长黑客理论模型""增长模型""决策模型"。其结构简单但逻辑清晰，尤其适合描述用户获取、留存和转化的全过程。它帮助团队关注整个用户生命周期中的不同阶段，并针对每个阶段制定相应的策略。海盗漏斗模型形象地描述了用户从获取到推荐的全过程，并强调了每个阶段的关键指标和关注点。该模型包括以下五个关键阶段（见图5-1）：一是Acquisition（获取），指关注如何吸引新用户或客户；二是Activation（激活），指确保新用户或客户在首次使用产品或服务时获得正面体验；三是Retention（留存），指保持用户的持续兴趣和参与度；四是Revenue（收入），指通过用户获得收入；五是Referral（推荐），指鼓励用户推荐产品或服务给其他人。

在会展数字营销中，这一模型也能够提供有效的指导，主办方可以通过2A3R模型优化观众的参与流程，帮助展会主办方获取流量、转化和保留客户，参展企业也可以参照分析营销线索的获取。

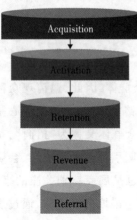

图5-1　海盗漏斗模型

1. Acquisition(获取)

获取潜在客户是营销的第一步。在会展领域,主办方可以通过以下方式获取流量和潜在客户。

(1) SEO和SEM策略:优化展会官网和着陆页,通过搜索引擎广告和优化手段吸引目标用户访问。

(2) 内容营销:通过撰写行业相关的博客文章、新闻稿等方式,提高展会的权威性和曝光率,吸引潜在客户。

(3) 社交媒体广告:根据观众群体的行业背景,在不同平台精准投放展会广告,提升流量和关注度。

2. Activation(激活)

获取到潜在客户的关注后,接下来是确保他们的初次体验顺畅、愉快,以提高注册率。可以采用的激活手段包括如下几种。

(1) 优化注册流程:通过简洁、直观的在线报名界面,提升用户的报名体验,确保用户在短时间内完成注册。

(2) 免费试用或优惠门票:通过发放免费或折扣门票,降低潜在客户的进入门槛,激发他们的参与意愿。

3. Retention(留存)

留住客户并提升他们的长期参与率是展会数字营销的关键目标之一。具体策略包括如下几种。

(1) 持续互动:在展会前,通过邮件、社交媒体等渠道持续发布展会亮点、新增展商、演讲嘉宾等信息,保持用户的兴趣。

(2) 个性化推荐:通过大数据分析,根据观众的行为特征和兴趣偏好,推送个性化的内容和参展建议,提高用户的参与度。

4. Revenue(收入)

会展的核心目标之一是产生收入。通过以下手段,主办方可以通过数字营销提高收入。

(1) 增值服务:为观众提供更多增值服务,如通过在线学习、线上社群等形式创造新的收入来源。

(2) 电子商务化:将展会平台打造成可持续的数字生态系统,通过在线展会平台进行销售和交易,拓宽收入渠道。

5. Referral(推荐)

通过为客户提供优质体验和服务,主办方可以推动客户自发推荐展会,产生裂变效应。具体可以通过以下策略实现。

(1) 推荐奖励机制:鼓励展商和观众推荐其他潜在客户,给予相应的折扣或奖励,提高展会的曝光率和参与率。

(2) 社交裂变：通过策划线上活动，如社交媒体话题讨论、在线投票等，激发用户的参与和分享，带动展会品牌在行业内的传播。

（二）5A模型

5A模型是现代营销学之父菲利普·科特勒根据数字时代消费者特点提出的用户和品牌发生链接的链路，为理解客户从认知到忠诚度的行为转变提供了系统化的视角。5A模型包含以下五个阶段（见图5-2）：Aware（认知）、Appeal（吸引）、Ask（询问）、Act（行动）、Advocate（拥护）。

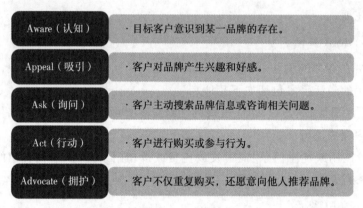

图5-2　5A模型

5A模型揭示了品牌和用户关系的远近，并分别考验了内容的数量、内容的质量、内容引流力、内容的获客能力和内容的转粉力。在数字营销中，5A模型可以与大数据、人工智能等技术相结合，实现更加精准和个性化的营销策略。通过收集和分析客户的浏览记录、购买行为等数据，企业可以更加准确地了解客户的需求和偏好，从而为他们提供更加精准的产品推荐和服务。5A模型以客户行为为中心，重点在于从认知到拥护的完整客户旅程。通过这一模型，展会主办方能够更加精准地推动客户体验不同的阶段。下面具体说明如何将这一模型与会展数字营销结合：

1. Aware（认知）

在展会营销的第一阶段，提高品牌的认知度至关重要。展会主办方可以通过一系列数字化手段来引起目标观众和潜在展商的注意。常见的方法包括如下几种。

(1) 社交媒体推广：通过社交媒体平台（如微博、抖音、小红书等）发布展会相关内容，吸引行业从业者和展商的关注。

(2) 搜索引擎优化：优化展会官网和相关页面，确保展会信息能够在搜索引擎结果中获得更高的排名。

(3) 付费广告：在相关平台进行精准广告投放，将展会信息展示给特定的目标受众群体。

通过这些手段，展会可以快速让潜在客户"知晓"展会的存在并对其产生初步的认知。

2. Appeal(吸引)

接下来是吸引目标客户的兴趣并建立对品牌的好感。展会主办方可以通过以下方式增加潜在观众和展商的兴趣。

(1)引人入胜的内容营销:通过撰写行业白皮书、发布展会亮点、制作往年展会回顾视频等,展示展会的专业性和吸引力。

(2)互动活动:在社交媒体或展会官网上推出互动活动,如抽奖、在线问答等,吸引观众的参与并对展会产生兴趣。

(3)邮件营销:通过个性化邮件,推送展会最新进展、展商亮点和演讲嘉宾信息等,增加潜在客户对展会的好感。

3. Ask(询问)

当潜在客户对展会产生兴趣后,他们通常会进行更深入的了解和咨询。这时,展会主办方要确保提供的信息透明且易于获取,常见手段包括如下几种。

(1)详细的展会信息:在官网上提供清晰的展会日程、展商列表、报名费用等信息。

(2)实时在线客服:提供在线客服功能,帮助潜在展商和观众解决有关展会的疑问。

(3)社交媒体互动:通过社交平台及时回应用户的提问,提升用户体验。

这一阶段的关键在于快速响应潜在客户的询问,以便尽快推进他们的决策过程。

4. Act(行动)

这是客户付诸行动的阶段,即报名观展或大会注册。数字营销在这一环节可以起到极大的推动作用。

(1)简化在线报名流程:通过官网或移动应用,提供便捷的注册和付款功能。

(2)限时优惠:推出早鸟价或限时折扣等促销活动,激励观众和展商尽早报名。

(3)社交媒体提醒:通过定期推送倒计时或报名截止提醒,让潜在客户保持关注并最终付诸行动。

5. Advocate(拥护)

最后,通过数字营销的持续互动和优质的展会服务,展会主办方可以将客户转化为品牌的忠实拥护者。具体策略包括如下几种。

(1)后续服务:展会结束后,继续通过邮件或社交媒体与展商和观众保持联系,提供活动回顾、照片、视频等后续内容。

(2)用户生成内容:鼓励展商和观众在社交媒体上分享他们的参展体验和感想,提升品牌的口碑。

(3)会员计划:为忠实的展商和观众提供专属会员服务与优惠,进一步提高客户的忠诚度。

(三)会展数字营销漏斗模型

在会展项目运营中,结合上述经典营销漏斗模型来分析会展,可以看出会展的营销是会展主办方识别、预测和满足观众、展商需求并从中获利的管理过程,因此,识别用户需求是会展数字营销的根本。营销漏斗模型始于识别用户需求,会展中的用户就是活动的主要参与方群体,为了简化分析,我们主要将会展中的用户分为观众和展商两大类。因为会展活动作为一个平台,主办方就是平台的运营者,作为平台运营者,一方面是识别并吸引专业观众、买家、参会者,另一方面是识别并吸引展商和赞助商。

1. 识别观众和展商的需求

作为专业观众、买家、参会者,参加展会和论坛,主要有以下需求:①掌握新的趋势和创新;②寻找新的供应商/服务/创新;③与潜在供应商洽谈、与新老朋友社交;④维护供应商。

作为展商和赞助商,参加展会和论坛,主要有以下需求:①提升公司/品牌/服务知名度、可见性;②获得新的商机;③与潜在客户洽谈、与现有客户会面;④孵化线索、管理客户。

作为会展主办方,就是做好专业观众、买家、参会者以及展商和赞助商的需求匹配,并根据双方的需求创造展示、互动、交流和交易,这是会展的核心业务逻辑。

2. 匹配观众和展商的需求

完成了观众和展商需求分析,主办方需要对观众和展商的需求进行匹配,做好会展的服务和运营、营销管理。例如,观众希望掌握新的趋势和创新的需求,对应了展商希望提升公司/品牌/服务知名度、可见性的需求;观众希望寻找新的供应商/服务/创新的需求,对应了展商希望获得新的商机的需求;观众希望与潜在供应商洽谈、与新老朋友社交的需求,对应了展商希望与潜在客户洽谈、与现有客户会面;观众希望维护供应商的需求,对应了展商希望孵化线索、管理客户的需求。

不难看出,观众和展商参加会展活动的需求是层层递进的需求关系,一方面可以看作是用户观展、参展的不断深化的用户旅程,另一方面也可以看作是主办方吸引客户深度参与会展活动的过程。

3. 规划会展数字化的营销漏斗模型

接下来,可以在上述层层递进的需求匹配和转化过程中对每一步的营销工作进行规划。对于主办方而言,这个规划分为引流和激活、彼此找得到、促进匹配和互动、维护和转化。针对这四步,对会展营销工具和目的进行梳理,可以得出符合会展项目运营管理的数字营销漏斗模型(见图5-3)。

(1)会展营销的第一步是通过公域营销引流,吸引潜在的观众和参会者注册报名,吸引潜在展商参展。在这一过程中,可以使用多种营销工具和平台,包括直播、短视频、社交媒体(如微信、微博、抖音、小红书、知乎等)。同时,通过私域营销激活老观众和推动老展商的复购。私域营销是通过主办方自有或自建的第一方数据平台,并结合网站/H5、微信群、小程序、App、邮件、短信、邀请函等做好老用户的激活。值得注意的是,在实际操作中,私域和公域的界限并不是非此即彼和完全分明且独立的。例如,通过展商和观众邀请其他观众注册报名就是私域与公域的结合。

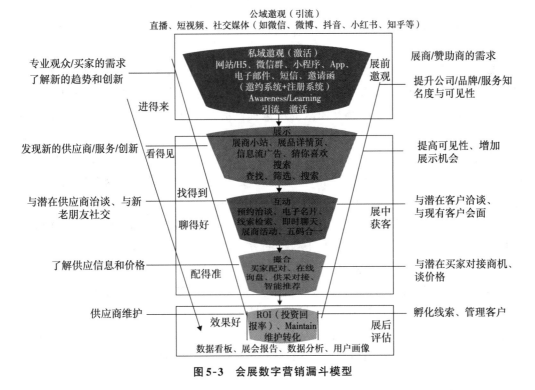

图 5-3 会展数字营销漏斗模型

（2）成功吸引并激活潜在用户后，下一步在于促成其正式注册成为展会的观众或展商。此时，主办方的营销任务并未终止，而是进一步借助智能匹配技术与信息流广告，协助观众与展商高效对接，提高交流效率。

（3）为了促进观众与展商之间的深度洽谈、互动和交流，主办方还需要提供一系列的交互技术支持，如预约洽谈、电子名片等，为双方搭建深度互动的桥梁。

（4）最终阶段，则聚焦于关系的维护与成果的转化，主要依托数据统计与数据服务，确保持续的联系与再营销活动的实施。例如，展商参展结束后，可以通过获取展会期间观众数据，进一步转化为线下客户资源。

通过以上会展业务的需求分析和需求匹配，规划出了会展数字营销的基本业务逻辑，也就是会展数字的营销漏斗模型。从中可以看出，营销过程贯穿展（会）前、展（会）中和展（会）后的全过程。当然，这四个步骤不一定完全遵循线性的需求演化逻辑，在不同的展会，不同的新老观众和展商也有自己的需求重点和优先级。

第二节 观众营销

随着会展业进入数字化时代，高质量观众成为推动展会高质量发展的核心动力。观众是会展活动的基础，没有观众就没有展商，没有参会者就没有会议的赞助商，也不会有成功的会展。

一、观众营销策略

观众数据是数字营销的基石,它提供了对目标受众的深入理解,使得营销活动能够更加精准和个性化。观众数据是会展业发展的第一生产力,是生产的核心要素。数据可以为整个数字会展业务及其团队的决策提供信息,帮助营销和业务人员确定数据战略、识别市场机会、了解展会受众,进行精准拓客,有针对性地优化活动体验和提供个性化的服务。观众行为数据则是营销评估和决策的依据,它记录了观众与品牌互动的每一个细节,包括网页浏览、点击率、购买历史、社交媒体互动等。这些数据不仅能够揭示观众的兴趣点和购买动机,还能衡量营销活动的效果,为企业提供量化的反馈。通过分析观众行为数据,企业可以评估哪些营销策略最有效、哪些需要改进,从而做出更加符合数据驱动的决策。这种基于数据的方法使企业能够不断优化营销活动,提高投资回报率,并最终实现营销目标。为了获取高质量的观众和参会者,主办方需要采取精准的观众营销策略,以吸引观众注册并参与活动。鉴于当前市场环境的复杂性和目标客户的多样化需求,单一的营销模式,如早鸟价注册优惠、团体优惠、电话营销、短信营销等策略和方法已难以满足观众日益个性化的需求。因此,需要采用多人员营销、多渠道营销、内容营销、社群营销等综合营销方法来实现协同。

(一)多人员营销

多人员营销也称为"全员营销",是一种综合性的营销策略,这里的全员不仅是主办企业内部的成员,也包括外部客户和合作伙伴,他们共同参与到营销工作中,才能优化活动的经济社会与经济效益。在展会观众营销领域,多人员营销旨在通过多方人员的协作,提高展会的观众质量和参与度,从而提升展会的整体效果和经济收益。这种策略涉及会展的上游、中游、下游受众,包括展会主办方、展商、参观团等专业人员和展会观众等。多人员营销/邀请观众路线图如图5-4所示。

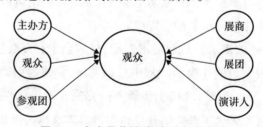

图5-4 多人员营销/邀请观众路线图

(二)多渠道营销

2023年,英富曼集团旗下的 Informatech 发布了名为《多元宇宙客户旅程:你准备好了吗?2023年应对 B2B 客户旅程的指南》(*The customer journey multiverse: Are you ready?—A guide to navigating the B2B customer journey in 2023*)的研究报告。其中提到了"多元宇宙客户旅程"(Multiverse),即客户的购买旅程不再遵循单一的线性路径,

而是在多个渠道和接触点之间穿梭。这就要求会展行业的多渠道营销策略必须能够覆盖这些多样化和离散化的路径,以实现对目标观众群体的精确识别和有效转化。在会展行业中,多渠道营销策略涉及线上与线下资源的整合,除了传统的官网、短信、电子邮件,还可以综合应用新媒体、社交媒体等平台和大数据分析工具,以实现对目标观众群体的精确识别和有效转化。

(三)内容营销

内容营销是一种以创造和分享有价值、相关和连贯的内容为核心,旨在吸引和留住目标受众,最终推动客户行动的营销策略。其目的在于通过提供教育性、娱乐性或启发性的内容来建立品牌权威和信任,提高受众参与度,从而提高品牌知名度,促进销售的转化。常见的内容营销策略包括制作和发布博客文章、视频、白皮书、案例研究、社交媒体帖子、邮件以及利用搜索引擎优化内容,以提高在线可见性;同时,通过个性化内容推荐、社区互动来提高用户参与度和品牌忠诚度。

(四)社群营销

社群营销在会展行业中可以通过建立和维护特定行业的社群来进行。例如,食品饮料创新论坛(FBIF)的主办方上海辛巴商务咨询有限公司的团队按照行业、品类、部门等维度,组建了数百个专业社群,安排专人进行社群维护,并通过海报、报告、专业文章的形式将精彩内容投放至精准分类的社群,引发裂变传播。这种策略有助于精准获客,提高转化率,并且通过社群互动收集用户反馈,优化展会服务。社群营销也是私域营销、内容营销和关系营销策略的综合使用。

二、观众营销工具

在会展业的数字化浪潮中,观众营销工具的运用已成为主办方吸引和维护参与者群体的基石。这些工具不仅服务于观众营销,同样适用于展商及其他参会群体的推广。本节内容将从主办方如何邀请观众的视角展开,详细解读会展门户、营销自动化系统、海报与邀请函、团长扩邀、公域营销等工具的应用,以及邀约计划如何覆盖历史观众与潜在观众。从会展门户的多渠道入口到短信、邮件、微信模板消息等的精准触达,再到海报与邀请函的视觉传播和团长扩邀的社交裂变,每一种工具都承载着独特的营销使命,共同构筑起会展数字营销的坚实框架。随着公域营销的广泛实践和邀约系统、AI呼叫中心的精细化管理,主办方得以更有效地拓宽观众基础,提升展会的市场影响力。接下来,让我们深入探索这些工具如何被运用于会展数字营销中,以及它们如何帮助企业实现与观众建立更紧密的联系。

(一)会展门户

会展门户包括会展网站/H5、小程序、App等,是会展活动PC端或移动端的统一入口。门户是主要也是常见的一种营销方式,普及率很高,通常要结合SEO(搜索引擎优化)和SEM(搜索引擎营销)扩大会展门户的影响力。

(二)营销自动化系统

营销自动化系统为主办方提供了一种现代化的观众营销手段。通过整合观众数据管理系统,主办方能够利用这一系统,通过短信、邮件、微信模板消息等形式,向目标观众发送带有参数追踪的报名链接。这种方法不仅提高了营销信息的精准性和高效到达率,而且系统还能自动记录短信和邮件的发送数量、链接点击率以及营销转化率。

(三)海报与邀请函

在数字营销中,海报与邀请函不再是传统的纸质版本,而是在会展管理平台中生成的图片、html、pdf等不同的格式,邀请人在社交媒体上转发海报与邀请函,通过人际传播实现裂变营销,而系统可以记录通过每张海报与邀请函成功扫码报名的人员信息和数量。邀请函除了供主办方团队邀请观众,更常见的是开放给展商、展团、观众、媒体和各类团体用于邀请客户作为买家或专业观众。具体包括以下几种。

1. 展商扩邀

展商可以在展商中心生成个性化邀请海报或邀请函,海报或邀请函上包含这个展商的展位名称和展位号。展商一键分享邀请函,既可以满足展商宣传,也可以通过专属优惠吸引更多潜在观众。

2. 观众扩邀

观众可以在观众中心生成个性化邀请海报或邀请函,系统可以记录每位观众邀请的观众信息和数量,主办方根据相应的奖励政策进行奖励。

3. 渠道扩邀

主办方可以为不同营销渠道(如网站、小程序、公众号、百度、头条、抖音等线上渠道,以及各类线下渠道)生成带参数的注册链接,追踪不同渠道的注册转化效果。

(四)团长扩邀

团长是参观团的联系人和负责人。与会者可以在线注册为"团长",并使用特定的注册链接或邀请码来邀请机构成员或行业伙伴报名,也可以直接为参观团成员代报名,扩邀系统会记录每位团长邀约的数量,并依据邀约人数对各团队进行排名,给以适当的激励或待遇。与展商、观众和渠道扩邀不同的是,团长扩邀不仅是营销,也是一种服务。因为团长还可以在团长中心查看团体信息、团员管理、订单管理、成员电子发票、成员参会函、发票管理和账号信息等栏目,及时为团队成员提供服务。成员在接受团长邀约的同时,既扩大了展会观众人群数量,也录入了丰富的用户数据。与团长扩邀类似的还有展团扩邀,展商团体的负责人可以集中邀请观众报名,并自动归属在某一个展团下,这是主办方服务展团的一种权益。

（五）公域营销

公域营销是指会展主办方利用自主管理的或第三方运营的微博、微信朋友圈广告、视频号、抖音、头条、小红书、百度头条号、知乎等社交媒体和新媒体渠道，以图文、视频等方式触达潜在观众，将公域流量转化为展会注册观众，以达到出圈、引流和"拉新"的目的。如专属报名链接、邀请码等渠道营销工具，也可以通过公域营销手段来获取流量，以实现大规模扩散。

（六）邀约系统

邀约系统在会议的参会者营销中更常使用。当会议的主办方明确了会议的规模之后，可以把参会人的邀请任务分派给不同的部门和人员，包括第三方邀请机构，实时统计每个邀请渠道邀请的人员的数量，查看邀请完成率。它通过为每个邀请人生成专属链接或分配邀约码，邀约系统通过记录采用这些链接（或使用邀请码）注册的参会者，从而实时统计邀请完成率。该系统的核心优势在于能够明确每个人的邀请任务，记录成功邀请人数，并同时管理邀请目标和过程。具体邀约流程如图5-5所示。

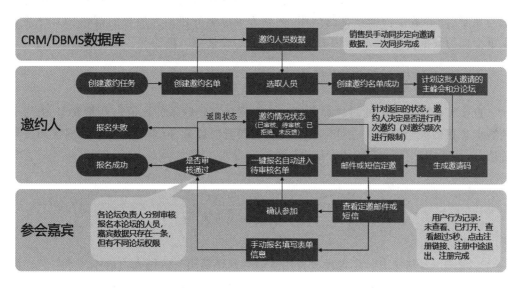

图5-5　会议中的邀约流程示例

（七）AI呼叫中心

AI呼叫中心作为一种高效的、低成本的沟通工具，正在逐渐取代传统的电话营销活动。通过引入AI技术，并且结合观众数据库的使用，呼叫中心不仅能够扩大人工呼叫的广度、传达优惠信息、支持观众数据清洗，还能在会前对确认参会的嘉宾提供如注册、行程等智能通知服务，从而加强与参与者的联系和互动，有效促进会展注册转化和提高实际到场率。

2024中国家博会（天津）观众营销案例视频

第三节　会展数字营销投资回报率

美国百货公司之父约翰·沃纳梅克曾言:"我知道我的广告费有一半浪费了,但遗憾的是,我不知道是哪一半被浪费了。"这一观点揭露了广告营销的困境,因而被后人称为广告营销界的"哥德巴赫猜想"。在会展营销领域,这一问题同样存在,主办方和展商需要为展会成功支付高昂费用,却难以判断营销投入是否获得相应收益。然而,在数字化时代,通过对营销投资回报率的评估与计算,主办方和展商的营销效果得以量化,进而能够更精准地制定会展数字营销策略。

一、投资回报率模型

投资回报率(Return on Investment,ROI)是衡量企业投资效益的重要指标。对于会展项目的数字营销而言,ROI可以帮助主办方和展商评估展会的营销投入带来的经济效益。以往的营销ROI的评估方法核心的指标是获得高质量专业观众和买家的数量与质量,随着数字营销工具的运用,主办方可以更方便地为展会的营销ROI评估提供更全面的数据支撑,极大地提升了ROI计算与评估的可操作性。

(一) 直接营销转化模型

直接营销转化模型通过计算营销支出与营销转化收入的比值来衡量ROI,适用于纯线上售票的展会活动。它可以直观反映短期营销效果,但未考虑观众的间接和长期价值。

计算公式:

$$ROI = \frac{营销支出}{营销转化收入}$$

其中,

$$营销支出 = 广告投放费用 + 内容制作费用 + 营销人力成本$$
$$营销转化收入 = 通过数字渠道购票人数 \times 平均票价$$

(二) 营销归因收益模型

营销归因收益模型通过计算归因收入与营销支出的差额,再除以营销支出来衡量ROI,能够评估不同营销触点的贡献,适用于多渠道整合营销的大型展会,但需要完善的数据追踪系统。

计算公式:

$$ROI = \frac{归因收入 - 营销支出}{营销支出}$$

其中，

$$归因收入 = 最后点击转化 + 辅助转化 \times 权重$$

（三）观众获客成本模型

观众获客成本模型通过计算观众总价值与获客成本的差额，再除以获客成本来衡量ROI，清晰展现获客效率，适用于重视观众质量的专业展会，但难以准确计算免费观众的价值。

计算公式：

$$ROI = \frac{观众总价值 - 获客成本}{获客成本}$$

其中，

$$观众总价值 = 观众数量 \times 平均客单价$$

获客成本是总营销支出，如果ROI大于1，这意味着展会从观众那里获得的净收益超过了营销成本，投资是成功的。如果观众是免费注册的形式，可以将获客成本作为ROI，即使用吸引这些观众而产生的总营销支出除以新增观众数量，获得每个新观众的平均成本。

（四）全渠道转化追踪

全渠道转化追踪通过分析观众从首次接触到最终转化的完整旅程，全面了解各营销渠道效果，适用于需要精细化营销的展会，但实施难度大，需要专业分析工具，包括渠道触达率、渠道转化率和渠道ROI。

计算公式：

$$渠道触达率 = \frac{接触人数}{目标人群}$$

$$渠道转化率 = \frac{转化人数}{接触人数}$$

$$渠道ROI = \frac{渠道收入}{渠道投入}$$

（五）观众生命周期价值模型

观众生命周期价值模型评估观众的长期价值和重复参与率，体现营销的长期效益，适用于周期性展会，注重观众忠诚度培养，这种模型需要持续监测历届活动的忠实观众的比例及其平均消费，实际效果需要时间验证。

计算方式是先计算观众的平均购买价值，然后将该数字乘以平均购买次数来确定客户终身价值。

（六）品牌营销效益评估

品牌营销效益评估可以衡量数字营销对品牌的贡献，这种方法最适合那些优先考虑品牌建设、品牌传播或教育目标的活动,这些目标通常不直接产生收入,但对于企业的长期发展和市场竞争力比较重要。由于品牌的无形资产难以用具体的数字来衡量,因此转化为具体的行动指南也更具挑战性。品牌营销效益评估计算方法涉及曝光数量、访问数量、社交媒体互动率、观众满意度和展商认可度等多维度评估。

以上评估方法需要根据会展项目的类型、项目的目标、营销方式等选择合适的评估模型,与此同时,也需要建立完整的数据采集体系,使用集成化的营销管理平台进行全链路追踪。

二、从主办方/展商视角评估ROI

在会展行业中,主办方和展商虽然都使用ROI模型来评估营销活动的效果,但他们的目标和侧重点存在一定的差异。

(一)从主办方视角

对于主办方而言,ROI模型是优化展会运营和管理的重要工具。主办方关注的是如何通过高效的市场推广和营销宣传策略吸引更多的高质量观众参与展会,并进行深度互动。以下是主办方在评估ROI时的主要考量。

1. 市场推广效果

主办方需要评估各种市场推广活动的效果,包括广告投放、公关活动、社交媒体营销等,以确定哪些渠道可以有效地吸引目标观众。

2. 高质量观众的参与度

主办方不仅要关注观众的数量,更要关注高质量的观众及其在展会中的参与度,包括参观时间、互动次数、反馈和评价等,以衡量展会内容和组织的成功程度。

3. 营销运营效率

主办方通过ROI模型评估展会的营销效率,包括成本控制、资源分配和渠道选择等,以提高整体的经济效益。

4. 长期品牌建设

主办方还应关注展会品牌的长期建设,通过ROI模型评估品牌活动对提升展会知名度和忠诚度的影响。

(二)从展商视角

展商在使用ROI模型时,其目标主要集中在有效客户的数量和质量上,关注如何通过展会的数字营销服务吸引更多的专业观众和买家,并从中进行转化,获得有效的线索和商机。以下是展商在评估ROI时的主要考量。

1. 线索和商机质量

展商关注通过展会获得的线索和商机质量,包括潜在客户的购买意向、行业影力和潜在价值。

2. 销售转化率

展商通过ROI模型评估展会活动对销售转化的影响,包括现场成交和后续跟进的成功率。

3. 客户关系管理

展商利用ROI模型来评估客户关系管理的效果,包括新客户的获取和老客户的维护。

4. 参展成本效益

展商需要评估参展营销成本与收益的比例,以确定参展的经济效益。

鉴于营销ROI评估越来越重要,会展管理平台通常提供营销数据看板作为直观的评估指标。主办方和展商登录会展管理平台或用户中心后,可以利用营销数据看板实时查看各自关心的营销数据,这使得主办方和展商虽然都可以使用ROI模型,但双方的侧重点不同。主办方更关注展会的整体观众收益、观众数量和整体互动情况,而展商则更关注客户获取和销售转化。通过明确各自的目标和侧重点,双方可以更有效地利用ROI模型来优化营销策略,提高会展活动的经济效益。这种数据驱动的方法有助于主办方和展商更好地理解市场动态,调整营销活动,最终提升会展的整体成效。

三、用2A3R模型评估ROI

除了前述的六种ROI评估模型,为了更全面地评估会展营销活动的效果,不能仅仅关注获得观众数量这一指标,还需要结合2A3R模型进行综合评估。主办方和展商均可以使用2A3R模型,但双方在应用该模型时的侧重点有所不同。以主办方为例,使用2A3R模型的5个环节的营销目标、指标和ROI模型如表5-1所示。

表5-1 2A3R模型环节的ROI模型

目标	关键问题	目的	指标示例	适用的模型
获取 (Acquisition)	观众从何得知展会/平台的存在?例如,通过搜索SEO、SEM、邮件、短信、电子海报、邀约、社交媒体、广告等方式	吸引更多新观众,即通过各种各样的精彩活动、优惠门票、高质量演讲、意见领袖吸引受众	网页流量、邀请函/海报/短信发送量、注册链接点开率、内容下载量、注册人数、总注册、新注册、签到数、门禁人数、成功邀约数量、渠道邀请占比	直接营销转化模型、营销归因收益模型、观众获客成本模型

续表

目标	关键问题	目的	指标示例	适用的模型
激活(Activation)	营销触达的观众、参会者是否注册，是否到会，是否观展，是否为精准目标专业观众？是否参与了高质量的议程和商务洽谈和社交互动？	将获取的专业观众转化为会展活动和商务洽谈对接的深度参与者	同期会参会人数、议程参加人数、名片交换发送数量、预约洽谈数量、即时聊天数量、议程停留时长、直播观看时长、人均观看时长、Q&A数量、参与投票比率	观众获客成本模型、全渠道转化追踪
留存(Retention)	观众在初次参展、参会后是否继续到会？能否通过短信、站内信、邮件、广告等方式激活？	观众再次到会，反复参会、观展，表现出强黏性行为	用户参与度、距上次登录平台(再次到会)的时间、平台日/月活跃使用量、流失率、忠诚观众占比、重复到会观众	观众生命周期价值模型、品牌营销效益评估
收入(Revenue)	能否从观众的互动行为中挣到钱？通过访问量、点击量、洽谈数、交易量、定制报告/定制数据分析等形式	基于线上与线下相结合的商业模式，如门票购买量、广告点击量、贸易对接会等	观众门票销售、会议注册收费、广告位曝光数、广告点击率、线上展位(展品)浏览量、展品上传数量、展商直播/视频播放数量	直接营销转化模型、观众生命周期价值模型
推荐(Referral)	观众、团体是否会帮助推广展会，通过海报、社媒、邮件等方式邀请观众	已有观众、展商对潜在观众的邀请及口碑传播	电子海报邀请发送量、社交媒体分享数量、团体观众数量	观众生命周期价值模型、品牌营销效益评估

营销理念演进

数字营销

在展会中，观众的参展、参会旅程虽非一次性贯穿五个阶段，但主办方可以使用数字会展管理平台记录下观众的线上活动轨迹，从而挖掘用户价值。结合2A3R营销漏斗模型和ROI评估模型，可以为计算数字营销投资回报率提供一套比较系统化的监测与评估方法论。这种基于数据驱动的综合评估方法论的应用，可以让主办方和展商能够更加科学地评估展会的营销价值，也为营销决策提供了有力支撑。

总之，本章内容涵盖了从基础的数字营销理念到会展数字营销的具体实施，再到观众的精准营销，最终落脚于会展数字营销ROI的评估，为会展数字营销的实践者提供了一个全方位的视角，从理论到实践，从工具到评估，旨在提升会展营销的效果及投资回报率。

思考与练习

1. 会议中的数字营销和B2B贸易展的数字营销的重点分别是什么?它们在数字营销的工具和方式选择上有哪些共性和差异?

2. B2B贸易展会和B2C展会在数字营销的工具和方式选择上有哪些共性和差异?

3. 登录会议管理系统,为第六章思考与练习中创建的活动设计一张活动邀请海报,并通过微信分享海报,完成用户注册或报名流程。

第六章
会展门户网站

本章思维导图

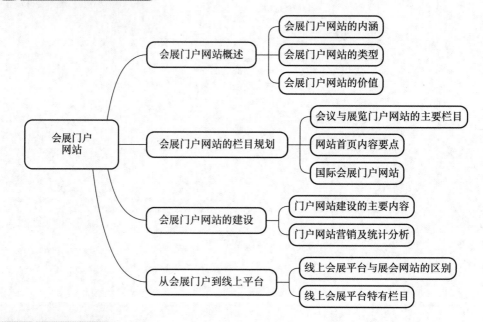

关键词

● 会展门户网站　● 栏目规划　● 网站建设与运营　● 会展在线平台门户

学习目标

- 1. 理解会展门户网站的基本定义和功能。
- 2. 掌握不同类型会展门户网站的特点及其重要性。
- 3. 学习如何规划会展门户网站栏目,包括会议和展会分类以及首页内容要点。
- 4. 了解会展门户网站的建设周期和建设阶段的主要工作。
- 5. 了解会展在线平台门户与会展门户网站的区别。

引导案例

零代码、响应式、一体化官网：全球开发者先锋大会官网案例

2024全球开发者先锋大会是一场聚焦人工智能、开发者生态与技术创新的国际性会议。大会由上海市人工智能行业协会主办，汇聚了全球顶尖开发者、技术专家和行业领袖，共同探讨AI技术发展趋势、应用实践和未来机遇。

一、官网架构

首页：满屏横幅主形象（Banner）展示大会主题"开发者的模力之都"，突出大会的主视觉、会议名称、主题、时间和地点（见图6-1）。

图6-1 官网首页横幅Banner

二、七大核心栏目

(1)大会议程：详细的会议安排，支持按时间、主题、分会场筛选。

(2)大会嘉宾：演讲者介绍，包含头像、职务和演讲主题。

(3)新闻热点：大会相关新闻、技术趋势和行业洞察。

(4)合作媒体：展示媒体合作伙伴Logo墙。

(5)合作伙伴：赞助商和生态合作伙伴展示。

(6)展商列表：参展企业信息。

(7)更多：参会指南、往届回顾、联系方式等辅助信息。

三、网站建设特点

1.零代码建设

大会官网使用SaaS化的会议管理平台内置的网站搭建模块，以零代码方式自助完成搭建。

(1)完整的可视化编辑系统：提供拖拽式的页面布局工具，内置常用的展示组件（横幅、列表、栏目设置等），无须编写代码即可完成页面搭建。

(2)丰富的模板素材库：包含多种会议官网模板、Banner设计、页面布局等，可以直接套用或自定义调整。

视频

2024全球开发者先锋大会官网演示

(3)便捷的内容管理:支持在线编辑文字、图片、视频等内容,支持批量导入嘉宾、议程等数据。

(4)快速部署上线:使用SaaS系统搭建,从开始搭建到正式上线最快仅需半天时间,大大缩短了传统网站的开发和建设周期。

2.响应式设计

(1)统一的内容管理:一套后台系统同时管理PC端网站、PAD端、H5移动端和小程序。

(2)智能布局适配:根据不同终端屏幕尺寸,自动调整页面布局和内容展示方式。

(3)多端数据同步:内容修改后自动同步到各个终端,无须重复操作。

(4)统一的用户体验:确保用户切换不同设备时都能获得连贯流畅的浏览体验。

(5)降低维护成本:无须维护多套代码,大幅减少运维工作量。

3.一体化功能

(1)数据互联互通:网站管理和嘉宾管理、议程管理、注册管理在同一套会议管理平台统一管理。嘉宾、议程更新后,官网前端可自动同步更新。

(2)用户注册集成:统一的用户注册、登录和认证系统,支持多端注册,数据汇集到同一个管理平台。

(3)个性化服务:登录后的注册用户可收藏感兴趣的议程,生成个人日程。

(4)全渠道数据监测:通过一个系统可统一监测与统计来自PC端网站、PAD端、H5移动端和小程序的访问量、停留时间等核心指标。

这些特点相互关联、协同工作,共同构建了一个高效、灵活且易于管理的会议门户网站。网站不仅满足了基础的展示需求,还能提供个性化的用户体验和精准的数据分析能力。通过模块化设计和开放接口,网站也为未来的功能扩展和升级预留了充足空间。这种建站方式特别适合会议活动这类需要快速建站、多端发布且后期需要频繁更新内容的场景。它既保证了建站效率,又确保了网站的专业性和可扩展性。

四、总结

这个案例展示了数字化时代会议官网建设的最佳实践,通过零代码平台实现快速建站,响应式设计确保多端一致体验,一体化功能提供流畅的用户旅程,同时具备完善的营销分析能力,为未来功能扩展预留空间。

请思考:

1.如果要在这场大会的网站基础上增加AI智能体服务,应该赋予它哪些功能来提升用户体验?

2.如果将这个大会官网升级为全年在线的平台,在栏目和功能上需要如何改进?

第一节　会展门户网站概述

随着数字时代的来临，会展门户网站的作用日益凸显，其定位也发生了重大转变。会展门户网站从简单的品牌营销窗口转变为连接主办方与参与者群体的一道重要桥梁，已经成为会展活动的核心信息服务平台，主要提供注册报名、信息展示、活动咨询等服务。此外，随着会展数字化深入发展，网站平台的功能在不断扩展的同时，其形式也变得更加多样化，如PC端网站、H5微站、App、小程序等。当前，会展主办方高度重视门户网站的内容建设、多端触达的营销模式以及形式多样的在线服务聚合入口。

一、会展门户网站的内涵

会展门户网站，又称"会展官网""会展门户""会展网站"，是会展主办方通过互联网形式发布和宣传会展背景信息、展商列表、活动议程、活动嘉宾和服务内容，吸引用户注册参会、申请展位、报名观展、志愿申报等各类服务的统一入口。根据网站形式不同，会展门户网站可以分为PC端网站和移动端网站，广义上还包括H5微站、App、小程序等不同形式。

会展门户网站是应用较早、普及率较高的数字化应用。根据图6-2中的数据，截至2023年，已有76%的会展主办方采用了会展门户网站。

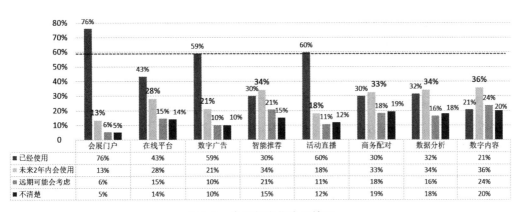

图6-2　会展数字化应用情况

（来源：《中国会展主办机构数字化调研报告（2024）》）

（一）门户网站与网页

门户网站是一个包含多个页面和栏目的综合性大型网站，提供丰富的内容和各种服务功能，如信息发布、订阅、咨询、注册和报名等。网页虽然也可以通过一个或多个页面展示会展活动的主要信息，但不能将网页视为门户网站。网页是具有特定主题的页面,其结构相对简单独立,内容不作分类,更无系统集成。而门户网站具有清晰的频道和栏目,内容分类明确,是一个综合信息服务平台,背后有功能齐全的内容管理系统和会展管理平台做支撑。

(二)门户网站与注册网站

门户网站强调内容和服务的综合性,可以向更广泛的群体提供信息,侧重内容展示和信息传达。注册网站则偏向于参会群体的注册和登录服务,只针对特定用户群提供服务,侧重注册账号、提交信息、购票以及支付注册费等服务内容。尽管如此,门户网站上可以提供注册网站的入口,以便用户能够轻松地进行注册和登录。因此,相对于注册网站,门户网站的内容更加全面多元,集注册登录、信息展示、交流互动等诸多功能于一体。

(三)门户网站与会展管理系统平台

为了一体化实现管理,建设门户网站的能力通常是会展管理系统平台的核心能力之一。因此,门户网站模块通常被包含在会展管理系统平台中,是会展管理系统平台的标准模块,实现了对会展活动营销系统和业务管理的一体化管理。

即便完全个性化定制的门户网站,也不是完全独立维护的,会展管理系统平台内的嘉宾管理系统、日程管理系统、展商管理系统、展品管理系统和直播管理系统等众多子系统需要与门户网站的相关模块进行数据和信息交互,实现数据集成、业务整合,减少平台维护次数,解决数据割裂问题。

二、会展门户网站的类型

会展门户网站主要可以分为PC端和移动端,其中移动端门户网站又包含H5微站、App和小程序等。根据营销技术的分类,会展门户网站属于营销触点和内容管理的集合,需要在不同用户端传递会展的意义和价值。

(一)会展门户的类型

1. PC端门户

PC端门户网站通常被用于大型或国际性会展活动,这类会展活动具有时间周期长、参与人数多、活动内容丰富、关注度较高的特点。PC端可以充分利用屏幕来展示完整的展会信息,在操作上也相对更加灵活方便,有利于展现会展规模和品牌影响力。此外,PC端门户还能集成更复杂的业务功能,如展商管理、展品管理、日程管理等,为用户提供更专业的服务内容。

2. H5微站

微站是指基于H5技术(H5是指HTML5,即第五代超文本标记语言)而形成的网站,能够通过微信、浏览器以及PAD等移动端进行访问浏览,是互联网时代企业基础应用平台和移动门户,也是移动互联网数据的入口。目前,H5微站已经成为众多会展活动的重要内容之一,主要适用于交互性强、现代化的会展活动,具有开发周期短、跨终端适配性强的优点,用户通过手机等移动端即可快速浏览展会信息。

3. App

App(指移动应用程序)能够提供完整的移动端会展服务,承载丰富的功能,如会议日程管理、展会导览、交流互动等,主要适用于服务国际会展的海外参会人员。App具有离线使用、消息推送等服务功能,便于用户随时随地掌握会展动态。由于操作系统平台和用户语言的多样化,需要开发适配不同语言群体的App,因此App开发和运营成本相对较高。

4. 小程序

小程序是基于腾讯生态的中国移动端应用,用户无须下载安装即可使用,通过搜索即可打开。会展小程序开发简单,能够为会展提供资讯推送、活动报名等快速、便捷的移动服务,满足参与者的基本服务需求,适用于交互要求便捷且需要提供移动端服务的会展活动。

以上四种常见的门户类型都是用户端,背后都需要CMS(内容管理系统)的支持,方便主办方快速发布和更新会展信息,实现对会展内容的统一管理。

(二)网站和H5微站的区别

随着智能手机的普及与应用,移动设备使用率不断攀升,因此满足移动端用户的访问需求是当前技术发展的必然要求。在移动化时代,H5微站的使用率不断提高,但基于H5技术的微站与PC端网站具有不同的技术路线和使用场景。以下是两者的主要区别。

1. 用户端

通常情况下,官网和网站是指PC端,即主要来源于笔记本电脑以及台式电脑端的访问,而微站主要是利用手机和PAD等移动设备进行访问。根据活动场景类型不同,微站又分为会议微站、展会微站、活动微站、峰会微站以及论坛微站等,但本质上都是专属于手机端的访问入口。

2. 开发技术

常见的PC端网站是基于HTML语言进行开发的,虽然PC端网站也支持移动端口浏览器进行访问,但是自适应性能较差、样式不美观且用户体验感较差。因此,移动端微站主要是通过H5语言来实现视觉界面友好、美观和快速访问。

3. 功能和内容

相较于PC端网站,移动设备屏幕较小,并且由于移动网络的信息加载和访问速度问题,直接限制了移动端页面的功能和内容。因此,需要对移动端用户界面进行相应的调整。H5微站页面主要采用折叠菜单来节省屏幕空间,内容以常见的九宫格形式进行呈现重要信息。相对于传统PC端,移动端可以调用许多默认的内置功能,如定位、蓝牙、相机等服务,但由于移动网络限制,因此页面结构和传输需要更轻量化。

因此,H5微站相比PC端网站更加注重通过简洁、快速、直观、轻量化的页面来呈现内容,同时对移动设备特有功能和使用场景进行优化适配。

三、会展门户网站的价值

门户网站是会展活动对外宣传推广和信息传递的窗口,更是面向参会嘉宾、展商以及观众等群体的自助服务平台。因此,门户网站通常包括内容展示、宣传推广以及在线服务等,是专业的服务平台。

(一)会展门户网站的功能

门户网站整体内容丰富、交互性强、操作便捷,能够吸引更多的参会嘉宾和用户,有利于会展活动的宣传推广,扩大会展活动影响力。目前,会展门户网站主要具有三大主要功能,即品牌功能、营销功能和服务功能。

1. 品牌功能

对于会议来说,品牌功能是指充分利用会议网站,充分展示大会主体形象,提升会议品牌知名度。对于具有周期性和品牌性的会展活动来说,通常会建设对应的活动网站,它是会展活动重要的品牌矩阵之一,通过嵌入展会视频并以直播形式进行宣传,丰富展会内容,提高展会活动知名度。

2. 营销功能

营销功能是指利用网站传播会展活动的关键信息,如参会嘉宾、展商、参展,以及报名方式和渠道等,以此吸引用户群体进行注册、报名并参加会展活动。此外,通过对门户网站访问流量、页面浏览数据进行统计分析,主办方能够更好地把握用户潜在需求,便于及时调整宣传信息和营销方向。

3. 服务功能

服务功能是指会展门户网站作为会展信息和服务的聚合入口,可以通过注册报名、证件申请等功能满足用户需求,提高满意度。此外,会展门户网站还可以通过提供Q&A、在线客服等交流互动功能,促进主办方与参与群体之间的沟通交流。

(二)会展门户网站的角色

会展门户网站在会展前期、中期、后期扮演着不同角色,会展主办方需要根据项目全生命周期来展示相应的会展活动信息,以满足不同用户群体的服务需求。此外,会展网站设计、制作和维护同样需要考虑不同阶段的作用和业务功能。例如,在会展前期主要以营销宣传为主,展会中期主要满足参会群体的互动需求,后期主要是项目验收、数据报告和满意度服务等内容,表6-1汇总了会展门户网站在不同阶段的作用和功能。

表 6-1　会展门户网站在不同阶段的作用和功能

阶段	作用	功能
前期	内容展示； 信息发布； 在线服务	(1)发布会展概况、议程、嘉宾、展商等基本信息,提供会刊浏览和下载,吸引目标群体报名参展； (2)进行活动预告、直播预告、会展预热等宣传活动,提升会展关注度和参与度； (3)开通会展申请和注册报名通道,便于参展群体报名参展、预订展位、申请赞助以及酒店服务等； (4)提供会展活动信息资讯和客户服务,解答注册、预订、报名等常见问题
中期	现场宣传； 线上与线下互动；	(1)发布会展现场情况,宣传会展精彩内容； (2)提供在线直播和视频,展现会展实时状态； (3)开展互动交流,宣传展商信息,吸引观众参观
后期	延展影响力； 做好展后服务	(1)对展会进行会后总结、发布展会报告； (2)继续宣传会展精彩内容,延续会展影响力； (3)进行会展调研,收集参会群体的反馈意见； (4)进行资料整理、归纳和存档,为后续展会提供内容参考

第二节　会展门户网站的栏目规划

不同类型的会展门户网站,其样式和栏目均有所不同,但网站本身作为会展活动营销、传播和服务的统一入口,其功能和定位是一致的。本节主要以会议和展览两种类型的PC端网站为例,分析常见的会展门户网站栏目结构,以及H5微站和国际会展项目的特殊性。

一、会议与展览门户网站的主要栏目

(一)会议门户网站的主要栏目

会议门户网站的主要栏目通常包括网站首页、大会介绍、嘉宾信息、会议日程信息、参会指南、组织架构、往届回顾、联系我们以及注册和报名入口等。其中,网站首页要求突出重要信息来吸引用户眼球,大会介绍需要强调会议主题、价值,嘉宾信息要体现会议的专业性和权威性,会议日程信息则要求详细、清晰、可筛选,参会指南主要帮助参会者了解参会流程,组织架构体现了会议影响力,往届回顾主要帮助用户详细了解会议内容,联系我们用于获取联络方式,而注册和报名入口则是实现用户转化。

1. 网站首页

网站首页内容要求简明扼要,突出重点信息。此外,代表会议主形象的Banner图是其中重要的设计元素,要求设计风格与大会主题、口号和大会文化相一致。

2. 大会介绍

大会介绍通常是指介绍大会背景、口号、愿景、核心数据和大会价值,帮助用户快速了解会议信息,精准吸引受众参会。

3. 嘉宾信息

嘉宾信息作为单独栏目,主要是宣传和展示本届和往届会议重要嘉宾的栏目板块,其目的在于帮助参会群体了解本次大会内容并吸引参会群体关注。

4. 会议日程信息

会议日程信息是指根据"用户第一、内容为王"的宣传理念,网站需要将会议内容和活动安排进行展示,并根据大会筹备情况进行动态实时更新。对于时间跨度长、会议场数较多的活动,通常以具体日期和会场位置为单位进行宣传展示,并根据会议相关要素提供筛选功能,如会议形式、会议时间、会议主题等。

5. 参会指南

参会指南不仅对现场参会嘉宾十分重要,同时对于线上参会人员也同样必不可少。参会指南可以以图文或视频等形式进行展示,也能够通过提供智能客服为参会人员提供服务。

6. 组织架构

组织架构可以作为单独板块进行展示,也可以包含在大会介绍当中,是呈现大会主办方、承办方、指导单位、合作单位、支持单位等主体的聚合页,可以体现大会的权威性和影响力。

7. 往届回顾

对于具有周期性的品牌会议,其内容通常包括往届回顾、内容亮点等,主要帮助用户详细了解会议内容。此外,往届回顾也是二次营销的重要手段之一。

8. 联系我们

联系我们是网站重要栏目之一,通常包含会议主办方联络方式、社交媒体渠道以及邮件订阅等内容,同时有利于精准有效地获取参会观众信息。

9. 注册和报名入口

注册和报名入口通常在会议网站首页醒目位置,便于及时、高效地将潜在用户群体转化为大会的正式注册代表。

以上是会议门户网站的主要组成部分,其余内容可以根据主办方不同需求确定。例如,具有媒体注册需求的会议可以开通媒体注册功能;政府主办的产业大会通常包含产业对接需求,因此可以开通项目展示和产业招商栏目等;学术会议往往还具备在线投稿入口。会议微站与PC端核心功能相同,但在交互、栏目设置、页面布局上需要根据移动端使用特性进行适配,以满足信息展示、内容服务和社交分享功能。

(二) 展览门户网站的主要栏目

展览门户网站主要是为展商和观众提供参展、观展等功能服务,其主要栏目通常包括网站首页、展览概况、展商列表、展览新闻、观展指南、展位申请和预登记报名等。

1. 网站首页

网站首页要突出强调展览的主视觉元素,如展览标志、主题展区、展馆风貌等,并且设计风格要求与展览的主题相一致。此外,还应着重展示展览的时间、地点、规模等主要信息。

2. 展览概况

展览概况包括展览背景、历史发展、影响力以及展览规模等基本信息,还可以展示历届展览的相关信息,如展馆面积、展商数量、观众数量等,通过体现展览专业性和权威性来吸引行业内的专业观众。

3. 展商列表

展商列表主要以列表形式并根据一定规则来呈现展商名录。当展商数量较多时,通常会设置搜索功能,帮助参展观众根据行业、产品、技术等关键词搜索目标展商、展位号等详细信息,便于展示和寻找。

4. 展览新闻

展览新闻即在展前发布主要亮点活动、展商动态、展品预告,突出行业热点、聚集前沿技术,以吸引专业观众参展。

5. 观展指南

观展指南主要包括展览注册、交通、场馆导览等信息,帮助观众了解参展流程,强化参展体验。

6. 展位申请

展位申请入口通常位于网站首页的醒目位置,便于展商预订展位以及为展商提供参展服务等。

7. 预登记报名

预登记报名入口通常位于首页醒目位置,便于用户了解采购商、参展观众等群体信息。

二、网站首页内容要点

无论是会议还是展览,都需要一个简明扼要、有吸引力的首页。网站首页内容主要包含Logo、Cookie授权、Banner图、注册/登录入口、语言切换、展会议程、同期活动、新闻资讯、合作伙伴等内容。网站首页内容设计需要满足以下形式要求。

（一）突出会展项目品牌文化

围绕展会主题、主视觉等核心要素进行延展设计，要求设计新颖、色彩鲜明和谐，过渡平稳，以色块对比突出重点，通过线条穿插来活跃气氛，并且运用简洁精致的图片和动态元素来吸引用户注意力，强调视觉冲击力和感染力，力求完美地展示网站的内涵特质。

（二）Banner图是重中之重

Banner图（横幅图）是给用户留下第一印象的关键内容。Banner图设计要求图片质量、品牌传达与活动品牌文化相关。目前，主流的Banner图具有全屏化发展趋势，突出视觉冲击。从内容上看，可以根据项目进展阶段上传对应的Banner图和视频内容。比如，在展会前以宣传营销和注册报名为主，临近展会和展会期间可以为合作伙伴或赞助商提供广告宣传，展会结束后则可以调整为展会精彩内容。

（三）网站导航简明扼要

一级导航栏目数量要求适中，以5—8个为宜。复合型活动最多也不应超过10个，主要突出展示参展人员关注的信息和内容。此外，还可以将同类信息和用户服务内容归为同一栏目，并开设二级栏目或三级栏目。

（四）前端展示

前端展示主要包括展会内容的列表页和详情页、展商列表页和详情页以及相应搜索页，并且还可以根据内容丰富程度，将其设计为平铺式的展示方式，增强视觉效果。

（五）活动的关键信息要"吸睛"

该部分的呈现形式要求简洁明了，帮助参展群体快速了解活动有关信息。根据活动定位和受众需求，可以是展会嘉宾、活动愿景、展会价值等内容。

（六）重磅嘉宾

除了在嘉宾列表页中对活动嘉宾进行宣传，还可以选择3—5位重量级嘉宾在首页突出位置进行展示。例如，对于智库办会，要求突出官、学、商三方组合，而学术会议应当突出嘉宾在学科领域的权威性。

（七）"行动召唤"按钮（CTA）

除了提供主办方的服务联系方式以及社交媒体渠道，还可以添加"行动召唤"（Call to Action，CTA）按钮。其主要通过为用户提供更多互动渠道来实现用户注册和参展参会，如提供邮件订阅、填写表单等，以便精准有效地获取潜在观众和展商信息。

三、国际会展门户网站

随着我国会展业的国际化发展趋势不断深入,不仅有国内会展活动走出国门,同时也有国际品牌会展、国际协会会议以及国际政府大会走进中国。对于国际化的会展门户网站及其注册系统,则需要考虑国际化服务需求,满足国际参会代表、国际展商,以及观众的营销、注册、支付等环节的管理和信息化服务需求。具体而言,通常包括以下几个方面。

(一)语言要求

对于国际会议,需要满足国际参会者、演讲嘉宾、赞助商,以及展商等群体的注册、访问和获取信息化服务的需求。通常需要提供中英双语服务,此外,还需要根据主要境外来宾的通用语言提供相应语种服务,部分国际大会甚至要求提供三种语言以上的会务服务,如2024年中非合作论坛峰会提供中、英、法三种语言服务。

(二)用户体验和合规要求

网站系统要求能够满足不同国家用户注册、登录服务需求,并且还要求符合国际个人信息安全、数据安全和隐私条款保护的法律法规,比如隐私和安全保护条款、Cookie授权等。与此同时,国家和地区列表名称应与联合国所公布的名称相一致,符合所在国家或地区的习惯和用法。

(三)支付要求

对于提供注册服务的网站而言,需要提供多币种支付方式,满足国际用户支付需求,尽量避免产生额外费用。国际支付管理通常支持人民币、美元和欧元等币种,在支付渠道上宜支持信用卡、PayPal等第三方支付工具。

(四)时差和度量衡的转换要求

网站及其系统能够自动根据用户登录系统所在的IP地址切换为当地时间,并提醒用户遵守官方时间。同时,要求实现国际度量衡与地区度量衡的单位切换等内容。

(五)通信要求

网站系统能够提供国际短信和国际邮件服务,包括发送验证码、短信等。注册用户能够接收当地手机短信和邮件,并且在注册时能够自动识别不同地区邮编、区号等。

(六)系统集成和被集成要求

会展网站及其系统需要开放API标准接口,具备与国际主流支付系统、CRM系统、营销自动化系统等对接能力,满足数据和服务交换需求。

(七)国际化访问和部署要求

为保障国际用户的访问需求,网站及其系统应当部署主要用户群体所在区域的国际云服务器,或者具备CDN全球加速能力,同时确保服务的高效运转和安全性。

(八)国际化团队和人员能力要求

网站客服和技术支持需要提供不同语种的用户使用手册、教程,以及对应语言的客服工作人员。

第三节 会展门户网站的建设

会展门户网站建设是一项基础性工作,主要工作内容包括用户需求调研、网站规划、网站设计、网站开发部署与上线、内容完善和持续运维。新一代的SaaS化的会展管理平台已经自带了"网站建设"的标准化模块,可以以零代码完成网站搭建和内容更新,省去网站开发部署与上线的成本。以下将主要介绍基于SaaS会展管理平台建设门户网站的主要工作。

一、门户网站建设的主要内容

门户网站建设的主要内容包括需求调研、设计规划、开发部署与上线、内容维护。无论是否选择SaaS化的会展管理平台建设网站,主办方对于网站需求调研、设计规划和内容维护是必不可少的。

(一)需求调研阶段

在需求调研阶段,建设人员需要完成项目研究、网站定位、目标人群、网站功能、网站风格、网站语言、部署情况及全球访问等内容调研。

(1)项目研究:了解会展活动背景和活动类型,如项目名称、项目类型、项目时间、项目地点、同期活动、业务需求、网站建设、参展企业、买家及观众等内容,并根据用户群体和会展活动类型确定服务内容。

(2)网站定位:明确网站功能和作用,通过分析历届网站建设情况,确定规划设计。

(3)目标人群:主要包含内部和外部使用人群,可以通过分析会展活动主办方、参会嘉宾、展商和观众等群体需求进行确定。

(4)网站功能:需要明确会展前、中、后不同阶段的业务功能需求。

(5)网站风格:根据会展项目定位、行业类别以及受众群体偏好等信息,确定网站建设的风格模式。

(6)网站语言:根据主要受众群体的语言确定网站支持语言。

（7）部署情况：根据会展活动的战略定位以及访问区域，明确网站建设部署需求。

（8）全球访问：明确可能存在访问需求的国家和地区，确保不同地区和用户的访问体验。

（二）设计规划阶段

在设计规划阶段，需要确定网站建设的设计原则和设计理念，注意以下原则。

1. 用户思维

网站建设需要以用户为中心，站在用户的角度构建网站内容，如活动信息、呈现方式等，确保用户能够直接快速地了解活动信息。

2. 用户体验

通过使用统一、特定的配色和字体样式，打造品牌效应，深入构建用户活动品牌认知。

3. 内容为王

网站是获取客源的主要营销渠道，而内容则是吸引用户访问、转发、收藏、注册的关键因素，要根据实际活动需求以及项目进展对网站内容进行实时更新。

4. 风格统一

根据活动主题、主视觉等核心要素进行延展设计，力求风格新颖、色彩鲜明和谐，以色块对比突出重点，以线条穿插活跃气氛，并适量运用简洁精致的图片和动态元素来吸引用户注意力。

在网站设计规划阶段，需要明确设计内容和方案并设置首页与二级页面。此外，在完成设计后需要对设计合理性进行评审并检查设计元素的规范性。主要包括以下四点。

(1)设计内容：确定网站风格、布局、颜色、图片等要素。

(2)设计方案：根据设计内容，提出首页和二级页面的设计方案。

(3)首页设计：根据设计方案，确定首页详细设计，如版式、模块等。

(4)二级页面设计：根据设计方案，确定二级页面的详细设计，如表6-2所示。

表6-2 会展网站的栏目规划示例

页面功能	二级功能	详细描述
	Cookie授权	展示授权信息条，用户点击"同意"，该信息条取消；点击"不同意"，跳转至隐私条款的详细内容页面
	会展活动Logo	点击可返回网站首页
	语言切换	支持中英语言切换
	登录注册	参会群体登录注册
官网导航栏目	首页	Banner图
		线上展览平台（入口）

续表

页面功能	二级功能	详细描述
官网导航栏目	首页	直播入口
		会议日程
		大会嘉宾
		新闻资讯
		合作伙伴
		其他内容
	项目介绍	关于大会
		主办方、承办方
		其他内容
	线上展览（入口）	进入线上展览平台
	直播	直播大厅
		其他内容
	论坛介绍	论坛简介
		论坛日程
		论坛嘉宾
		论坛服务
	展会服务	展会介绍
		展商目录
		展商手册
		观展手册
	新闻资讯	通知公告
		大会动态
		大会新闻
		行业资讯
		精彩图集
		精彩视频
		资料下载
	往届回顾	2024年
		2023年
		2022年
	其他	预留项目
在线客服		智能客服/AI智能体
		人工客服

续表

页面功能	二级功能	详细描述
	底栏	ICP备案号、公网安备案号
	管理后台	进行导航、图文、文章、视频等管理

(5)设计图评审和确认：对设计方案和设计图进行评审，确保设计的可行性。

(6)设计稿制作：根据确认的设计方案，制作首页和二级页面内容。

(7)素材收集和准备：准备网站域名和云资源，收集设计所需图片、图标、背景等资源。以大会网站为例，具体如表6-3所示。

表6-3 会议网站建设准备工作清单

模块	工作内容	建议提交时间
网站域名及备案	申请域名	上线前8周
	申请网站备案	上线前8周
云资源	服务器及安全产品	上线前7周
设计素材	主视觉KV	上线前8周
	项目Logo	
	主办方Logo	
	项目名称	
	项目时间、项目地点	
	项目主题、项目口号	
内容素材	项目策划文件	上线前4周
	议题议程	
	演讲嘉宾	
	往届资料	
	文章/链接等	
	其他图文、视频资料	
其他内容	/	/

（三）开发部署与上线阶段

如果使用SaaS化的会展管理平台自带的网站建设模块快速建站，可以节省开发、开发测试、版本发布及回归测试等定制开发性工作，只需模块化完成网站首页、栏目和页面的快速配置，并根据网页栏目上传相应的图片、文字、视频等内容。此外，在正式对外之前，除了需要确保基本的信息和栏目内容完整，还需要做好内部用户的使用培训、全面测试功能、交互体验和性能。

视频

会展门户网站的快速搭建

（四）内容维护阶段

在网站上线后，需要对网站内容进行持续更新、数据监测、技术保障以及客户服务等。在维护阶段，项目工作人员需要测试网站可访问性，关注网站访问情况并支持在线答疑，确保网站内容实时更新。主要内容包括以下三点。

1. 数据监测

应关注和统计网站日常访问量变化情况。根据项目需求进行搜索引擎优化，提高关键词排名。

2. 在线答疑

设置在线客服或答疑人员，针对访客在使用过程中遇到的问题进行解答。还可以配置智能客服或AI智能体实现24小时在线客服。

3. 内容更新

根据访客需求定期更新网站内容，确保内容的及时性。根据访客反馈，不断优化网站体验。

二、门户网站营销及统计分析

会展门户网站上线后，不仅需要进行日常运营，同时也要对网站进行宣传营销和数据监测。网站宣传营销和数据监测对于提升会展影响力、扩大受众群体、提高注册转化、分析访客行为、改进服务质量、指导决策等方面都有重要作用。

（一）门户网站营销方式

门户网站主要通过搜索引擎优化、搜索引擎广告、社交媒体、线上广告、电子邮件、合作伙伴营销以及展会和赞助活动等方式进行宣传营销，目的在于增加网站流量和提高知名度，吸引更多潜在用户。

（1）搜索引擎优化：通过优化网站结构、内容和关键词来提升网站在搜索引擎中的排名，从而增加流量和提高曝光率。

（2）搜索引擎广告：通过向搜索引擎投放广告来吸引流量和提高转化率。

（3）社交媒体：通过社交媒体平台发布展会信息并提供报名链接，吸引潜在用户访问官网，并转化为报名数据。

（4）线上广告：通过在相关行业网站、应用投放广告来提高知名度和吸引流量。

（5）电子邮件：通过向历届观众和展商等群体发送电子邮件并附带活动链接，促使人员报名参展。

（6）合作伙伴营销：与机构或企业合作，共同推广会展门户网站。

（7）参展和赞助活动：通过参加相关行业展览或赞助来宣传和推广会展门户网站。

（二）门户网站数据分析

在数据监测方面,主要从流量数据、渠道和转化数据、访客/用户数据以及行为数据等方面进行分析,帮助了解用户和流量数据来源情况,用以分析用户线上访问需求,并制定精准的营销策略。

(1) 流量数据:包括网站访问量、访问页面、停留时间、跳出率、访问流量高峰分布等指标,了解受众群体数量、用户行为以及参展情况和需求。

(2) 渠道和转化数据:包括访客来源、注册转化数量等,是营销数据的细分数据。

(3) 访客/用户数据:包括受众群体年龄、性别、兴趣爱好、所处位置等指标,帮助确定目标受众和推广策略。

(4) 行为数据:包括网站页面访问次数、频率、转发、分享以及收藏等数据。

第四节 从会展门户到线上平台

近年来,线上会展平台成为一种全年在线的平台经济模式。作为全年持续运营的线上展览平台,与线下周期性主办的会展项目具有显著的差异,因此,二者的门户网站也存在显著的区别。为了区分两种会展模式,主办方通常在传统的基于项目的会展门户之外独立建设全年在线的平台门户。

一、线上会展平台与展会网站的区别

尽管线上平台也包含网站首页、资讯、展商列表以及信息搜索等栏目,但线上会展平台与展会网站存在本质区别。具体来说,线上会展平台不是简单的一个网站,而是提供线上展示、线上交流和线上需求对接等业务交互系统,是连接观众和展商的平台。展会网站则是展示活动信息并聚合各类功能服务的入口,其本质是一个综合性网站。例如,上海博华国际展览有限公司将线下展会——中国国际家具展的供应商和专业买家资源导入线上,建立"家具在线"这一在线平台,为行业买卖双方搭建了不受时空限制的供需信息自由交流场所。因此,"家具在线"(作为平台)的门户网站与"中国国际家具展"(作为展会项目)的门户网站具有显著的区别。表6-4是对两者进行的详细对比。

表6-4 展会网站与线上会展平台的区别

对比点	会展网站	线上会展平台
本质区别	网站	平台
功能定位	展示展会信息并聚合各类服务的入口,以信息发布为主,目的是吸引观众注册、展商预订	连接观众和展商的业务平台,具有平台双边效应

续表

对比点	会展网站	线上会展平台
技术模式	Web 1.0(专注于信息获取)	Web 2.0(专注于参与和互动)
内容维护	主办方维护,并根据展会内容实时更新	展商和展团可以自我维护
交互方式	单向展示、搜索和答疑	观众和展商可以互动
商业模式	主要以广告位获取收益	展商入驻费用,用户交易、在线互动、供需对接等权益
建设成本	1万到10万元	数十万到数百万元,甚至千万元
展商列表	主办方录入和维护	展商申请入驻后,自我创建和维护
搜索结果	千人一面,搜索结果一致	千人千面,搜索结果各不相同
注册和登录功能	展商和观众注册为本届展会的展商或专业观众	用户注册或入驻成为平台买家或卖家,参与在线商贸对接、商机匹配和社交互动等
核心KPI	网页和栏目浏览量、注册转化率	名片交换、咨询交谈、预约洽谈、活跃买家等数据
营销目的	注册、报名为本届展会	入驻平台

二、线上会展平台特有栏目

展会网站具有展会概况、展馆信息、展商信息、会刊下载、展会日程、主办方信息等特有栏目,主要是提供展会概览信息和服务。而线上会展平台的目标是为了促进供需对接,主要包括以下特有栏目。

(一)展商列表

由于线上平台门户的展商或卖家的数量十分庞大,远大于线下展会实际展商数量,线上平台会根据用户友好的规则对展商以分类、列表的形式进行呈现。此外,线上平台通常提供精准搜索功能,还支持根据行业、产品和地区等条件筛选展商,帮助专业观众和买家快速寻找目标供应商。

(二)展品列表

由于线上平台上的展品展示不受时空和数量限制,数量巨大,比如"云上"广交会有数百万线上展品。因此,线上平台提供展品列表,支持通过产品种类、功能、价格等因素来筛选展品,帮助观众快速匹配产品需求。

(三)行业资讯

线上平台通常有专业内容栏目,通过发布行业热点、动态和深度洞察等,满足用户获取资讯的需求。

（四）展商推荐

线上平台能够基于用户浏览历史和偏好来主动推荐相关展商，也能够根据展商权益来进行推荐。

（五）展品推荐

线上平台根据协同过滤等算法推荐用户可能感兴趣的产品，也能够根据展商权益来进行展品推荐。

（六）商机区

商机区也叫"供采大厅""供需发布"等，展商可以发布产品供应清单，与买家实现精准对接，而买家可以发布相应采购需求，与展商进行对接。

（七）社交区

注册用户可以在平台的社交区查找买家、展商或参会者列表，也可以根据兴趣和需求选择交换名片、预约洽谈等形式交换联系方式，促进交流和对接。

（八）搜索框

线上平台支持根据关键词来搜索展商、产品、资讯、活动、项目等信息内容，提供个性化的搜索体验。

最后，线上平台的规划和建设需要根据本行业专业用户，对展示、学习、社交、招聘、供需对接的需求有所侧重。例如，针对学习型平台，可以增加专业报告、视频学习、政策分析、标准介绍等栏目；有的行业用户更关心人才招聘，因而设置招聘和人才对接等栏目。栏目和内容设计的目的在于打造垂直行业在线平台，满足供需双方对接、社交、信息交换等需求。

思考与练习

1. 在网站建设方面，零代码SaaS平台相比传统开发方式有什么优势？
2. 在选择会议管理平台时，为什么建议将网站建设模块作为系统的核心能力？
3. 登录会议管理系统，创建一场模拟活动（如校园社团活动、校友会活动、企业年会或社群活动等）；使用Word编写活动方案，包括网站首页布局和栏目规划；在会议管理系统的网站模块快速进行本场活动的PC端网站和移动端网站的框架搭建。
4. 根据上述活动的进度持续优化网站栏目、内容和设计，最迟在活动举办前2周完成活动所需的栏目和信息更新。
5. 比较上海博华国际展览有限公司主办的中国国际家具展网站与其"家具在线"门户有哪些区别，讨论存在这些区别的原因。

第七章
会展注册管理

本章思维导图

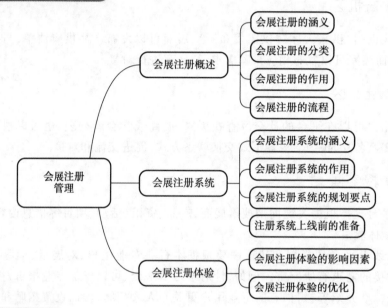

关键词

● 会展注册 ● 会展注册系统 ● 会展注册体验 ● 会展注册转化率

学习目标

- 1. 了解会展注册的概念,知晓会展注册的分类、作用和流程。
- 2. 理解会展注册系统,能够规划会展注册系统并进行活动上线准备。
- 3. 掌握基本的注册规划和系统配置。
- 4. 了解会展注册体验影响因素,并能优化注册体验,提升会展注册转化率。

引导案例

第六届中国—阿拉伯国家博览会注册管理

一、中阿博览会简介

中国—阿拉伯国家博览会(简称"中阿博览会")是经国务院批准,由中国商务部、中国国际贸易促进委员会、宁夏回族自治区政府共同主办的国家级、国际性综合博览会。从2013年首届开始,中阿博览会每两年举办一届,已经成为中国与阿拉伯国家共建"一带一路"的重要平台,也是中国与阿拉伯国家间最具影响力的综合性经贸盛会。第六届中阿博览会数字博览会信息化综合服务平台在前几届的基础上进行了优化升级,为八种人员提供了一体化的综合注册服务管理。

二、注册身份类型及管理

注册身份类型一览表如表7-1所示。

表7-1 注册身份类型一览表

类别	身份类型	主要信息采集字段	注册特点和流程
会议类	参会嘉宾	个人基本信息、代表团信息、住宿信息、行程信息、日程选择	团体/个人注册、邀请制注册
会议类	工作人员	个人基本信息、单位信息、证件申请信息	内部专属通道注册
会议类	媒体记者	个人基本信息、媒体单位信息、记者证信息	线上注册或统一导入
会议类	志愿者	个人基本信息、志愿服务意向	自主注册+审核或内部专属通道注册
展览类	展商	企业信息、展品信息、展位需求	公开招展+审核
展览类	专业观众或买家	企业信息、采购意向、投资意向	开放注册+审核
展览类	普通观众	基本个人信息、参观意向	开放注册(可能需要购票)
展览类	展团	展团信息、负责人信息、展商管理信息	邀请制注册

第六届中阿博览会通过PC端和移动端为会议、展览一共八种人员提供统一的注册页面,按类别、身份、语种进行注册。第六届中阿博览会在线注册登录大厅如图7-1所示。

图7-1 第六届中阿博览会在线注册登录大厅

八种人员分别有独立的注册通道,采集不同的数据信息,具备各自独立的流程。以参会嘉宾为例,本届中阿博览会会议注册采用代表团邀请码形式进行线上注册;邀请码由各代表团联络员在邀请嘉宾参会对接过程中向邀请对象发放;其中邀请码由系统生成,由外联处发放给各代表团联络员,被邀请嘉宾使用邀请码进行参会注册。

三、注册系统亮点分析

1. 线上与线下身份注册融合

统一数字化平台:提供了一个集成的注册管理平台,支持线上自主注册和线下(注册数据)批量导入数据,确保了数据的一致性和实时性,实现了统一的身份认证体系,支持证件的统一管理和验证。

2. 展会一体化注册平台

统一管理平台:将展览、会议、工作组三大类、八种不同身份的注册管理整合在同一平台,简化了管理流程;建立了统一的流程标准、审核标准、数据标准,实现了信息的关联分析和跨身份类型的数据查询,规范了证件管理。

3. 个性化权益和服务

个性化服务:参会者注册支持提供会议日程选择、住宿预订、交通接待信息登记等服务;展商注册支持展位申请、展品信息录入、展商证件申请等;观众注册支持意向登记、专业观众采购对接、活动预约和参观路线规划等。

4. 国际化中英双语系统

支持中英文界面切换和双语表单填写,有智能语言识别功能;国际化数据处理,支持国际手机号格式、多时区时间和国际通用证件类型。

5. PC端和移动端注册路径

PC端注册提供完整功能界面,批量数据处理和后台管理功能;移动端H5支持便捷注册流程,证件电子化展示和现场扫码验证。

6. 邀请制与审核制结合

邀请码支持差异化邀请码分配、专属团队邀请码权限控制,使用追踪和邀请任务监控;多层级审核包括资格初审、安全审查和证件制作审核。

综上所述,第六届中阿博览会注册系统通过其高度集成、个性化、国际化和多渠道的特点,为参与者提供了一个高效、便捷、安全的注册和管理平台,同时也为主办方提供了强大的数据管理和分析工具。第六届中阿博览会注册系统创新性地实现了"八种身份、一套系统"的综合管理模式,通过数字化手段打通线上与线下的界限,实现展览与会议的深度融合。系统在确保安全性的同时,提供了个性化、国际化的服务体验,为大型展会的注册管理提供了可借鉴的范例。

请思考:

1. 为什么工作人员也需要作为一个独特的身份进行单独注册?

2. 以上八种身份的注册为什么需要在一个平台进行管理?

3. 哪些活动适合审核注册制?哪些活动适合收费注册制?如果下一届参会者中增加一类收费注册的类型,那么注册的流程会有哪些变化?

第一节 会展注册概述

注册在会展活动管理中处于承前启后的重要地位。活动前的营销目标就是将潜在观众和参会者转化为线上平台或线下会展项目的注册用户,所以注册是观众营销的直接目标和关键结果。同时,注册承接前期的营销推广以及后期用户维护环节,前期的注册信息为后期用户数据维护提供基本数据支持。

一、会展注册的涵义

注册(Registration)是会展活动中常见的业务之一,是指各类参与者或其所属的团体根据活动主办方的要求,通过在线的注册系统提交相关信息(如个人信息、所在的机构信息、参会需求信息等),支付相关注册费用(或经主办方审核通过)完成注册,从而获得活动参与资格的管理和服务过程。

(一)注册与会展营销

会展营销和邀约的目的是促成注册,注册数据是检验会展营销成效的重要指标。通过统计营销渠道带来的注册量、注册率等指标可以评估会展营销效果。注册量未达到预期则说明营销工作可能没做足,需要优化传播渠道和内容。注册完成了从"意向用户"到"确认参加"的转化。营销聚集的是感兴趣的潜在用户,会议用户只有填写了参会人员相关信息、参会需求的才是注册者。注册环节实现了用户信息和参与意愿的收集,展览用户填写了个人信息、参展观众需求的则可称为注册用户,这是检验展览营销效果的指标之一。

(二)注册与报名

注册与报名(Enrollment)既有联系又有差异。注册是获得参与资格,需要采集大量的信息;而报名是通过提交简单的信息,希望获得参与的机会。就会议项目而言,报名通常是注册之后由参会者报名参加某些活动。如果说大型活动里既有注册也有报名的话,那么通常注册在前,报名在后。也就是说,参与者首先必须获得一个参会资格,即先注册,然后再报名参加这个大型活动里面的某一场活动。

(三)注册与门票

门票是活动的"入场券",是一种消费场景下的服务权益。活动主办方可以将活动的入场权益当作票务来进行营销和销售管理,活动的参与者通过购买活动的门票获得入场权益,门票分为记名和不记名的形式。注册是为了获取参与资格,需要收集的信息较多,通常需要资格审查或支付费用,而门票具有商品性质,不需要收集多余的个人信息。门票常用于演艺活动、赛事活动和节庆活动,此类活动的观众就是购票人,只需要简单的信息,所以开放购票的活动并不一定需要注册。而会议和专业展览项目的参与者身份类型比较多,与身份相对应的权限和权益比较复杂,因此需要收集的个性化信息更多,所以注册场景也会更加复杂。

二、会展注册的分类

根据注册所处阶段、参与者身份、活动类型等,可以将会展注册分为不同的类型。

(一)根据注册所处阶段

根据注册所处阶段的不同,会展注册可以分为预注册、正式注册和现场注册。

1. 预注册

预注册(Pre-registration)的主要目的是在正式注册开启之前收集潜在参与者的信息,然后在正式注册开始时联系注册者,确认其参与资格。对于会展类活动而言,预注册通过后不需要再进行二次注册(即正式注册),预注册可以帮助主办方确定活动的需求和规模,预注册通常可以享受优惠价格。在某些赛事活动中,预注册依然会存在,目的是预估人数,为正式的注册做出决策依据。

2. 正式注册

正式注册(General Registration 或 Regular Registration)是在活动正式开启报名后,用户提交完整的注册信息和缴纳注册费用的阶段。与预注册不同之处在于,正式注册表示注册者经主办方确认后或支付费用后即可生效,无须二次确认。正式注册数据可以更准确地反映最终参与人数。近年来,随着人们决定参会的决策时间越来越短,为了简化注册的环节,会展活动中往往通过使用在线注册来合并预注册和正式注册阶段。

3. 现场注册

现场注册(On-site Registration),即会展的参与者直接抵达活动现场进行注册。理论上,主办方都希望人们在展会开始前完成注册,但为了吸引更多潜在受众,并满足临时抵达现场的受众的需求,也会视情况提供现场注册服务。现场注册往往比较仓促,主办方难以提前确定人数,但它可以补充更多意向受众成为正式参与者。

因注册阶段的不同,注册费可以设置不同。为了鼓励更多的提前注册,往往越到后期,注册费会越高,而现场注册费最高。

(二)根据参与者身份

根据活动参与者身份的不同,会展注册可以分为个人注册和团队注册。前者以个体为单位,后者以团体为单位。

1. 个人注册

个人注册即活动参与者以个人身份进行注册。在会议中,主要是参会人注册、演讲人注册、媒体注册;在展览中,主要是展商注册、观众注册、买家注册、媒体注册等。

2. 团体注册

团体注册主要是指企业或机构派代表团参会,进行集中注册,主要便于统筹安排及享受团体注册优惠等。

(三)根据活动类型

根据活动类型的不同,会展注册可以分为会议注册、展览注册、活动注册等。

1. 会议注册

会议注册主要是会议的各类群体注册参会。一般用于审核各类参会者资格、统计各类人群的人数、采集证件信息和接待信息等。

2. 展览注册

展览注册主要是经贸类展会的参与人群的注册。这些人群中主要是以展会的展商和观众人群的注册为主,注册的主要作用是用于审核身份、预估人流、发放证件、贸易配对等。

3. 活动注册

活动注册主要是指节庆、培训、演艺和赛事类活动的各类参与者的注册。比如,节庆参与者、参训人员、演艺观众、运动员、参赛者等的注册,主要作用是审核并确认参与资格。

在具体活动中,为了清晰地确定注册类型,往往使用上述三种分类进行界定,既指出活动类型,也指出注册者的身份类型以及注册所处的阶段,比如大会的参会代表预注册。

三、会展注册的作用

与音乐会、消费展、节庆活动等面对公众和普通消费者的活动不同,会展项目特别是会议、B2B贸易展会和专业赛事的主办方通常需要识别或通过审核参与方的身份和资格,了解参与者的信息和需求以及团体属性和需求,因此要求参与方向主办方通过注册提交相关信息,只有满足主办方要求的人员才可获得参与资格。特别是政府机构、社团组织和特定机构所举办的会议活动,以及专门针对专业观众人群和参赛者开放的活动,由于主办方通常只向特定人群开放,这些活动的注册就非常重要。主办方通常有专门负责注册的工作组来处理注册过程中的客户服务工作以及数据审核工作。

(一)识别参与者身份并审核参会资格

在商业性、行业性、学术性的活动中,尽管支付了注册费即可获得参会资格,但在政府大会、政党代表大会、社团学会、专业性展会中,需要向特定人群开放,因此有必要审核注册者的信息和参会资格。因此,事先搜集参会者的身份信息、职务信息等,确认其议程和参会资格就特别重要。

(二)评估活动规模并提供数据支持

注册可以收集大量前期注册数据,这些数据可以通过统计分析为主办方评估和预测活动的规模提供重要支撑。报名人数、企业类型、地域分布等信息,可以帮助主办方合理安排会场、酒店、交通等活动硬件设施。通过数据,还可以做好风险预判,用于即时调整活动的空间容量、入场时间、门禁数量等。

(三)根据参与者构成提供个性化服务

通过注册信息和问卷信息,主办方可以分析活动参与者的结构和人群画像,比如参与者的职业、职务、所在企业性质、年龄、所属地域、参会目的等统计数据。这可以让主办方提前了解活动参与者的特征,有助于分析活动内容、形式是否满足受众需求,持续优化改进活动中的内容、形式并进行体验设计,制定切合参与者特点的个性化服务机制。

(四)根据需求促进互动和商务对接

采集注册信息不仅是满足主办方后续营销需求,还可以用于更好地匹配参与者的需求。比如,会议活动可以利用大数据和匹配工具,帮助参会者之间更好地开展社交推荐和配对;展览活动可以利用大数据和推荐引擎,更好地实现专业观众、买家与展商之间的精准推荐和匹配。实现精准匹配所依赖的数据就是注册时供采双方提交的供应信息和采购信息。

(五)激发参与者兴趣

提交注册信息这一行为本身就体现了参与者的兴趣和主动性,参与者注册之后并不一定会到场,但注册会有助于将注册者转化为参会者。活动之前,主办方可以通过邮件、社交媒体等方式推送活动相关信息,与受众保持联系,激发参与者的参会热情,这种持续互动有助于促进参与者活跃度,使其成为活动的积极传播者。

(六)提高主办方议价能力

注册环节可以为组织者收集大量第一方的数据,这些数据不是一次性使用的,还可以与历史活动的注册数据进行对比,识别活动的趋势,为未来活动的内容和规模策略提供参考。对于主办方而言,向合作方提供历史注册数据还可以用于与酒店方、资源方进行谈判,获得比较优惠的价格。此外,在国内主办的会议,主办方也可以通过提交注册数据向政府和行业协会申请相关的补贴。

（七）完善用户画像

注册数据不是一次性的数据，而是存储在数据中台中或转化为客户关系管理系统的一部分。同一个注册者只有一个ID，通过分析历届、历年参与者及其群体的行为数据、消费数据、偏好数据，可以更好地完善用户画像，激活数据资产，潜在的商业价值还包括为新开发的会展活动营销提供可转化的流量。

四、会展注册的流程

不同类型的活动，不同的参与者人群，在不同的时间，注册的流程和采集的信息可能不一样。总体而言，注册一般分为两种模式：一种是付费注册制，即填写并提交注册表单，支付注册费用自动完成注册流程，获得参与资格；另一种是审核注册制，即填写并提交注册表单，等主办方审核通过之后方可获得注册身份。还有一种情况是先审核后付费注册，其本质也是审核注册制。

在付费注册制和审核注册制下，不同类型的活动和不同身份的参与者，其注册的流程、要求和提交的信息会有所不同。以常见的会议中参会人注册为例，典型的大会注册流程如图7-2所示。

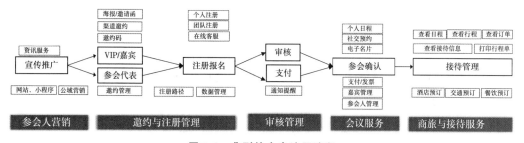

图7-2 典型的大会注册流程

（一）国际大会注册的要求

1.支付渠道和币种的选择问题

关于支付渠道和币种的选择问题，包括需要确定能够接受的支付方式，要明确使用什么币种、采用固定汇率还是浮动汇率、使用的第三方支付平台（国内一般使用首信易、支付宝、财付通等第三方支付工具，境外代表一般使用PayPal等），以及选择哪个收款账户、是否需要代收费、相关税率等。

2.遵守相关国家和地区的隐私数据法规

国际会议需要考虑相关国家的法律，比如涉及欧盟国家的就需要考虑到欧盟的GDPR规则，以及国际组织和主办方的数据安全要求，要求提供明确的用户数据使用说明，并取得用户同意，保障数据安全。还需要做好隐私保护条款的法务审核、数据全程安全保护,以及会议结束之后的数据移交、清理工作。

3. 避免有关政治和主权的敏感问题

国际会议要避免有关政治和主权的敏感问题,遇到此类问题需要提前与主办方沟通确认。

4. 国际用户访问需求

国际会议注册需要考虑国际用户访问需求,如支持多语言页面、展示对应时区的时间、提醒时间和时差。如涉及截止时间,需要明确是北京时间还是某个时区的时间,注册系统需要自动识别用户所在的时区。通常需要在境外代表主要来源地区部署内容分发网络(CDN),确保全球可访问。

(二)政府大会注册的要求

政府大会对注册流程方面的特殊要求,重点在于身份验证、分类注册和数据安全等。

1. 身份审核

要进行严格的参会人员身份核验,确保参会人员的真实性和安全性。

2. 主分论坛分布式注册

要支持按分会场、分论坛分类注册,明确参会资格。

3. 特殊人员注册通道

要建立媒体人员、随行人员的独立注册通道,进行素材采编审核,保障信息安全。

4. 数据加密

注册数据要进行加密保存,做好数据隔离工作,防止泄密。

5. 私有化部署

政府大会的主办方对数据安全及云资源安全要求比较严格,可以选择私有化部署服务。对于需要私有化部署的项目,在确认了使用的系统功能范围、主办方对性能及安全的要求、云资源到位时间和部署周期后,要跟运维人员进行沟通,进行系统私有化部署。

(三)学术会议注册的要求

1. 论文征集

学术会议的注册流程有一定的特殊性。通常是在论文征集完成之后,再开放注册系统,一般是论文录取的人员享有优先参会或优惠注册费的机会。

2. 会员系统对接

学术会议大多数是由科研机构、学会和协会主办。因此,学术会议注册则分为普通注册与会员注册,会员往往享有优惠注册权益。注册系统需要对接学会或协会的会员体系,实现统一登录,实现会员的积分、级别和权益等与注册用户及其账号进行统一关联和数据交换。

3.学分体系对接

学会的学术年会还要构建会员的学分认证体系,实现与会员学分管理系统或继续教育系统进行对接。要实现学术会议积分的自动获取,如CME学分、护士执业积分等。

（四）商业展览注册的要求

商业展览的注册需要关注参与者特性、问卷系统和扩邀系统等。

1.参与者特性

要能够支持观众的细分注册,针对展商、行业观众、采购团、采购商、VIP买家、普通观众、媒体观众等角色的定制化注册流程提交角色相关数据。

2.问卷系统

要能使用自定义访客调研问卷模板,对来访目的、采购意向等情况进行信息收集。

3.扩邀系统

要建立观众扩邀注册系统,针对目标观众群发专属优惠码进行邀约。在不同时间段,要设置动态注册价格、优惠注册码,或者不同规模的团体注册奖励策略,以达到拓展观众的目的。

（五）企业活动注册的要求

1.与营销自动化系统的对接

可以实现注册数据和邮件、短信、微信等营销系统的互通,进行全渠道精准营销。触发Welcome邮件,进行重点客户的电话邀约等,确保潜在客户进入企业营销流程。

2.与CRM系统的对接

实现已注册用户和企业现有客户之间的身份识别,从而可以对接企业CRM系统中客户档案的详细信息,避免注册时重新填写。应将注册客户与销售机会、客户服务等工作流程关联,为后续销售和售后提供便利。

3.邀约和分销系统的对接

通过专属优惠码和注册链接,与业务合作伙伴共享。合作伙伴可以通过自己的渠道进行二次传播与邀约注册,以实现注册内容的快速分销,满足企业拓展知名度的需要。

第二节　会展注册系统

一、会展注册系统的涵义

如果注册人员类别多,信息采集量很大,会展项目的注册需要使用专业的注册系统来实现。

（一）会展注册系统的定义

因会展注册复杂,信息采集量很大,身份识别很重要,会展活动主办方需要使用注册系统来实现。注册系统就是通过使用互联网信息技术工具,一站式地提供注册、付费/审核服务、分类查询与管理的数字化系统总称。通过注册系统,可以满足参与者远程在线提交注册信息、报名信息,在线支付注册费和报名费,通过邮件和短信获得注册、审核和支付结果以及相关参会信息,在线获得电子参会确认函、注册确认函的一站式全流程的过程。主办方可以通过注册系统实现一站式的信息发布、注册报名的页面,在线搜集注册信息、报名信息,在线审核参会和报名申请,以及在线查看注册费、报名费的收入情况、注册数据和报名数据等。

（二）注册系统与表单系统的区别

在会展活动前期,主办方往往会使用一些常见的表单工具来搜集观众报名信息,如金数据、麦客表单、易企秀、问卷网、腾讯问卷等。尽管表单工具也能用于采集用户数据,并进行简单的分析,但是表单工具与专业的会展注册系统有着明显的区别,这些区别主要表现在以下几个方面。

1. 功能范围不同

注册系统的功能更加全面和完整,本质上是一个系统,可以实现从发布注册信息、活动参与者报名、审核、支付、发票,并与现场的证件管理、互动管理系统等进行全面对接,实现全流程的管理。而表单工具主要以信息采集为主,功能相对单一。

2. 适用场景不同

注册系统适用于各类大型会议、论坛、赛事的注册管理,特别适合复杂的项目,多类身份信息的采集和管理,且必须具有参与者和主办方之间的交互服务和管理能力。而表单工具适用于一般性的单向信息采集场景,且没有交互功能,信息提交者也不能在个人中心查看并管理自己的信息。

3. 数据处理能力不同

注册系统可以处理更大规模的注册数据,并具有统计分析功能,注册数据、参会数据、互动数据在一个平台上进行交互管理,完善用户画像。而表单工具仅能处理单一的功能和场景的数据,基本没有处理交叉业务和分析交叉数据的能力。

4. 安全性不同

注册系统的数据安全机制更加完善,支持HTTPS加密传输、访问控制,满足国际国内的信息安全和隐私法律法规的要求等。

5. 定制能力不同

注册系统支持高度定制开发,可以完全按照主办方的业务需求进行开发。而表单工具的定制能力有限,主要通过配置实现。

6. 使用成本不同

注册系统的使用成本较高,可实现灵活性配置。表单工具的使用成本低,基于现有产品使用。

总的来说,注册系统的功能更全面、安全性更高,但使用门槛也更高、复杂度也更高。表单工具使用简单、门槛低,功能也相对单一。越是专业的、周期性的、品牌性的活动,越需要建议使用专业的注册系统,这有利于减轻数据处理的工作量和沉淀庞大的数据资产。

二、会展注册系统的作用

使用专业的会展注册系统对于会展活动的顺利举办有着重要作用。

(一)提高会展注册的效率

采用会展注册系统,可以大大提高注册效率,并能及时处理注册者的相关诉求。

(二)确保数据的准确性和完整性

采用会展注册系统,可以避免纸质书写出错和纸质表单遗漏填写的情况,同时能够减少信息交互中可能出现的错误。

(三)智能化提升用户体验

会展注册系统支持自动格式校验、联想功能、企业信息校验等。对于历史参与者,可以通过输入手机号码等可识别信息自动回填企业名称、联系方式等历史信息,从而大大提高注册效率。此外,还可以更方便地更改参与者信息,用户可以在个人中心修改和完善个人信息,不仅可以提交个人特殊需求,还可以生成个性化日程。

(四)实现一站式服务

采用会展注册系统,注册者可以在7×24小时内根据填报导航在电脑或手机上完成注册,从而实现注册流程自动化。另外,会展注册系统不仅可以实现注册功能,还可以实现在线完成官方提供的吃、住、行预订以及日程报名等功能，并在提交信息后可以随时查看审核状态，即时获得注册结果和预订结果的邮件通知、短信通知、参会函、电子证等。还可以使用多种在线付款方式，自动根据身份和优惠规则计算优惠注册费，付费后还可以在线申请个人发票。

（五）智能匹配

通过与智能推荐系统对接，注册完成后，系统可以向注册者推荐感兴趣的展商、展品，供注册者根据需要开展下一步的交互和互动；同时，还可以向展商推荐潜在的观众。

（六）实现营销自动化

通过会展注册系统与营销系统的对接，主办方可以在注册者注册之后进入参与者信息管理，方便主办方开展邮件和短信营销。

（七）提高办证与签到效率

通过将注册数据和参会数据与证件系统和签到系统的对接，可以自动打印参与者证件，高效率完成签到和制证工作，从而降低服务成本。

（八）减少对参与者的培训和客户服务工作

可以将需要让参与者知晓的信息录入注册系统，并实现自动推送，从而能够减少参与者的疑惑，或者实现群体答疑，以此降低对参与者的培训和客户服务工作量。

（九）参与者数据统计分析

在观众和参会者数据系统中，可以多维度地记录参与者的行为，用户画像更加精准、全面，从而能够使主办方更加高效地统计分析出参与者的相关数据，为制定提高服务效率、营销效率和提升参与体验的举措提供决策参考。

（十）自动生成总结报告

注册系统能够全流程获取注册数据和参与者行为数据，并进行记录与分析，从而提高总结报告的精度和广度，便于主办方做出优化决策。

三、会展注册系统的规划要点

无论是自建系统还是使用SaaS化的注册系统，都需要根据活动的业务需求对注册的流程和交互体验等进行规划。

（一）注册系统的规划原则

会展注册系统的目标通常包括：提高注册效率，减少参会者的等待时间；降低注册成本,优化资源配置;智能化提供精准的个性化服务,提升参会者的体验;确保注册信息的准确性和安全性。

会展注册系统需要能够高效地收集、存储和管理会展参与者的信息,一般包括:个人信息,含姓名、性别、联系方式等;机构信息,含所属单位、职务等;参会信息,含参会类型、日程安排、历史参展参会记录、参会需求等内容。同时,系统还应支持信息的分类、检索和导出功能,以便于主办方进行后续的数据分析和处理。

会展注册流程设计应遵循以下原则。

(1) 简洁明了:流程应尽可能简化,避免烦琐的步骤和重复的信息填写。

(2) 灵活性:系统应支持多种注册类型,以满足不同参展参会者的需求。

(3) 安全性:确保注册信息的安全传输和存储,防止信息泄露和滥用。

需要注意的是,不同的会展活动可能会有不同的注册流程和要求,会展注册系统需要根据活动的要求和参与者的体验来调整注册流程。为了满足活动参与者的个性化需求,比如,定制化的注册表单、住宿与行程安排、消息通知与提醒、数据分析功能,能够对参与者的注册信息进行统计分析,生成报表和图表。这些报表和图表可以帮助主办方了解参与者的群体特征、参会偏好等信息,为未来的活动策划提供参考。

(二)注册系统的流程步骤

会展主办方需要确保注册流程的顺畅和高效。随着一站式会展管理云平台的广泛使用,主办方可以快速完成注册系统的规划和搭建。以下是不同的阶段需要完成的关键步骤和工作内容。

1. 准备阶段

(1) 明确会展信息:规划参与者能够通过官方网站、微信公众号、邮件通知等途径获取会展的基本信息,包括会展名称、时间、地点、主题、展商信息等。

(2) 明确参会身份:设定不同的身份类别,如展商、专业观众、媒体人员等,并为每种身份准备相应的注册信息和材料提交要求。

2. 系统配置注册阶段

(1) 确保注册系统可访问性:使注册用户能够通过PC端或移动端访问在线注册系统,系统应连接在展会官网和H5页面的显眼位置。

(2) 设计参会证件类型选择:允许注册用户根据身份和需求选择相应的参会证件类型,如展商证、专业观众证、媒体证等。

(3) 简化注册信息填写:设计系统提示和要求,使注册用户能够便捷地填写个人基本信息、单位信息以及参会意向。

(4) 设计支付流程:根据人群类别收费规则,设计便捷的支付流程,以便注册用户支付注册费、门票、商旅预订费用、证件费用等。

(5) 设计材料上传流程:对于需要验证身份和参展资格的会展项目,设计流程应方便参与者上传必要的材料,如企业营业执照、个人身份证件等。

视频

注册系统搭建演示

3. 在线注册阶段

（1）开放注册：确保注册用户能够便捷地填写相关信息、选择参会证件类型，并支付注册费用。

（2）注册审核：对于需要审核的活动，建立高效的审核流程，确保审核规则的透明性，并及时通过邮件、短信或在线注册平台的用户中心通知注册用户审核结果。

（3）确认注册：在用户支付注册费用或审核通过后，确保他们能够收到包含参会时间、地点、证件类型等详细信息的确认通知。

（4）发票申请和退款：对于付费注册的活动，提供在线发票申请服务，并设置在线退款功能，以便处理退款请求。

4. 现场注册阶段

对于需要现场注册的会展，设计流程应方便参与者提交身份信息和领取参会、参展证件等。

四、注册系统上线前的准备

在会展注册系统开发、配置和测试完毕之后，还需要做好具体内容上线的准备工作。这些工作主要包括注册系统的域名及备案、云服务器资源、设计素材和内容素材等。

（一）上线准备工作

域名及备案：会展注册系统一般沿用官网的二级域名，如需使用其他的二级域名，需要接入备案相同的云服务。

云服务器资源：若主办方需要私有化部署，则需要提前准备云资源清单，由主办方自行购买或委托服务商进行购买。

设计素材：一般注册系统设计范围包括页头、页脚及页面底纹。设计是基于活动的主视觉来做延展设计，因此在进行设计时，需要准备主视觉设计稿、大会名称、时间、地点、Logo、大会主题等内容。

内容素材：在注册系统构建过程中，需要准备的资料主要包括活动名称、字段名称、活动议程、短信通知文案及翻译内容等，往往是根据系统要求来提供内容素材。

（二）准备事项清单

会展注册系统在上线前的准备事项如表7-2所示。

表7-2 会展注册系统上线前的准备事项清单示例

模块	内容	用途	时间要求
域名	根据主办方的需求和备案要求来申请	确定使用官网或注册网站的独立域名	上线前两周
Logo和Banner图	根据主办方要求设计	用于大会网站、微站、小程序等展示	上线前两周

续表

模块	内容	用途	时间要求
页脚信息	根据主办方要求提供	注册页面的页脚信息，用于指导用户注册	上线前两周
活动安排表	由主办方提供	鼓励注册用户报名活动，判断报名日程的时间冲突	上线前一周
邀约安排	邀约渠道名称	用于规划邀约码规则	开启邀约前一周
邀约安排	各渠道邀约数量	用于规划限制邀约码数量	开启邀约前一周
邀约安排	拟邀名单	用于定向邀约	开启邀约前一周
注册规划	注册须知	用于告知用户提交信息、参会相关条款等	开启注册前两周
注册规划	注册字段	用于按照主办方要求采集不同类别参会嘉宾的信息	上线前两周
注册规划	接待、行程字段	用于主办方收集需要接待的参会嘉宾群信息	上线前两周
注册规划	短信通知	用于告知用户注册状态、审核状态、付款状态，提醒完成注册流程，顺利参会	上线前两周
注册规划	邮件通知	用于告知用户注册状态、审核状态、付款状态，提醒完成注册流程，顺利参会	上线前两周
注册规划	子账号信息权限表	用于给协同管理、审核参会嘉宾数据的主办方授权成员开通账号	上线前两周
注册规划	优惠规则	如涉及付费及优惠，需要提供优惠策略、优惠时限等	上线前两周
注册规划	注册或门票定价表	用于告知注册用户价格信息	上线前两周
注册规划	线下付款信息	方便线下付款使用	上线前两周
注册规划	支付平台对接参数	用于对接主办方授权的银行收款账号	开启注册前一周
团队注册	团队管理员账号	方便团队注册管理员使用	上线前一周
团队注册	团队人数限额表	方便管理团体注册的成员数量限额	上线前一周

(注：以上时间要求为最短时限，实际工作中建议提前开始准备)

第三节　会展注册体验

会展注册系统的目的是通过一站式全流程的管理用户注册,提升用户的注册体验,并通过数据的采集,积累第一方数据,完成丰富的数据链。因此,好的会展注册系统不仅能够达到事半功倍的效果,还能给参与者良好的注册体验。

一、会展注册体验的影响因素

会展注册体验主要受以下因素影响。

（一）注册界面设计

会展注册界面是否简洁易懂、操作是否便捷直观会直接影响用户体验。特别是对于多种身份、多种类型的注册而言,界面复杂或操作不方便会让用户无所适从,或者觉得注册麻烦,中途放弃。

（二）注册流程设计

会展注册是否能快速完成,需要填写的信息是否过多,都会影响体验。在注册时,如果需要提交复杂的信息,包括上传图片、资质证明,还需要等待审核,这些冗长的注册流程会让用户感到烦琐,甚至是失望。

（三）验证方式选择

为了用户安全考虑,会展注册通常会在使用邮件、短信为主的验证码的基础上增加滑块验证。滑块验证(又称"拖拽验证")主要是用于区分用户是人还是机器人,防止机器人自动批量注册或刷点击量。对于年纪较大的用户和境外用户而言,如果不熟悉这样的双重验证方式,会直接导致其无法完成第一步。

（四）注册支持服务

会展注册时,是否提供注册的技术保障服务和客户服务直接关系到用户体验。当用户注册失败时,在提供相应的提示依然无效时,通过提供热线和客服支持可以极大地提升满意度。

二、会展注册体验的优化

为提升会展注册系统的用户体验,需要从多个维度综合考虑优化措施,通过注册流程、适用群体、验证、服务、参与度和持续改进等多个方面简化注册操作、扩大适面、增加参与动力并持续改进。

（一）简化注册流程

参考以往会展注册体验,研究可优化的注册流程步骤和字段;合并可合并的注册身份,优先明确注册类型和身份;注册信息采集遵循最小原则,保留最核心的,以及与参会需求、配对和体验密切相关的数据;对于老用户支持自动带出历史信息,尽量减少手动输入,合理设置必填项,采用分步引导式注册等措施来优化注册流程。

（二）增加入口方式

提供多渠道的注册方式,比如PC端、移动端微站、小程序,国际会议提供App注册;针对境外人士,采用合适的拼图校验,支持不同语言注册;提供多种验证方式切换,针对境内和境外合理选择使用短信、邮件通知;提供第三方邮件账号、口令或社交媒体账号（如谷歌、微信和领英等）进行快捷登录。

（三）提供支持服务

对于复杂注册需要有独立的注册页面和入口,详细介绍注册须知,并留下客服人员的电话、邮件和实时通讯工具,提供客服支持;针对常见的问题,提供Q&A（问题解答）,做好记录和优化。常见的客服和技术支持服务如表7-3所示。

表7-3　会展注册体验优化常见的客服和技术支持服务

服务内容	具体描述
呼叫中心	通过人工呼叫座席与AI呼叫中心相结合,会前对参会者注册、行程和日程确认、展会活动等进行答疑
VIP数据处理	高规格大会的VIP数据可能需要集中处理线下收集的VIP数据,录入注册系统,包括数据校验、信息确认,以及嘉宾的级别和待遇匹配等工作。
数据报告	按照会展项目的进度和汇报机制,定期查看注册数据,并调整营销策略
技术支持	通过客服热线、在线客服工具等解答注册问题
安全评审	若会展项目规格很高,可能有安全评审需求,如做三级等保
全球加速服务	如果用户需要全球访问,需要网站全球加速服务

（四）A/B测试和埋点

在会展预注册或测试阶段,可以提供A/B测试,通过对比不同方案的效果,帮助确定最优的产品功能和用户体验设计;若条件允许,可以在注册页面进行埋点（也叫事件追踪,Event Tracking）,记录注册用户在每个页面的停留时间以及最终注册的到达位置,用于分析注册转化和体验。

(五)社交媒体单点登录

社交媒体单点登录(Single Sign-On,SSO)通过允许用户使用已有的社交媒体账号(如微信、领英、Meta等)进行一键登录,简化注册流程,减少用户需要记住的账号和密码数量,从而降低登录的复杂性,同时集中的身份验证机制也能提升整体的安全性。会展注册体验优化可实施的功能演示如图7-3所示。

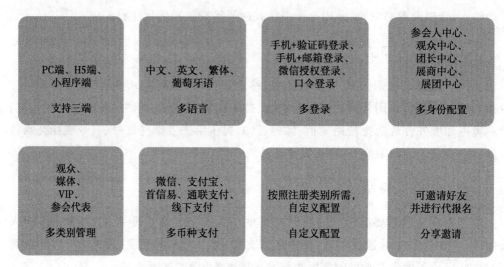

图7-3 会展注册体验优化可实施的功能演示

提升会展注册体验的直接目的是通过提高注册效率提升注册转化率,而提升注册转化率需要从价格策略、内容策略、渠道推广、数据营销和活动后期反馈分析等维度进行综合考虑,采取不同组合的营销策略,最大限度地降低用户注册门槛,从而提高注册转化率。鉴于提升注册转化率的工作主要是观众营销和参会者营销,这些内容在本书第五章已做了比较详细的讲述,此处不再赘述。

思考与练习

1. 会展注册的分类及流程是什么?
2. 请阐述对会展注册系统的理解。
3. 如何规划会展注册系统?
4. 影响会展注册体验的因素有哪些?
5. 如何提升会展注册转化率?
6. 使用会议管理平台,针对第六章思考与练习中创建的活动,为一类主要的参会人群创建完整的报名流程和支付设置,其中需包含两种门票可选或优惠码的使用,至少完成5个模拟报名,以验证流程的准确性和用户友好性。

第八章
日程和嘉宾管理

本章思维导图

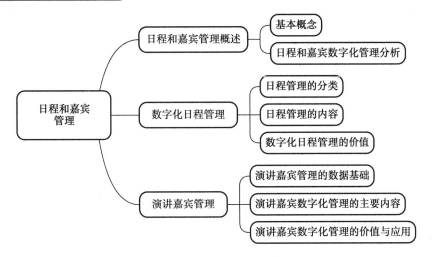

关键词

- 数字化日程 ● 演讲嘉宾管理 ● 数字化推广互动

学习目标

- 1.掌握日程和演讲嘉宾的基本概念。
- 2.掌握数字化日程管理的主要内容。
- 3.掌握演讲嘉宾数字化管理的主要内容。
- 4.运用数字思维进行日程和演讲嘉宾管理。

第一节 日程和嘉宾管理概述

议程、日程和演讲嘉宾是会议活动的灵魂与核心,是参会者评估一个活动是否值得参加的重要因素,也是参会和赞助的主要内容与权益。本节主要对议程、日程和演讲嘉宾管理的基本概念和数字化需求等进行介绍。

一、基本概念

（一）日程

日程（Agenda 或 Schedule）是指各类会展活动期间所有官方活动按照起始日期和时间排序形成的所有活动和议程的列表。因此，日程一般以表格或列表的形式呈现。根据活动类型不同，可以将日程分为大会日程、论坛日程、展会日程等。如图 8-1 所示为 2024 中国会展业数字化创新大会（CEIDIC 2024）暨德清会展业发展大会日程。

图 8-1　CEIDIC 2024 大会日程

（来源：CEIDIC 2024 官网截图）

日程聚焦于参会、参展的主要内容，是关于会展活动的核心内容的体现。日程通常放置于会展活动的官网、App、小程序等官方访问门户的入口，便于会议和各类活动的参与者与潜在客户查询，不仅可以起到营销会展活动核心内容的作用，还可以直接吸引参会者注册。

（二）议程

议程（Session）是指会议中的一个特定时间，通常包括一场和多场演讲或讨论所组成的一个相对独立的环节。某一项议程是一个会议中不可细分的最小的内容单元，虽然在一场小组讨论或研讨会中会安排多名演讲者轮流发言或演讲，但单个的演讲并不构成这一项议程，所以只能是整个圆桌讨论作为一项议程。因此，在议程设置的时候，多名演讲嘉宾和主持人共同构成了本场议程的核心人物。如图 8-2 所示为 CEIDIC 2024 大会中的一个单场议程。

图 8-2　CEIDIC 2024大会单场议程

（来源：CEIDIC 2024官网截图）

　　一个议程的关键要素包括议题（或演讲题目）、演讲嘉宾（圆桌讨论还包括主持人）、演讲时间（含演讲时长）和演讲地点等。如果说日程是系统的部件，那么议程是日程的组件。日程比议程的内容更广泛。议程主要是与会议有关，日程除了包括大会期间的各项活动安排，如主开幕式、主分论坛、圆桌讨论，还包括晚宴、考察、社交活动等安排。一场一场的议程按照日期和时间顺序组合起来就是日程。除了议程的要素，日程的关键要素还包括日期、时段和会场等。

（三）个人日程

　　日程根据其公开程度，可以分为公共日程和个人日程。

　　公共日程，也称为"官方日程"，是指放在前端呈现的供用户查询和报名的日程。除了对所有人公开的官方日程，还有个性化的个人日程。

　　个人日程是指参会者自己的日程。个人日程是在公共日程的基础上，根据参会者的身份和个性化需求生成的。如图8-3所示为某个个人日程的示例。

图 8-3　个人日程示例

公共日程提供活动框架和基本信息,个人日程在此基础上进行自定义和个性化。因此,个人日程具有很强的身份针对性以及个人参会的个性化需求。利用数字化管理个人日程是会议管理与服务体验提升的重要方面。

根据个人日程的不同内容,大致可以将个人日程分为以下几种。

1. 报名日程

报名日程即参会者通过注册或报名系统实际报名并参加的会议活动相关信息。报名日程数据可以直接服务于后台的人员管理、场地门禁管理等工作。

2. 参会日程

参会日程是参会者在参会期内,实际参与的会议活动内容。它会融合行程规划信息,帮助参会者在会议期间高效完成预订的会议行程。

3. 收藏日程

收藏日程是指参会者在会议活动前关注或收藏的议程,在日程开始后会收到日程提醒,这些日程包括会议日程、直播日程、路演日程等,有些场景下也称为"收藏的日程"。

4. 演讲日程

演讲日程是指主办方根据大会的议程设置,为每一位演讲嘉宾安排的演讲嘉宾日程,每位演讲者可以在其个人中心查看演讲日程,在学术会议中主要以学术日程这一名称出现。

5. 观展日程

观展日程主要面向展会观众,记录展区参观路线与活动。它会结合展商信息、路线图等帮助观众事先规划观展导航。

6. 预约洽谈日程

预约洽谈日程主要在商贸展会中,观众可以通过预约系统提前申请与目标客户约谈,经对方确认后生成的洽谈日程。

如果是普通参会者,其个人日程就是自己报名的日程、关注或收藏的日程、预约的会议日程等,通常在登录系统后在其个人中心的个人日程模块可以查看和修改。如果是演讲嘉宾,其个人日程还包括其演讲日程、主持的日程。如果是媒体,还包括采访日程、会见日程等。

(四)演讲嘉宾管理

演讲嘉宾是指受主办方邀请参加会议活动并通过演讲、研讨、对话、发言等形式分享知识、见解、趋势、信息的嘉宾。在大多数的会议活动中,演讲嘉宾的数量一般较多,其演讲的内容和议题也是吸引参会者的重要因素,因此,主办方需要对演讲嘉宾提供统一的管理和服务工作,通常会设立嘉宾组来进行统筹。在数字会展中,主办方越来越多地使用信息系统工具邀请演讲嘉宾,并对演讲嘉宾的各类信息进行采集、搜集、审核、存储、评估、展示、统计分析,这一过程也称为"演讲嘉宾管理"。

随着演讲嘉宾管理范围的扩大,需要对演讲嘉宾的参会旅程进行全周期的管理。这不仅涉及演讲嘉宾身份和演讲议程的管理,还涉及对演讲内容和质量进行评估管理,对演讲嘉宾的行程和接待进行管理,对演讲嘉宾的演讲日程进行管理和通知,对演讲嘉宾的演讲费(劳务费、讲课费)的支付、签收进行管理和统计。

除了单独对某一个嘉宾的上述管理,还涉及对某一场活动的所有嘉宾的各类数据进行统计分析,包括嘉宾数量统计、费用统计、热门(关注、观看)嘉宾的统计等信息。演讲嘉宾管理不仅需要方便主办方进行管理和查询,还需要方便参会者查看演讲嘉宾的信息、演讲话题的信息、分享演讲嘉宾等营销和推广需求。

演讲嘉宾管理是一个系统化的工作,需要在一个平台进行统筹管理,满足上述各类内容管理和外部服务的需求。演讲嘉宾管理系统的主要内容包括以下几点。

1. 嘉宾库管理

嘉宾库管理包括支持主办方新增、查询、修改、删除演讲嘉宾的基本信息、专业背景等数据;支持上传演讲嘉宾的照片、简历等电子资料;支持定义嘉宾的专家认证,如"最受欢迎演讲嘉宾"等。

2. 嘉宾邀请管理

嘉宾邀请管理包括支持嘉宾定向邀请功能,主办方可以设置邀请任务列表;通过短信和邮件发送定向邀请,嘉宾点击链接后可以确认参会,记录确认情况,统计关键嘉宾的确认数据;支持批量发送邀请函。

3. 演讲日程和任务分配

演讲日程和任务分配包括将嘉宾与会议议程进行关联,支持分配演讲任务,记录参会天数及演讲次数。

4. 演讲嘉宾演讲费管理

演讲嘉宾演讲费管理包括根据嘉宾的演讲场次和演讲费支付标准,自动计算费用,并记录支付情况。

5. 嘉宾行程和接待管理

嘉宾行程和接待管理包括根据嘉宾抵达和离开时间,为嘉宾分配接送服务和住宿安排。

6. 数据统计分析

数据统计分析包括支持统计演讲嘉宾的信息(如国家、领域分布等),以及统计关键指标(如邀请数、确认率、演讲次数等)。

7. 嘉宾个人中心

嘉宾个人中心包括支持嘉宾在线提交演讲信息(如题目、摘要等内容),支持嘉宾在线提交费用报账及查看报账审核状态,支持嘉宾查看自己的日程安排、行程信息等。

二、日程和嘉宾数字化管理分析

日程为纲,议程为目,纲举目张。主办方通过对议程、日程和演讲嘉宾的数字化管理,可以更好地实现对会展活动的内容营销,也便于参会人员提前安排时间,促进交流和讨论。日程和演讲嘉宾的数字化管理不仅是会展管理平台的核心,也是会展官网的主要栏目。如图8-4所示,为第111届全国糖酒商品交易会大会日程。

图8-4 第111届全国糖酒商品交易会大会日程
(来源:第111届全国糖酒商品交易会官网截图)

(一)日程和嘉宾数字化管理的需求分析

日程和演讲嘉宾管理通常需要满足多天、多会场、多主办方、多地点的日程管理,还需要实现与日程、嘉宾和场地进行关联搜索。此外,对于管理平台比较分散的主办方而言,日程和嘉宾管理模块需要提供API给官网和小程序调取数据,减少开发成本。在日程和演讲嘉宾管理中,对数字化管理的需求主要体现在以下五个方面。

1. 复合型活动的议程管理

不同类型的活动其日程安排存在差异。对会议、展览、节庆、演讲、赛事等复合型会展活动而言,需要针对不同类型的活动日程进行统一聚合管理。在统一管理时,既要区分活动类别,也要针对时间、地点和适用的参与者进行分类管理,管理平台需要支持灵活设置,包括会议、展览、赛事多种类型活动的组合日程,还需要考虑同一场地不同日程之间的切换需求。

2. 日程权益与注册权益的关联

参与者可以根据注册类型和价格选择参加不同的日程。例如,部分高级论坛的日程只针对VIP注册用户开放。管理平台在设置日程时要明确参与权限控制,并与注册系统进行关联管理。不同用户报名参与某日程还需要主办方核验资格并审核,平台要能支持该工作流,最终生成参会者的个人日程,主办方会获得特定日程的注册名单。日程管理不是一个独立的系统,而是与多个系统进行关联的系统,实现参与者行为的全流程记录和管理。

3. 母子议程的协同管理

母子议程是本书独创的一个概念,是指会议日程往往分为全体大会/主论坛和分论坛,分论坛下还会根据具体话题设立多个子议程。平台需要支持建立层级日程结构之间的关联,子议程的变更可以级联更新到主日程,避免数据不一致。例如,分论坛总日程变更后,其下五个子议程的时间也能自动更新。

4. 分论坛日程分布式管理

大型会展往往联合多个分支机构或合作方来主办分论坛。管理平台既要允许各主办方自主规划自己分论坛的日程,也需要对所有分论坛的日程做统一汇总管理,形成全局日程视图。平台需要提供权限控制,让不同用户只能编辑规划自己负责的部分日程。

5. 多天、多场地议程视图管理

大会长达数天甚至更长,会议和活动场地有多个,管理平台需要支持建立多天日程的关联,自动生成不同日期的日程表,并考虑会场的空间在不同日期之间转换的合理性,避免同一时间对同一地点设置多个日程的空间冲突。主办方通过平台集中管理整个会展的长时间跨度日程安排,在前端进行可视化呈现。

(二)日程和嘉宾数字化管理平台的设计原则

为了在复杂环境下建立一个高效便捷、可靠稳定的系统,使管理者可以集中精力高效地应对会展的策划与服务,平台设计需要遵循以下原则。

1. 用户体验友好性

前端的日程和演讲嘉宾列表界面应清楚明了,方便用户查询和浏览,促进报名转化。后端的日程和演讲嘉宾管理系统的界面需要简洁直观,后台操作流程合理简化、容易操作,重要功能应一目了然,冲突、判重和通知实现自动化,确保管理员高效畅通规划和管理日程。

2. 数据一致性与安全性

日程和嘉宾管理系统需要确保同一日程数据在不同关联模块之间保持一致性,避免重复录入产生数据冲突。支持绑定日程与人员、会场、设施等信息,相关更新要能级联同步。同时,对系统关键数据要有充分备份与权限控制,防止操作失误或外部攻击导致数据丢失或泄露,保证数据安全稳定。

3. 分布式协同管理

日程和演讲嘉宾管理系统需要支持不同用户按角色权限进行分工协作,如分论坛日程由各分论坛的负责人编辑,主办方统一审核统筹。系统内需要建立消息提醒与反馈流转机制,更新的日程任务自动推送给相关责任人,提高协作交流效率。

4. 规范性与兼容扩展性

日程和演讲嘉宾管理系统的功能框架、工作流程需要考虑兼顾专业性与行业规范,同时也要考虑与平台内其他功能模块和第三方系统的对接兼容,保证开放性。通过输出API等方式支持与注册系统的日程模块对接,支持PC端或移动端获取展示日程信息,也可以导入外部修改后的日程文件,具备一定扩展性,便于根据业务需求进行系统升级和二次开发。

(三)日程和演讲嘉宾协同管理

在日程和演讲嘉宾数字化管理时,需要实现议程和演讲嘉宾的协同管理,这主要包括以下几点。

1. 议程和演讲嘉宾动态关联

会议的议程设置和演讲嘉宾的邀请往往由不同的团队或部门负责,两者之间需要协作,才能确保演讲嘉宾和议程之间的匹配性。如果缺乏协同,可能出现议程和嘉宾错配。因此,会议管理平台需要建立议程和演讲嘉宾之间的动态关联,两个模块间实时共享信息,形成闭环流程,确保议程设置和演讲嘉宾邀请之间的协同一致。

在会议初期规划阶段,日程组和嘉宾组就需要围绕会议主题展开磋商,确定主题设置及受众,明确需要邀请的嘉宾背景条件。在后续执行中,两个部门需要实时共享各自模块的数据变化,譬如确认演讲嘉宾后需要实时更新议程的设置;如果新增某场分论坛,也需要及时补充邀请相应背景的演讲嘉宾。除了信息共享,两个部门还需要协同管理多维度的数据,如谁能在多场会议进行演讲,避免重复邀请,要确保两个数据源之间的一致性等。

2. 不同阶段的目标动态协同

主办方通常会根据项目的不断临近来丰富大会的日程和演讲嘉宾。初始阶段的日程称为"初步日程";接近大会开始或大会期间的称为"详细日程",详细日程包括活动名称、时间、地点、演讲嘉宾、出席嘉宾,以及相关的议程介绍和嘉宾简介。日程和演讲嘉宾管理是一个动态的更新和不断完善的过程,在不同阶段满足不同的需求。

在会议的不同阶段,日程和嘉宾管理需要服务于不同的目标。在会前阶段,日程的公布主要服务于会议宣传和吸引注册,管理的重点是内容和信息传达。会议现场则需要确保议程和嘉宾的即时更新和消息推送,方便参会者查询,提醒参会。会后则应重点关注参会者对议程的浏览和评价数据,以改进未来会议的议程设置。因此,日程和嘉宾管理需要根据时间轴设定不同的核心指标,采取差异化的数据采集和呈现方式。

第二节　数字化日程管理

在会展项目的具体进程中,每一个成员都需要围绕议程和日程开展活动。本节主要对数字化日程管理的数据基础、主要内容、价值与应用进行介绍。

一、日程管理的分类

（一）议程分类

在大型会议中,为了便于参会者和演讲嘉宾查询日程,需要对议程进行分类,好的日程不是平铺直叙的议程列表,而是基于对议程的分类。在英文中,对议程分类就是设置"Track",Track通常是根据话题、主题来对多个议程进行分类,按时间排序。分类主要是基于会议的主题、话题,以及与会者的需求和兴趣点来设定,目的是方便与会者更好地规划自己的日程。

常见的议程分类是按照活动的日期、活动的类型、活动的举办场地进行分类。当需要进一步区分时,还可以根据以下维度进行分类。

(1) 根据学科或领域,如信息技术中的议程按照网络、存储、安全等来分类。

(2) 根据产品或服务,如用户大会的议程,以业务线和产品名来分类。

(3) 根据层级或角色,如管理人员、技术人员、用户等来分类。

(4) 根据行业或客户群,如零售业、金融业、信息科技等来分类。

(5) 根据研究方向,如创新、实践、趋势等来分类。

(6) 根据会议分主题,如与大会主题相关的各个子主题来分类。

(7) 根据地区,如国内、亚太、中东、东南亚等来分类。

(8) 根据语言,如按照参会者的不同语言等来分类。

(9) 根据参会者身份,如专业人士、新人等来分类。

特别复杂的大型学术会议,往往有数百个甚至上千个议程,因此仅有一级分类还不够,往往还需要二级分类。

例如,2024年腾讯全球数字生态大会于2024年9月5日至6日举办,本次大会由于规模大、议题多,为了便于参会者浏览、查找,选择感兴趣的内容,大会官网议程页(见图8-5)对议程按照时间、会场、主题、产品、类型五个维度进行分类,便于参会者和访客进行交叉筛选。

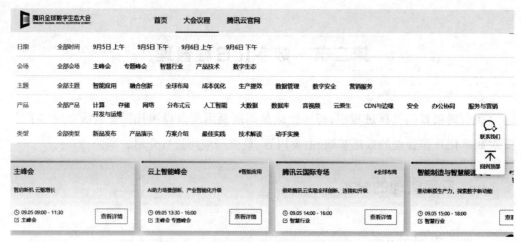

图 8-5　2024年腾讯全球数字生态大会议程

(来源:2024年腾讯全球数字生态大会官网截图)

(二) 议程标签

对于简单的会议议程,可以用标签(Tag)来管理。标签与分类有区别也有联系:分类是从宏观层面对会议中的多个议程进行分类和组织,各个分类之间通常是并列关系;标签是从单个议程的视角,通过添加关键词作为标签对其进行描绘。一场议程可以有多个标签,一场议程只能有一个分类。分类注重对会议的宏观规划,如会议的主题和内容特点。标签更侧重直接标注单个议程的特征,颗粒度更细,弥补分类定义的不足。分类通常在会议前确定,标签可以在会议过程中动态添加。总之,分类和标签共同定义议程,帮助参与者挑选感兴趣的活动。

一般可以从以下多个维度对议程定义标签。

(1) 话题类别,如技术、产品、行业、研究、案例、趋势等。

(2) 参与者身份群体,如管理者、技术人员、初创公司、投资人等。

(3) 涉及领域,如人工智能、云计算、大数据、自动驾驶、教育、医疗等。

(4) 议程形式,如主题演讲、圆桌讨论、互动研讨、案例分析、产品发布等。

(5) 适用对象,如开发者、产品经理、运维人员、数据分析师等。

(6) 行业范围,如消费品、石油化工、电子商务、游戏、金融等。

(7) 技术产品,如 TensorFlow、Kubernetes、React、Unity、CRM 系统等。

(8) 会议方向,如技术前沿、产业发展、生态合作、趋势预测等。

(9) 地区范围,如中国、美国、东南亚等。

(10) 时间跨度,如历史回顾、现状分析、未来展望等。

(11) 收费形式,如免费、收费、优惠等标签。

(12) 交流方式,如线下、线上、混合等标签。

以上不同维度的标签信息对参与者选择议程很重要,可以使这些信息系统化,便于归类管理、识别和查询,提高会务的协调效率,方便参会者快速找到自己感兴趣和可参加的议程。当然,对于特别复杂的大型会议,可以结合分类和标签的组合,既体现出会议内容的层次性,也方便参与者从不同维度发现感兴趣的议程。

如图8-6所示为某个主题演讲的议程,从三个维度为该议程定义标签。

图8-6 主题演讲议程标签示例

(三)日程管理字段

议程和日程都包含一系列相关字段,用于描述和管理活动的详细信息,如演讲嘉宾、演讲题目、演讲时间、演讲地点、议程描述等。这些字段构成了数字化管理议程和日程的基础。

议程和日程中的常见字段可以分为以下类别进行描述。

1. 基本信息

基本信息的目的是准确定位和描述活动属性,包括:活动名称(文本),即活动的正式名称;活动描述(文本),即对整个活动的文字介绍;主办方(文本),即活动的主要举办单位。

2. 时间信息

时间信息的目的是限定议程的时间范围和长度,包括:开始/结束时间(日期+时间),即活动的开始和结束时间;时长(数字),即议程的总计时长。

3. 地点信息

地点信息的目的是明确会议具体地点,包括:地点(文本),即举办地点名称和详细地址。

4. 议程设置信息

议程设置信息的目的是设置会议的议程流程和内容,包括:演讲嘉宾(文本),即演讲嘉宾姓名;演讲题目(文本),即演讲的具体主题;演讲时长(数字),即每场演讲的长度;排序(数字),即演讲顺序;议程类型(文本),即分类。

除了以上提到的基本信息、时间信息、地点信息和议程设置信息等字段,日程和议程管理中还常用到标签字段,用于对事件和议程进行分类标注,主要包括会议性质、活动类型、参会人数、参会角色、重要级别、主题分类、主办方等。

以上是对常见的日程管理模块字段的简要描述,这些字段记录了会议的基本信息、时间信息、地点信息和议程设置信息,用于数字化管理会议。根据不同的会议和活动类型,可以进行特殊化的定义字段。

在日程管理字段中,可以分为外显信息和内部信息两类。

(1) 外显信息是可以直接在前端向外公开,在宣传资料、网站、小程序、App中可见的信息。对日程而言,主要包括活动名称、开始/结束时间、活动地点、日程排序、演讲题目,通过公布这些日程信息,可以让与会人员及公众了解会议的基本流程安排。

(2) 内部信息是仅供主办方或相关工作人员查看和操作的内部信息,仅在管理端显示。对日程而言,主要是一些细节设置场所及流程的管理信息,如详细的地点布置图、主持人、协调人员名单、媒体关联单位之类的备注信息,这些信息可以帮助工作人员做好会务的具体准备与组织协调。

将日程信息区分为外显信息和内部信息,有助于在展示必要信息的同时保证工作的顺利进行。

二、日程管理的内容

(一) 日程展示的可见性原则

在数字化时代,"可见性"(Visibility)逐渐成为信息传播和社会互动中的核心概念。学者们从不同学科视角出发,探讨了数字技术、社交媒体和信息平台如何塑造信息的呈现方式及其传播逻辑。例如,Danah Boyd在研究早期社交网络(如Friendster和MySpace)时指出,用户通过控制个人信息的公开程度来构建身份,增加自身在网络中的可见性,以获取社交资本。同时,Barry Wellman提出的"网络化个人主义"(Networked Individualism)理论表明,数字技术增强了个人通过社交网络扩大其信息可见性的能力。此外,Lev Manovich强调,数字化媒体通过界面和算法的设计,深刻影响了信息的呈现方式,使得"可见性"成为由技术和平台共同控制的过程。这些研究表明,可见性不仅是信息传播的手段,更是企业、品牌和个人塑造人际社交、公众形象、社会认知的重要策略。

在会展数字化领域,可见性原则适用于主办方通过各种渠道、方式来传达日程和演讲嘉宾信息,吸引潜在参会者注册参会。为提高数字化日程的可见性,在进行数字化日程展示时,可以遵循以下基本原则。

1. 全渠道、多触点呈现

全渠道、多触点呈现,即在会展活动的官网首页、分页面、App首页、分类页面等多重位置呈现;在会前、会中、会后持续曝光;通过O2O(线上和线下结合)+OMO(线上与线下的融合)模式拓展线上与线下触点(如小程序、抖音号)。

2. 方便用户操作

提高日程的可见性的第二个原则是方便潜在受众查询、搜索、筛选、分享和收藏。

比如：设置全文搜索功能，支持关键词快速定位；支持多条件组合筛选，方便用户查找感兴趣议程；增加页面嵌入分享按钮，一键分享给好友或社交媒体；提供收藏/关注功能，用户自定义保存感兴趣议程。

3. 方便实时更新与同步管理

通过API整合不同平台的议程内容和嘉宾管理系统，支持后台统一管理、实时更新，多端自动同步；内容发布支持审核流程控制，防止错误更新；支持数据导入和定期备份，方便管理维护的同时，确保前端多端同步，用户获取信息更及时。

（二）数字化日程推广

数字化日程展示和推广通过官网、H5微站、小程序和App等渠道进行，利用时间轴、搜索框、自动滚动和数字人语音播报等功能提升日程的可达性和用户参与度。同时，通过海报、社交新媒体、电子邮件和短视频等推广方式，扩大日程的触达范围。更多具体的营销策略和细节可以参考本书第五章会展数字营销的内容进行设计和实施。

（三）数字化议程互动

在媒体和营销领域，互动不仅是一个概念（如互动传播、互动营销），更是一种具体的实践应用。比如，当今的媒体和营销手段无不想尽一切办法增进与用户的深度双向互动，在增加、提高用户黏性和用户满意度的同时扩大品牌的影响力。数字化议程互动是会展中提升参与度和品牌影响力的关键环节，它允许参会者通过数字会展平台进行议程的浏览、报名、预约、收藏、分享和点评，实现议程的自主发现和预热传播。更多关于议程互动的详细策略和实践应用，可以参考本书第十章议程互动的内容。

三、数字化日程管理的价值

大会日程不仅用于展示目的，在注册阶段，也可以将日程作为选项或问卷列表让参会者在注册时进行选择，从而预判日程的感兴趣程度。在注册之后，注册代表还可以收藏或关注感兴趣的日程。在大会期间，还可以将线上与线下的参会签到和门禁数据与日程进行关联，分析实际的参会情况。上述这些会前、会中、会后的数据也可以作为参会者行为数据进行记录，便于会后进行统计和分析，用于后续改进会议的质量和服务。

数字化日程管理的价值与应用主要体现在以下五个方面。

（一）品牌展示

议程和日程的公布与管理，是展示会议品牌和提高知名度、影响力的重要途径。详细的议程内容能充分展示会议的规模、层级，展示大会设置的主题、分会场、活动类型的丰富性。同时，还能体现大会邀请的重量级演讲嘉宾和议程内容的多样性。另外，日程内容的分享也能扩大会议品牌的社交传播，从而提高知名度和影响力。

（二）营销获客

对会议感兴趣的受众通常会优先浏览和参考会议的议程，以判断会议的规模和设置是否符合自己的需求。详细的日程内容，尤其是设置的主题和特色活动，能吸引更多受众的关注。会议主办方还可以利用日程进行营销，设置特色的网络分享活动，鼓励浏览者分享给更多潜在客户。这都能助力会议的营销获客。

（三）内容服务

会议期间，现场参会者需要随时查询会议的时间地点等实时动态信息。完整的日程内容以及移动端的议程查询功能，能极大地方便参会者获取需要的会议信息内容。参会者也可以根据自身兴趣，收藏或设置日程提醒，实现个性化的内容服务。这可以提高与会者对会议的满意度，增强会议内容的传递效果。

（四）议程互动

会议组织者可以在议程中添加线上与线下的互动环节，开展与参会者的互动。同时，主办方还可以收集参会者对每场活动的反馈和评价数据。这些互动和反馈为主办方改进后续会议内容提供了宝贵参考。通过增加议程互动，可以增强参会者的体验感，同时增加会议内容的吸引力。

（五）内容分析

会议主办方可以通过分析历届会议的议程数据，评估会议内容的设置情况。譬如，分析哪些主题和活动受欢迎、哪些反应冷淡，以及不同类别参会者的内容偏好、现场参会情况与会前预判的匹配程度等。这些数据支撑可以帮助主办方更加科学地规划后续会议的主题和议程设置，使内容更加符合目标受众的需求。

第三节　演讲嘉宾管理

演讲嘉宾管理是会议活动管理的一项重要工作。本节主要对演讲嘉宾数字化管理的数据基础、主要内容、价值与应用进行介绍。

一、演讲嘉宾管理的数据基础

（一）演讲嘉宾管理基本字段设置

为了对演讲嘉宾和议程进行关联管理，对演讲嘉宾管理模块也需要定义标准化的字段,包括基本信息、联系方式、演讲信息、社交信息以及其他信息等。如图8-7所示为某大会的演讲嘉宾管理示例。

图 8-7　演讲嘉宾管理示例

1. 基本信息

设置基本信息的目的是准确记录嘉宾的身份信息,包括:姓名(文本),即嘉宾的全名;头衔(文本),即嘉宾的职业头衔;所属单位(文本),即嘉宾所在的公司或机构名称。

2. 联系方式

设置联系方式的目的是保证主办方与嘉宾能够联系,包括:手机号码(数字),即嘉宾的手机号码;E-mail(文本),即嘉宾的电子邮箱。

3. 演讲信息

设置演讲信息的目的是了解并记录嘉宾的演讲详情,包括:演讲题目(文本),即确定的演讲主题名称;时长(数字),即分配给嘉宾的演讲时间;议程类型(文本),即主旨演讲、圆桌讨论的类型。

4. 社交信息

设置社交信息的目的是促进演讲嘉宾和参会者之间的互动,包括:预约洽谈,即是否支持接受参会者的预约;交换名片,即是否支持与参会者换名片;文本聊天,即是否支持与参会者聊天。

5. 其他信息

设置其他信息的目的是保障嘉宾的合理权益和需求,包括:证件信息,即证件类型和权益;报销方式(文本),即描述嘉宾的费用报销方式;需求(文本),即对设备、食宿等其他特殊需求。

(二)演讲嘉宾管理额外字段设置

通过对演讲嘉宾相关信息字段的规范化管理,可以使参会嘉宾的组织管理更加高效、系统化。必要时,还可以设置额外字段来补充重要信息,主要包括以下几点。

1. 点评评分

这些评价信息有助于主办方衡量嘉宾及其演讲的质量,包括:评分(数字),即对演讲内容、形式的量化评分;点评(文本),即 Textual 的评语反馈。

2. 数据统计

这些指标可以量化衡量每位嘉宾演讲的参与度,包括:网页浏览数(数字),即统计嘉宾详情页浏览或查看字数;到场人数(数字),即统计参与该演讲的实际人数;问答时长(数字),即记录嘉宾回答问题的具体时间;名片交换(数字),即记录嘉宾与参会者交换名片的数量;预约洽谈(数字),即记录嘉宾与参会者预约一对一会议的数量。

3. 媒体统计

这些指标则关注该演讲内容的媒体影响力,包括:媒体曝出数量(数字),即统计报道该嘉宾演讲的媒体刊物数量;媒体指数(数字),即对报道的数量和质量进行综合指数化评估。

以上是一些常见而有价值的可选额外信息字段,可以使演讲嘉宾和演讲内容的管理更加全面、系统化。也可以根据实际需求设定其他特定用途的自定义字段。

在演讲嘉宾管理字段中,可以分为外显信息和内部信息两类。

(1)外显信息是可以直接在前端向外公开,如在宣传资料、网站、小程序、App 中可见的信息,对演讲嘉宾而言,主要包括姓名、头衔、所属单位、演讲题目、演讲类型,这些信息可以让参会者看到并了解演讲嘉宾的基本身份和演讲内容设置。

(2)内部信息是仅供主办方或相关工作人员查看和操作的内部信息,仅在管理端显示,对演讲嘉宾而言,主要包括联系方式(手机号、邮箱)、报销方式、特殊需求、演讲嘉宾的评价、社交数据等,这些信息涉及嘉宾的隐私、评价或内部工作流程,不对外公布。

二、演讲嘉宾数字化管理的主要内容

(一)演讲嘉宾数字化推广

为提高演讲嘉宾可见性,进行数字化展示时,需要遵循的基本原则与数字化日程展示的原则一致。在演讲嘉宾数字化推广的渠道及相关策略方面,主要通过海报、社交新媒体、电子邮件和短视频等渠道进行。策略包括设计具有视觉吸引力的海报、在社交媒体上创建话题和发布访谈、通过电子邮件推送视觉化内容并嵌入报名链接,以及在短视频平台上发布会议亮点和嘉宾采访视频,并在视频中加入活动二维码。这些推广活动可以参考本书第五章会展数字营销的内容来实施。

（二）演讲嘉宾数字化互动

演讲嘉宾数字化互动包括在线问答、即时投票、点评、预约洽谈和名片交换等多种形式，这些互动方式增强了参与者的参与感和体验。促进演讲嘉宾数字化互动的核心方法包括以下几种。

1. 消息提醒

通过短信、站内信提醒用户关注并参与他们感兴趣的议程和演讲嘉宾。

2. 演讲嘉宾邀约

推出"抢先听"或优惠价的线上营销活动，吸引用户报名并优先获得听讲资格。

3. 互动积分激励

设立积分奖励机制，鼓励用户参与签到、分享、社交互动、问答和满意度评价等行为，以提升用户参与度和增加用户黏性。

4. 用户反馈机制

通过问卷和打分收集用户需求与建议，以调整议程设置，提升用户满意度。

5. 精准匹配和推送

利用智能算法分析用户行为数据，进行个性化议程推荐，提高推送转化率。

6. 议程分类与筛选

提供科学的议程分类和多维度筛选功能，帮助用户发现和找到最匹配的议程内容。

7. 社交推荐

利用社交关系圈中好友的报名和参与情况，提醒用户参会。

三、演讲嘉宾数字化管理的价值与应用

通过演讲嘉宾数字化管理，不仅可以获取演讲嘉宾的基本信息数据，同时还可以获得多种其他类型数据，用于后续改进会展活动的质量和服务。这些数据包括演讲嘉宾的营销数据、互动数据、评价数据等。

1. 营销数据

演讲嘉宾相关的营销数据可以分为访问类数据和转化类数据。访问类数据主要反映内容曝光和用户兴趣，如页面浏览量、内容分享转发次数等。转化类数据则更直接反映内容变现能力，比如某演讲的报名人数，可以判断演讲的吸引力和影响力。管理平台需要提供报名情况（含扫码报名）的数字化统计，计算出每场次的到会人数、到会率，辅助决策和效果评价。

2. 互动数据

互动数据能够判断用户的参与度和内容热度。管理平台可以统计演讲和议程的提问数、点赞数、收藏数等互动数据，也可以分析用户在相关页面的停留时长。热门议程和大咖演讲嘉宾常常能够带来更高的互动量。这些维度的数据有助于决定内容安排以及会展活动的布局形式。

3. 评价数据

评价数据能够直观反映用户对演讲和议程的满意度。管理平台应能够提供满意度评分功能，支持用户对演讲嘉宾及内容的评论建议反馈。重要的评价指标还包括净推荐值等，有利于主办方改进会展内容，提高用户满意度和忠诚度。

而演讲嘉宾数字化管理的价值与应用主要体现在以下几个方面。

1) 热点分析与趋势预测

通过对历史和实时数据的统计分析，可以识别会展内容中用户感兴趣的热点，发现具备更高参与度或影响力的演讲和议程，从而针对性优化议程设置，强化这些热门内容。同时，数据能够支持主办方判断近期的行业需求趋势和前沿动向，把握会展的主题方向，使之与参会群体的兴趣和需求契合。

2) 用户画像分析

管理平台的用户访问和行为数据，为刻画不同用户群体画像和分析他们的兴趣与偏好提供依据。这有助于主办方根据画像特征因材施教制定营销策略，选择合适的渠道和形式进行宣传推广。同时，也可以据此调整和优化用户参与体验，提高用户满意度。

3) 个性化推荐

系统可以依据用户的历史行为数据，通过算法实现对用户个性化的精准推荐。用户登录系统后，可以在首页看到推荐的精选议程和演讲人，更符合其兴趣，实现自助高效发现信息。

4) 精准再营销

主办方可以基于参会人员的活动转换数据，识别有再参会潜质的优质客户进行精准营销，并提供更加优惠和贴心的服务，提高用户满意度和忠诚度。

思考与练习

1. 掌握基本的活动日程规划方法。
2. 掌握基本的嘉宾信息管理。
3. 熟悉会议管理系统的日程和嘉宾模块协同配置。
4. 针对第六章思考与练习创建的活动，使用 Word 完成活动日程和嘉宾内容规划；在系统中配置日程和嘉宾模块，实现日程与嘉宾的关联；在网站、微站上完善并展示日程和议程信息。

第九章
展商管理与服务

本章思维导图

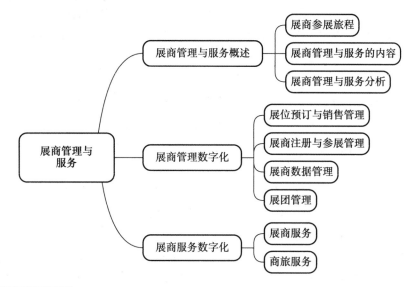

关键词

- 展商管理 • 展商服务 • 展商参展旅程

学习目标

- 1. 掌握展商管理与展商服务的基本概念。
- 2. 掌握展商管理数字化的内容。
- 3. 掌握展商服务数字化的内容。
- 4. 运用数字化工具进行展商管理与服务。

引导案例

"CPCA Show Plus"线上线下展商管理与服务的一体化探索与实践

2024年中国电子半导体产业创新发展大会暨国际电子电路(大湾区)展览会(CPCA Show Plus)是由中国电子电路行业协会(CPCA)主办的行业盛会。作为首届举办的展会，CPCA Show Plus特别强调为展商提供增值服务和权益，以吸引和满足行业的需求。展会于2024年11月6日至8日在深圳国际会展中心举行，同时开启线上平台"CPCA Show Plus云展"，汇聚超过1000家行业重点企业，全年开展线上专项活动，构建国际化、专业化的产业供需对接和交易平台。

一、CPCA展会展商管理和服务的特殊性

CPCA Show Plus作为首届举办的展会，需要为展商提供更全面的服务和更广泛的展示和营销机会，这种线上＋线下混合模式也增加了展商管理和服务的复杂性。

1. 权益管理的复杂性

线上展商更注重数字化服务，如展商小站、展品列表、在线直播、贸易配对和在线询盘等，而线下展商则更关注实体展位、证件、搭建和洽谈等现场服务。CPCA Show Plus需要平衡这两种不同需求，并确保服务质量。由于线上与线下展商的权益不同，管理起来更具挑战性。

2. 数据协同的困难

线上与线下的参展数据如果分散在不同系统中，难以实现有效整合。这对于CPCA Show Plus来说是一个挑战，因为它需要跨平台整合数据，以便进行有效的数据分析和决策支持，这对于提升展会的长期价值至关重要。

3. 展商体验的割裂

展商同时参与线上和线下展会，如果需要重复提交信息、多次登录不同平台，这将严重影响用户体验。CPCA Show Plus需要提供一个无缝的参展体验，无论是线上还是线下，都能让展商感受到一致的服务和支持。

针对这些挑战，CPCA Show Plus采用了线上＋线下一体化展商管理与服务解决方案，提供了统一的展商管理、全方位的数据整合和优化的展商体验，有效地管理复杂的展商权益，提高展商满意度与参展续签率。

二、线上和线下一体化展商管理

1. 统一的管理系统界面

CPCA Show Plus作为一个融合线上与线下的展会，使用了一体化的展商管理系统来统一管理不同模式的展商，可以同时监控和管理数百家展商的参展情况，使主办方能够快速审核并响应展商需求，如管理线下展位调整、同期活动审核，以及线上企业信息和展品信息审核，同时确保所有展商信息的一致性和准确性（见图9-1）。

2. 智能化的审核流程

鉴于CPCA Show Plus的国际化和专业化定位，智能化的审核流程将确保所有展商信息和展品内容符合高标准的展会要求。这包括对展商的企业资质、展品合规性、宣传材料等进行自动化机器审核与半自动人工批量审核相结合，以及一键催办（展商提交各类信息），从而提高管理效率，减少人工错误，同时保持展会的专业性和高质量。

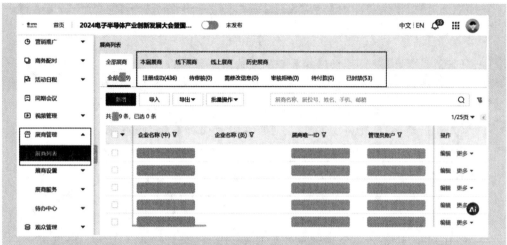

图 9-1 展商列表管理——管理端

3.灵活的权益配置

CPCA Show Plus根据展商的类型和级别,灵活配置相应的权益服务。例如,除了标准化的参展营销服务,对于大型企业或VIP展商,可以提供更多的曝光机会、广告机会、额外的证件申请等。这种个性化的服务配置不仅能够满足不同权益等级展商的需求,提升展商的参展体验,还能将展会的商业价值最大化。

三、线上和线下一体化展商服务

CPCA Show Plus展会提供的线上与线下一体化展商服务,涵盖了从线上展示平台搭建、展品管理到线下参展证件申请和活动管理的全方位支持,旨在为展商打造一个无缝、高效的参展体验(见图9-2)。

图 9-2 展商服务中心——展商端

(1)企业信息:展商可以提交和补充企业的相关信息资料。

(2)展商小站:展商可以创建自己的线上展示页面,用于展示企业信息和产品。

(3)产品管理:展商可以添加和管理展品信息,包括上传展品相关资料并上架。

(4)活动管理:展商可以创建展会期间的展商活动,对外邀请观众报名参加。

(5)证件申请:展商可以在线申请线下参展所需的工作人员证件。

(6)酒店预订:主办方提供酒店预订服务,方便展商在线预订住宿。

(7)注册确认:展商完成注册后,可以在展商中心查看注册信息。

(8)观众提名:展商可以提名潜在的观众或客户,用于提前建立联系或发送展会邀请。

(9)报告概览:展商可以查看与展会相关的营销数据和引流报告,包括展商小站访问量等。

(10)我的日程:展商可以管理自己的展会日程,包括安排会议、活动参与等。

(11)模板设置:展商可以选择展商小站的首页模板,并进行一键设置,以使自己的线上展示页面个性化。

此外,除了以上服务,还提供线上商机对接、线下展商获客工具,服务内容涵盖了展商参展的多个方面,从线上展示、营销、互动到现场服务,旨在为展商提供全面的支持,确保他们能够充分利用展会机会,取得良好的参展效果。

请思考:

1.对于新创的展会而言,首届办展,是否有必要进行数字化管理,如何看待数字化管理与服务的投资回报率?

2.CPCA Show Plus 一体化、线上与线下融合的展商管理与服务的核心价值体现在哪里?

第一节 展商管理与服务概述

本节主要以 B2B 贸易展会为核心,介绍展商管理与展商服务的相关内容。首先,基于相对完整的展商参展旅程,从展商的视角梳理其中与主办方密切相关的部分;然后,分别对展商管理与展商服务的基本概念与主要内容进行介绍。

一、展商参展旅程

展商参展旅程通常分为三个阶段,即展前、展中和展后,如图9-3所示。

(一)展前准备

展前的主要准备工作包括如下几项。

参展信息收集:展商从各个渠道获取展会的信息,特别是展位相关的权益信息。

参展申请:展商需向主办方提交参展申请,明确参展意向。

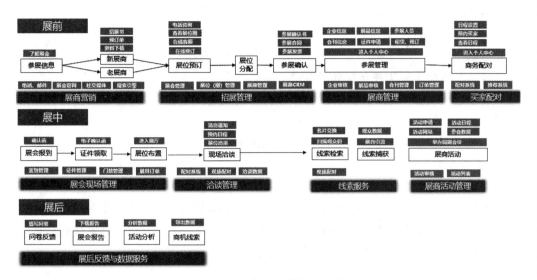

图9-3 展商参展旅程图示例

展位预订：展商根据自身需求选择并预订合适的展位。

企业信息上传：展商需提供并上传公司简介、Logo等企业信息，用于线上展示或会刊宣传。

产品信息展示：展商上传展出产品或服务的详细信息，以供观众和访客的在线查找和浏览（如果线下展同时开设线上展）。

参展证件准备：展商提交企业参展人员的身份信息和证件信息。

额外需求提交：展商提交额外需求，如用电、网络、物流等。

同期活动参与：展商可以申请举办展会同期的会议、论坛或活动，发布在展会的官网，供观众报名。

观众邀请：展商邀请客户（或潜在客户）作为展会观众参加展会。

买家预约：展商通过平台预约感兴趣的买家进行会谈。

差旅与住宿预订：展商参展人员预订交通和住宿。

展品物流协调：展商负责展品的运输和物流服务，确保展品安全及时到达。

展位设计和搭建：展商确认展位搭建需求，由主场服务商或搭建商负责实施。

（二）展中执行

展中执行的主要工作包括如下几项。

证件领取：展商参展人员在展会现场完成签到并领取入场证件。

展台验收与布置：展商验收展台搭建，布置参展的展品和资料，做好正式开展的准备。

获取线索：展商通过展台展示和现场获客行为，积极与买家和专业观众进行交流，收集潜在客户信息。

商务洽谈：展商与预约的买家进行面对面的商务洽谈，并对洽谈质量进行反馈。

现场活动：展商在展台或展区举办产品演示、互动活动等，以增强吸引力。

（三）展后分析

展后分析的主要工作包括如下几项。

展会报告分析：展商收到来自主办方提供的展会综合报告，包括观展数据和市场反馈。

活动数据分析：展商收到来自主办方提供的展商在展会期间的关键数据，如到访人数、洽谈次数。

商机数据分析：展商收到来自主办方帮助展商整理的潜在客户和商机数据。

值得注意的是，并不是展商旅程的每一个环节都需要主办方提供服务。主办方可以根据自己与展商签署的展位预订与服务协议，使用数字化的管理工具确保展商的参展旅程顺畅，从而达到参展效果和提升满意度。

二、展商管理与服务的内容

展商管理是指主办方对展商参展生命周期进行的管理，特别是展前阶段针对潜在展商的一系列销售和管理工作。展商管理主要发生在展前阶段，其核心是招展管理，比如展位销售和预订管理、展商注册与数据管理。展商管理的核心是确保展商能够按照既定的规则和标准提供信息、内容，顺利完成线上与线下参展的各个环节。

展商管理主要包括向潜在展商推介展会的价值和优势，吸引他们参加展会或在线上展览平台设立展位。展商管理还涉及审核展商提交的各种资料信息，包括展品信息、证件信息以及企业信息等，确保这些信息符合展会的标准和要求。此外，对于线上资源平台，展商管理还包括展商店铺页、展品上下架、展商直播审核管理等。具体内容如下。

展位预订和销售管理：主要是向潜在展商推介展会，进行展位销售，以及管理展位分配和预订，包括参展合同和协议签订过程。

展商信息管理：收集和审核管理展商的企业信息，包括公司简介、联系方式，以及展商的管理员账号、密码管理。

展商证件管理：处理展商的参展证件申请，包括审核、发放和监管。

展商企业信息审核：审核展商提交的企业介绍和图文视频信息，确保其符合展会标准和规定。

展商展品信息审核：审核展商提交的展品信息，包括展品图文信息，确保其符合展会标准和规定。

展品上架审核：对展商希望在线上展览平台展示的产品进行审核，确保其质量和合规性。

展商活动管理：采集展商在展期计划主办的活动信息，或审核展商提出的活动申请。

会刊管理：审核管理展商名录、企业信息和联系方式等信息。

展商服务侧重于主办方为已经确定参展的展商根据参展协议和展位预订书的条款提供服务,因此,展商服务主要发生在展会期间。展商服务的目的是为展商提供全面的支持,通过这些细致入微的服务,主办方能够提升展商满意度,使展商参展更轻松,增强展会的吸引力和竞争力。

展商服务的主要内容为展商确认参展后,登录展商服务中心在线申请线下服务,具体内容包括证件申请、会刊信息、展商活动、主场服务、租赁服务和商旅预订等。

三、展商管理与服务分析

(一)展商管理与服务数字化转型

展商管理与服务数字化转型的主要原因如下。

1. 应对观众和展商行为的移动化需求

随着智能设备的普及和移动互联网技术的发展,观众和展商的行为模式已经发生了显著变化。他们越来越倾向于使用移动设备来获取信息、进行展示交流并完成交易。数字化转型使得展会主办方需要通过移动应用、社交媒体平台和在线服务来满足这种移动化、在线化的需求,从而提高参展和观展的便利性与效率。在此背景下,需要将移动化、在线化作为优先战略。

2. 数字化可以开拓新的业务

数字化转型不仅能够提升现有服务的效率和质量,还能为展会行业开拓新的业务领域和收入来源,实现业务增长的第二曲线。比如,利用大数据分析,为展商提供市场趋势、消费者行为等深入洞察,帮助他们做出更明智的商业决策。通过数字化平台提供额外的增值服务,如在线展示、虚拟产品展示、个性化推荐等,创造新的收入点。数字化平台可以促进展商与产业链上下游合作,如与商旅预订、主场服务等领域的结合,开发新的业务模式。

3. 应对全球化挑战

在全球化的背景下,展会需要吸引来自世界各地的展商和观众。数字化转型使得展会能够跨越地域限制,通过在线资源平台和线上展览等形式,为全球参与者提供无障碍、低成本的参与途径。随着移动互联网、大数据、云计算和人工智能等技术的快速发展,主办方可以以较低的成本利用这些技术提高自身服务水平和运营效率。

(二)展商管理与服务数字化的作用

数字化在展商管理与服务中扮演着至关重要的角色,它不仅提高了效率,还增强了展商和主办方之间的互动,提升了整体的参展体验。展商管理与服务数字化具有四个关键作用。

1. 集成系统，提高效率

数字化工具可以一站式管理多个业务和服务内容，如线索管理、预订管理、展位分配、展商信息审核、证件管理、数据信息更新等，不仅解决了数据割裂的问题，还减少了人工操作的时间和错误。此外，数字化增加了流程的透明度和及时性，展商可以实时获得消息通知，及时完成参展行为。此外，数字化服务，如在线展位预订、线上展览、电子证件等，提升了展商的参展便捷性和体验。此外，数字化系统可以收集展商和观众的反馈，帮助主办方不断改进服务和展会内容。

2. 促进商机匹配

通过一个集成平台管理展商和观众数据，主办方能够运用数据分析和智能推荐技术，匹配观众（或买家）与展商之间的需求。这种匹配机制可以促进买卖双方更高效、精准的对接，为展商创造更多的商业机会。

3. 获得数据洞察、提供个性化服务

通过数字化系统，主办方可以更有效地收集、存储和分析展商数据，从而获得关于参展行为和偏好的深入洞察。通过数字化工具，主办方可以为展商提供更加个性化的服务，如定制的展商页面、针对性的营销推广等。

4. 衡量参展投资回报率

数字化平台可以以直观的数据实时动态衡量展商参展的营销获客数据，从而帮助展商直接评估参展的投资回报率。投资回报率是评估展商参与活动或贸易展览会有效性的关键指标。如果展商认为他们的投资没有得到足够的回报，他们可能不会再次参加。此外，展商的参与对于增加主办方的活动收入也非常重要，没有他们的参与，主办方举办本次活动可能会失去重要的收入来源。

第二节 展商管理数字化

基于展商管理的数字化涉及对数量众多的展商的信息采集和服务交付，业务流程长，覆盖从展位预订和销售到展商服务交付的全方位流程管理，因此，需要通过一站式集成的数字化平台来实现数据的实时更新、流程的自动化处理以及个性化服务的提供。本节主要针对展前的管理内容，且以线下实体展会的管理为主进行阐述。展商数字化管理的核心包括展位预订与销售管理、展商注册信息的审核，以及围绕展商权益进行的忠诚度计划管理。在实际业务中，鉴于B2B服务的特殊性，展位预订和展商注册分别属于两个前后关联又相互独立的业务流程。

一、展位预订与销售管理

展位预订与销售管理是会展管理中的一个关键环节，涉及展位的选择、预订、购

买,以及后续的一系列服务。

(一)展位预订的概念

展位预订通常指的是展商根据自身需求,选择合适的展位并进行预留的过程。这个过程可能涉及展位的布局、大小、位置、价格等因素的考量。主办方可以以向展商开放参展申请或在线展位预订的形式来采集展商提交的信息,经过初审和交流确认之后,展商再支付费用锁定展位。

(二)展位预订的流程

展商预订的核心是预订展位,因此,业界通常把展位预订与展商预订等同起来。作为主办方,通过数字化渠道管理展位预订与销售的流程如图9-4所示。

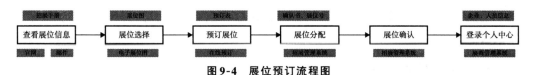

图9-4 展位预订流程图

1. 展位信息发布

主办方通过官方网站或相关平台发布展位信息,包括展位的布局、大小、位置、价格等,提供在线提交预订的入口。

2. 展位选择与预订

展商根据自己的需求和展位图的可售卖状态,在线选择合适的展位,或直接提交预订申请。

3. 预订确认

主办方审核展商的预订申请,确认展位信息后,向展商发送预订确认通知。

4. 合同签订

双方就展位的具体事宜签订合同,明确权利与义务。随着数字化的程度提高,合同可以在线确认和签订。

5. 支付与发票

展商按照合同约定,通过银行转账或者在线支付展位费用,主办方提供相应的发票。支付和发票申请也可以通过在线方式完成。

6. 展位分配

主办方根据合同和支付情况,最终确定展位分配,更改展位图的预订状态,并通知展商开展下一步的展商注册流程。

(三)展位预订的信息采集

在展商预订的过程中,信息采集是至关重要的一环,它有助于主办方了解展商的具体需求,方便主办方进行下一步沟通或直接确定需求,缩短沟通环节,提高招展效率。在预订阶段,展商提交的信息不宜太多,因为后续在展商注册过程中会进一步完善,以下是一些关键信息的采集点。

1. 公司信息

公司信息,包括公司的全称、注册地址、联系方式、主要业务领域等,这些信息有助于主办方了解展商的业务范围和需求。

2. 联系人信息

联系人信息,包括展商的联系人姓名、职位、联系电话、电子邮件地址等,以便在预订过程中、后续沟通中能够及时联系到相关负责人。

3. 展区选择

展商可能对特定的展区有偏好,如根据产品类型或行业分类的展区,主办方需要采集展商希望预订的展区信息。

4. 展位规格和需求

展商可能对展位的布局、大小、位置等有特定的要求,这些信息对于主办方进行展位分配至关重要。

5. 参展目的

了解展商参展的主要目的,如推广新产品、寻找合作伙伴、市场调研等,可以帮助主办方为展商提供更有针对性的服务。

6. 参展产品信息

展商计划展出的产品或服务信息,包括产品类别、特点、是否有特殊展示需求等。

7. 发票信息

展商提交开票信息,便于主办方开具发票或在线申请发票。

8. 附加服务需求

展商可能需要额外的服务,如运输、搭建、电力供应、网络连接、宣传资料印刷等,这些信息可以提前采集,以便主办方做好相应准备。

通常而言,主办方需要收集的信息应当是精炼而必要的,展商预订界面填写信息页面不宜超过1页,以便于快速处理预订请求并为后续的展商注册流程打下基础。通过这些信息的采集,主办方可以更准确地了解展商的需求,为展商提供更加精准和个性化的服务,同时也为展会的顺利进行打下良好的基础。数字化的信息采集系统可以大大提高这一过程的效率和准确性。

(四)展位预订的数字化系统

数字化工具在展位预订与销售中发挥着重要作用,以下是一些常见的工具。

1. 在线预订系统

在线预订系统允许展商在前端在线查看展位、选择展位、提交预订请求,由主办方审核确认之后进行支付,或根据预订条款直接支付。

2. 客户关系管理系统

客户关系管理系统可以帮助主办方管理展商信息,跟踪预订状态,维护展商关系。

3. 招展管理系统

招展管理系统可以帮助主办方提供展会立项、展位规划、展商预订、展位分配、展位确认、财务收支状态管理。

通过这些数字化工具,展位预订与销售流程可以变得更加高效、透明,对用户更加友好,同时也为主办方提供了更好的数据支持和决策依据。随着数字化的发展,主办方通常使用集成化的系统来处理销售、预订、注册和审核等各个阶段的工作。在数字化的时代,提供一站式的全流程的整合服务,在一个平台来完成参展旅程管理是必然趋势。因此,上述工具和系统与展商注册审核、展商服务系统的集成已是大势所趋,可以解决系统割裂、数据不同步等问题。

(五)在线展位图的应用

随着信息化程度的不断提升,主办方需要使用可视化的系统工具帮助提高展位预订效率,因此,在线展位图在展位预订中得到了广泛的应用。相比传统电子版的展位图,在线展位图具有以下优势。如图9-5所示,为某在线展位图示例。

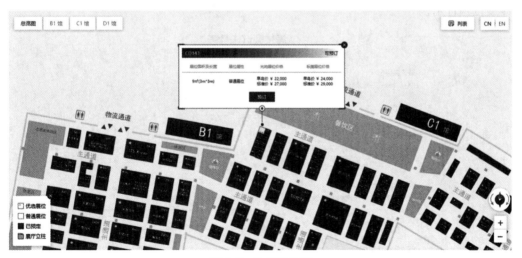

图9-5 在线展位图

视频

电子展位图案例

1. 实时更新、动态调整

在线展位图可以实时更新展位的预订状态,确保所有潜在展商都能看到最新的展位可用性。主办方可以根据预订情况和反馈,动态调整在线展位图的布局和展示方式,以优化招展效果。此外,预订状态支持展位销售人员与财务人员之间协同管理,提高外部沟通和内部管理效率。

2. 互动体验、促进下单

通过在线平台，展商可以轻松浏览展位图，选择心仪的展位，并在线提交预订请求。在线展位图可以作为展商决策的辅助工具，帮助他们了解展会布局和展位分布，做出更明智的选择。

3. 视觉吸引、决策辅助

在线展位图可以通过高亮显示、放大或特殊标记等方式，突出展示热门或推荐展位，以及预订状态（如已售出、临时锁定、可预订）。

4. 突出品牌、激励竞争

在线展位图应突出企业品牌形象，利用数字化展示手段提升品牌识别度。主办方可以通过在线展位图向特定企业展示竞争对手的预订情况，激发企业的紧迫感，促使其快速做出决策。

5. 宣传工具、客户互动

参展企业可以利用在线展位图进行宣传，通过社交媒体、邮件营销等方式，提前向客户和合作伙伴展示自己的展位。在线展位图可以链接到企业的社交媒体页面或产品信息，促进与客户的互动和沟通。

在线展位图作为展位营销的一部分，通过数字化手段，不仅在展前为展会的展位预订和管理提供了高效、透明和用户友好的预订解决方案，同时也为展会期间的品牌展示、互动营销和观众导览、导航等功能提供了便捷的观展体验。如图9-6所示，为在线展位预订示例。

图9-6 在线展位预订示例

二、展商注册与参展管理

展商注册与参展管理是会展管理流程中的关键环节,它确保了展会的顺利进行和展商信息的准确性。

(一)展商注册的概念

展商预订确保了实体展位空间的预留,而展商注册则为组织者提供了关于参展公司及人员的必要信息,这两个过程对招展工作非常重要。展商预订更多关注于展位的物理空间分配,而展商注册则涉及展商信息的记录和管理,以及为展商提供活动参与所需的各种服务和资料。

展商注册通常是发生在展商已经成功预订并支付展位费之后,展商为了参加展会并获得权益和服务而通过登录展商中心向主办方在线提供必要的信息,包括公司信息、会刊信息、参展产品信息、参展联系信息、证件需求等,以便于主办方对信息和内容进行审核确认,从而对展会进行统筹规划和管理,做好服务交付准备。

(二)展商注册的流程

展商注册是展商在成功预订展位并支付展位费后,通过登录展商中心向主办方提供必要信息的过程。如图9-7所示,为展商注册的一般流程。以线下参展为例,该流程通常包括以下几个步骤。

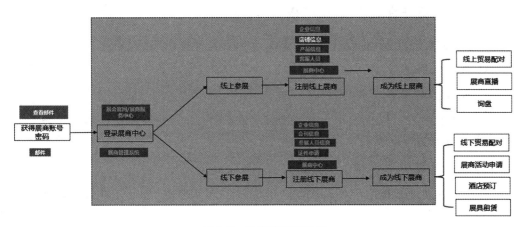

图9-7 展商注册流程图

1. 注册入口

主办方提供在线注册平台,展商可以通过此平台提交注册信息。

2. 信息填写

展商根据要求填写包括公司信息、公司Logo、参展产品信息、参展人员信息等在内的必要信息,如果在展位预订阶段已经填写过,系统可以自动回填。这些信息通常会在展会官网的展商列表进行显示。

3. 证件申请

系统根据展商的等级或权益计算可以免费获得的证件数量,超出部分展商可以在线申请并支付证件费用。

4. 服务选择

展商可以根据自身需求选择额外的服务,如展位搭建、物流、宣传等,这部分的需求通常由主办方委托主场服务商来提供。

5. 信息提交

展商完成信息填写后,提交给主办方进行审核。

6. 信息审核

主办方收到展商提交的信息后,需要进行审核,以确保信息的准确性和完整性。审核过程通常包括:核对展商提供的信息是否准确无误,包括公司信息、参展产品信息等;审核参展人员的资格,确保参展人员符合展会的要求;确认展商选择的额外服务,并与展商沟通服务细节。对于信息不完整或有误的情况,及时与展商沟通并要求其修改。

值得注意的是,线上展览或线上展览平台的展商注册流程提交的信息会更多,需要审核的内容也更多,如展商的展商店铺页、在线展位搭建、产品详情及上架下架管理、直播管理等。

视频

展商管理与服务操作演示

(三)展商注册的数字化系统

为了提高展商注册与审核管理的效率,主办方通常会使用数字化系统来支持这一流程,包括以下内容。

1. 在线注册平台

在线注册平台可以提供用户友好的在线注册界面,方便展商快速填写和提交信息,以便主办方进行审核。

2. 展商数据管理系统

展商数据管理系统用于存储和管理企业信息、参展信息,便于主办方进行审核和跟踪。

3. 数据分析工具

数据分析工具可以帮助主办方分析展商数据,优化展会服务和提高决策质量。

4. 沟通工具

沟通工具,如电子邮件、即时通讯等,用于主办方与展商进行有效沟通。

5. AI 审核

对于展商和展品数量庞大的项目,主办方会接入人工智能审核系统。比如,腾讯的"天御"内容安全审核系统,审核展商提交的文本、视频和图片符合法律法规的需求。

在展商预订、审核、合同与支付管理、展商注册管理一体化趋势下,集成化的系统成为必然选择,主办方可以在一个系统平台内管理展商业务和需求的各个流程。通过上述流程和工具,展商注册与审核管理可以变得更加高效、准确和便捷,为展会的成功举办奠定坚实基础。

三、展商数据管理

(一)展商数据管理的功能

展商数据管理主要通过数据库列表的形式来管理展商账号、权益、标签、忠诚度计划等,包括以下内容。

1. 批量操作

主办方可以批量导入所有的展商信息,并在此平台进行统一管理。也就是说,这一模块的数据都是主办方录入或导入的。此外,主办方也能在此模块进行批量群发消息、发送口令等操作。

2. 标签管理

主办方可以对展商进行精细化的标签管理。例如,可以明确哪些展商是在线上展览平台展示的,哪些展商是参与线下展会的。这些标签不仅有助于主办方更好地了解展商的情况,还能为未来的合作和决策提供有力支持。

3. 权益包绑定

展商列表还与展商的权益包紧密相关。例如,当展商申请一定数量的证件时,展览云将其与展商权益包进行绑定,并在展商列表中完成相关操作。这些设置和流程都是为了确保展商管理的严谨性和高效性。

4. 忠诚度计划管理

展商列表管理的高阶应用功能还可以引入国际同行比较认可的展商忠诚度计划管理。

(二)展商忠诚度计划管理

在当今竞争激烈的会展行业中,展商的忠诚度对于展会的长期发展至关重要。为了培养和维护这种忠诚度,数字化的展商忠诚度计划成为一种有效的策略,特别是通过积分奖励计划给予展商获得优先选择展位位置、获得预订优惠折扣等奖励,目的是激励展商重复参展,增加展商参展黏性和对展会的认可。通过利用现代技术,展会主办方可以更精准地跟踪展商的参与度,提供个性化的服务,并激励展商的持续参与。展商忠诚度计划示例如表9-1所示。

表 9-1 展商忠诚度计划示例

积分类别	积分规则	积分价值（每分）	兑换选项（示例）
最近性(Recency)	过去3年内的参展行为，每年参展获得100分，不累计	1:1	积分可用于下一年展位预订的优先权
重复性(Reoccurrence)	每连续参展一年，获得200分	1:1	积分可用于下一年展位预订的优先权
收入(Revenue)	每3(m)×3(m)展位获得100分，赞助、推广和广告支出每5000元获得100分	1:1	积分可用于下一年展位预订的优先权或展位预订折扣
合作伙伴关系（Partnership）	帮助推广展会和吸引观众的展商，根据推广效果获得额外积分（如成功吸引10名新观众获得50分）	1:1	积分可用于下一年展位预订的优先权
特殊贡献	对于特殊贡献，如提供讲座、研讨会或特别展示，每次可获得额外积分（如100分）	1:1	积分可用于下一年展位预订的优先权

从更广泛的意义上来讲，忠诚度计划其实就是游戏化思维在会展行业中的应用，即游戏有目标、有挑战、有规则、有奖励，游戏玩家有身份标签、有威望值、有特权、有积分。通过上述这些策略，展会主办方可以有效地利用数字化工具来提高展商的忠诚度，从而推动展会的成功和持续发展。

四、展团管理

展团，即展商联合体，是由多个具有共同主题、行业背景或地域特色的展商组成的专区，通常由政府机构、行业协会或大型企业牵头，将一群有共同目标和兴趣的展商聚集在一起，共同展示其产品或服务。

在大型展览中，常见的有地方展团、境外展团参展。主办方需要获得展团负责人的协助帮助管理展商。通过展团管理实现分布式管理，可以将原本集中在主办方的统一管理任务分散到各个展团，由展团来协助管理旗下展商的参展事宜，包括展位分配、证件发放、企业和展品信息审核等，从而减轻主办方的工作量。此外，展团负责人熟悉旗下展商背景和需求，可以通过管理系统更快速、更灵活地响应展商的需求。展商也可以直接与展团负责人进行沟通，获得更个性化的服务和支持以及良好的参展体验。

展团中心作为展团负责人的一站式管理平台，集中了展团信息维护、展商企业管理、参展证件申请、产品展示、活动安排、邀请入驻、观众邀请、账号权限控制等全方位功能。通过展商列表、企业信息、证件管理、产品管理等模块,展团可以高效组建和管理旗下展商团队,维护展商资料信息完整性;通过展团小站、展团信息等可个性化定制展团品牌形象;通过活动日程、邀请管理等可规划参展活动,持续扩大展团影响力。展团中心为展团提供了一站式的参展管理和服务支持,赋能展团高效组建队伍、优化流程、扩大影响力,最大化展团的参展价值和效益。

展团可以全面查看并管理旗下展商的参展信息,包括参展状态、参展面积等关键数据(见图9-8)。

展团可以审核旗下展商在展商小站的企业信息,确保信息的准确性和完整性(见图9-9)。

展团可以管理旗下展商的证件申请内容,包括新增、导入、编辑和导出功能(见图9-10)。

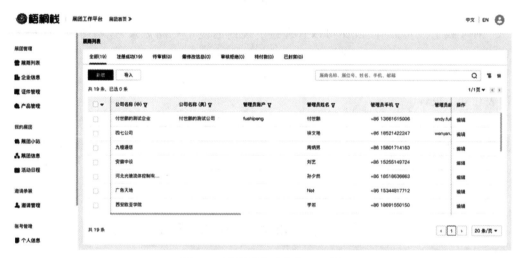

图9-8 展团展商列表管理示例

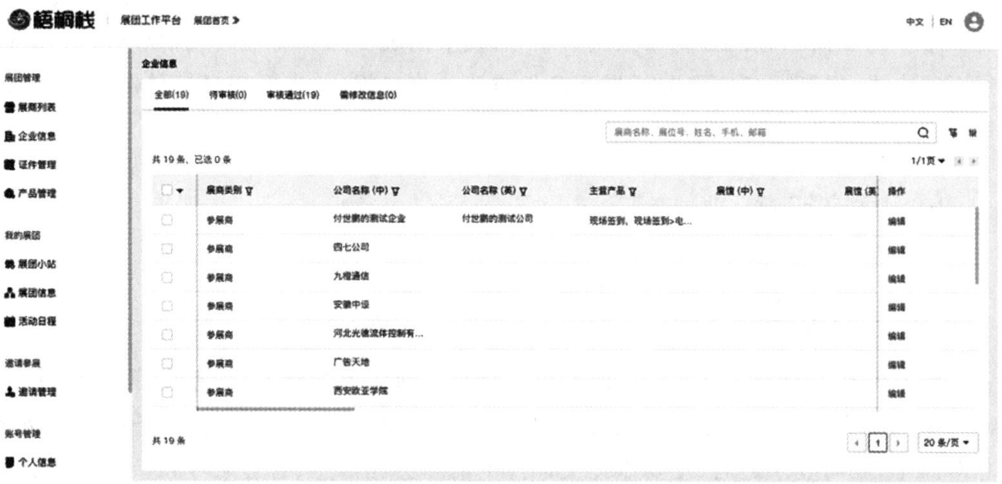

图9-9 展团企业信息管理示例

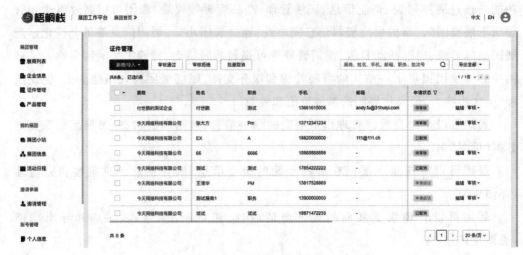

图 9-10 展团证件管理示例

对于线上展览而言,展团可以管理旗下展商的线上产品记录,包括新增、编辑、设置分组、上架或下架、删除等功能。

展团可以实时查看各项数据,包括展商数量、产品数量、观众互动等,并生成数据图表和展后报告。

通过这种分布式管理,展团不仅能够提高自身的管理效率,还能帮助主办方提升整体展会的组织和管理效率,实现资源共享、品牌联合推广,以及市场影响力的最大化。

第三节 展商服务数字化

展商服务主要是从展商获得参展资格后,登录展商服务中心可以申请的服务内容。本节的展商服务内容将聚焦线下服务,线上的展商服务将在后续章节中讲述。在线下展会中,展商服务主要包括展商证件申请与信息提交,以及现场证件领取、线索获取等内容。

一、展商服务

(一)展商服务中心

展商服务中心是主办方为展商提供的端到端的线上服务平台,它支持展商在展览活动中通过登录线上服务中心进行自助式的管理和服务。此前,展商服务中心的功能相对简单,展商登录之后,主要以提交证件申请和会刊信息、管理账号和参展人员信息为主。随着数字化的不断深入,展商服务不断精细化,特别是包含了线上与线下的展商服务和管理一体化,需要提供更综合性的一站式服务入口。在此背景下,展商服务中心向复合型的、一站式的展商工作平台开始演化,变成了展商服务门户。在展商服务中心,展商可以申请参展服务、主场服务和商旅服务。

展商服务中心的价值主要体现在以下几个方面。

1. 个性化体验

展商服务中心是专为不同权益的展商配置的界面,包含了与展商参展相关的核心信息、服务和工具。

2. 集中化的服务

展商服务中心作为一个集中的平台,可以在这里管理所有与企业参展相关的人员和账号,提交参展信息、服务需求,是获取和预订各类服务资源的统一入口,也是开展商机对接业务的工作平台。

3. 数据和业务协同

展商服务中心通常与后端系统集成,允许展商通过一个界面管理多个服务和应用程序,如访问买家数据库、访问线上平台、开展买家配对和预约洽谈;也支持与第三方提供主场服务和商旅预订服务的集成,减少展商多次注册和提交信息。

因此,在会展行业数字化和服务不断深化的背景下,展商服务中心可以作为展商自助服务和参展管理的枢纽,让展商能够轻松管理参展信息、证件申请、日程安排、商机互动等,从而提升整体的参与度和满意度。

(二)参展服务项目

参展服务是展商参展的基础服务,为展商提供了必要的支持和便利,确保展商能够提交基本信息、人员信息以及证件信息,满足展商展示和提交的基本需求。

1. 证件申请

在数字化时代,展览管理平台可以根据展商权益和展位面积等计算规则,自动计算展商可获得的免费证件数量,展商可以登录展商服务中心填写参展人员信息申请证件。当展商需要申请额外的证件时,也可以在线购买或申请。对于高规格的政府大会,往往需要同时提交参展人员个人身份证信息、照片信息进行多级在线审核,审核通过后,展商工作人员可以获得参展确认函,在展会现场领取实体证件。

2. 会刊信息提交

展商可以登录展商服务中心,填写企业信息用于主办方制作会刊。会刊需要采集的信息通常包括参展企业的名称、企业Logo、企业简介、产品信息、联系方式等。会刊信息一般会提示明确的截止日期,确保所有信息能够及时包含在会刊中。在截止日期之前,展商可以预览他们的会刊信息,还能进行编辑保存。会刊信息主要用于主办方对外出版的实体或电子会刊,也可以对接展会网站的展商目录,对外展示。会刊信息还可以与在线展位图进行链接,当观众访问在线展位图时,可点击查看展商基本信息。

3. 楣板信息提交

楣板信息主要是企业的中英文名称（全称）、展位号、企业Logo等基本信息。展商可以登录展商服务中心，通过固定格式的在线表单填写楣板信息。主办方可以自行审核或委托主场服务商审核楣板信息，确保其符合展会的品牌形象和展示标准。主场服务商将根据展商提交的信息和设计制作楣板，并在展会开始前负责安装。

4. 订单和发票申请

展商可以登录展商服务中心，查看购买的证件订单、商品和租赁订单，并在线申请开具发票，系统可以对接第三方电子发票平台，实现发票申请和开具一体化、自动化。

（三）线索服务

线索服务是指主办方帮助展商或赞助商收集大型B2B贸易展会和商业会议中的观众及参会者数据，获得潜在商机的服务。因此，线索服务是展商参展的核心服务。主办方向展商提供的线索服务分为线索检索和线索捕获两种类型。

1. 线索检索

检索（Retrieval）是从已储存的数据库中索取、找出所需要的信息的过程，亦称"提取"。因此，线索检索（Lead Retrieval）是指展商使用活动主办方提供的设备（或登录展商中心的移动端）扫描观众证件或观众个人中心的二维码，自动获取观众的身份和联系信息，观众数据会实时同步在展商服务中心的线索数据库进行存储，便于后续孵化使用。

通过线索检索工具，会展主办方可以帮助展商快速获得线索数据，提高交换名片和数据录入的效率，但展商对收集的数据字段和类型有有限的控制权。例如，在线索数据库中简单搜索、查看、手动添加标签或备注，以及直接导出或与自己的CRM或营销自动化系统进行对接。展商不能提前自定义可以采集的观众数据字段，在线索数据库也无法直接向观众发送消息通知。

2. 线索捕获

线索捕获（Lead Capture）是指展商自己直接收集参与者信息，通常使用自己的线索捕获表单或营销获客应用程序。线索捕获让展商获得更多观众数据的控制权，因为展商可以定制问题和观众的信息采集字段，使其更加符合他们的业务需求。比如，展商在展台举办营销优惠活动，吸引现场观众扫码注册、领取奖品、参与抽奖、关注公众号等。

当然，在会展数字化中，主办方也可以向展商提供工具来实现线索捕获。比如，展商使用主办方提供的预约服务、展商活动等服务，展商可自主设定报名表单字段，捕获高潜质客户。使用主办方的线索捕获工具的好处一是流量，二是体验。因为主办方向展商贡献了展期的存量观众数据流量，已注册展会的观众也只需一键报名即可参加展商的活动。

如表9-2所示，展示了线索检索与线索捕获的区别。

表9-2　线索检索与线索捕获的区别

特性	线索捕获	线索检索
定义	收集潜在客户信息的过程	活动中使用设备扫描参与者信息的过程
目的	收集对产品、服务或展商活动感兴趣的潜在客户信息	高效收集与展商互动的观众和参会者的详细信息，以便迅速跟进
方法	网站表单、落地页、社交媒体互动、二维码等	展商或赞助商使用手持设备（含参展小程序的移动端）扫描观众和参会者的证件、二维码，自动识别并记录观众数据
场景	线上与线下的市场营销和销售活动	大型B2B贸易展会和会议
工具和技术	可自主管理和定义报名表单、落地页、社交媒体广告、电子邮件营销工具	依赖主办方提供的胸卡扫描器、线索检索应用程序、RFID/NFC技术、线索数据管理，灵活性较弱
数据收集	收集感兴趣观众的初步信息，如活动报名数据、表单填写数据等	可以收集观众和参会者的联系信息，在线索数据库中对这些数据进行标记和备注，有助于后续孵化跟进
目的和用途	建立潜在客户数据库，用于进一步的市场销售	在活动期间，快速捕获详细信息，以促进迅速跟进

（四）展商活动申请

作为对展商的增值服务或权益，主办方鼓励展商在展期举办自己的活动。展商可以登录展商服务中心创建并发布多个展商活动，如产品推介、项目案例、优惠活动等。展商可以设定为线下活动、直播和在线会议三种形式，让自己的活动形式满足不同的参与方式和活动目的。

通常，展商发布的活动需要经过主办方审批通过后才可以作为官方推荐的活动，并以展会日程、同期活动等形式在会展官网门户的PC端和移动端进行显示，吸引观众和参会者报名参加。观众可以收藏/关注这些活动，关注之后，观众的个人中心可生成个人日程。如图9-11所示，为第109届糖酒会同期会管理示例。

可以说，展商活动是一种特殊形式的线索捕获，展商活动赋予了展商一定的自主性，丰富了展会的活动类别，让展商、主办方共享展商活动的流量和数据。

图 9-11　第 109 届糖酒会同期会管理

二、商旅服务

商旅服务是由主办方或委托第三方平台专门为展商（含观众和参会者等群体）提供的在线商务预订服务，这些常见的商旅服务包括交通预订、住宿预订、餐饮预订等。商旅服务在提升会展商旅客人的服务体验的同时帮助主办方将展会的流量转化为增量收入。此外，会展商旅服务也是建设智慧会展生态的基础。可以以共生、共享为理念，打造以会展目的地为核心的会展生态圈，让展会的商旅流量惠及周边商旅文生态。

商旅服务的核心内容包括但不限于以下几个方面（见图 9-12）。

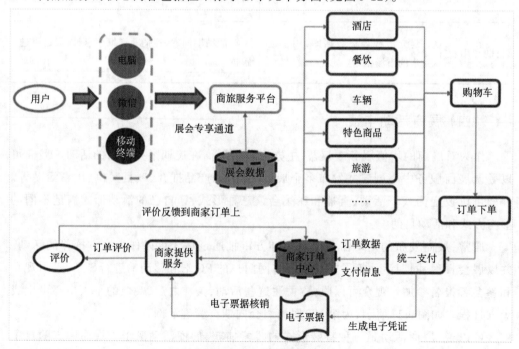

图 9-12　商旅服务示例

（一）住宿预订

住宿预订，即提供会场周边酒店的预订服务，包括不同档次和价格的住宿选择。

（二）餐饮安排

餐饮安排，即提供餐饮预订服务，包括会议期间的早餐、午餐、晚餐以及茶歇。

（三）交通服务

交通服务，即提供从机场、车站到会展场馆的接送服务。

（四）特色商品预订

特色商品预订，即目的地特色文创产品、土特产的在线预订。

商旅服务可以直接由主办方提供，展商可以在展商服务中心进行在线预订。随着会展生态概念的发展，一些场馆方为了激活场馆流量，也开发了平台化的商旅预订系统，服务全年期间的商旅客户。特别是某些餐饮和酒店住宿服务在场馆方自营的情况下更具优势。商旅服务平台支持第三方商家的入驻，平台运营方提取交易佣金。如图9-13所示，为青岛国际会展中心商旅预订小程序。

除了以上服务，还有主场服务。由于主场服务不是主办方的核心服务内容，且主要由第三方主场服务商提供，其数字化服务逻辑和功能不再展开阐述。

图9-13　青岛国际会展中心商旅预订小程序

思考与练习

1. 研究国际会奖旅游展美国展（IMEX America）为展商提供了哪些数字化服务，分别提供了哪些价值。

2. 线下展会与线上展览的展商服务类型和商业模式有哪些不同？由此带来的数字化服务工具有哪些异同？

3. 为什么主办方需要使用数字化工具鼓励展商做活动？

第十章 现场交付管理

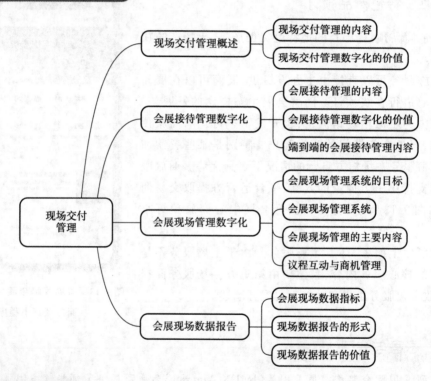

本章思维导图

关键词

- 会展现场交付
- 会展智慧接待
- 现场管理数字化
- 现场互动数字化

学习目标

- 1.了解会展现场交付管理的概念,知晓会展现场交付管理数字化的内容和价值。
- 2.理解会展接待管理系统,能够规划智慧接待系统,掌握智慧接待的业务流程和任务。
- 3.了解会展现场管理数字化的流程与功能,熟知会展现场智能证件、签到与门禁方式。

- 4.理解会展现场互动的数字化,知晓人与人、空间、内容的互动方式。
- 5.掌握会展现场数据报告的指标选取、撰写、呈现方式和应用场景。

引导案例

第四届中国国际消费品博览会证件中心案例

中国国际消费品博览会(简称"消博会")是全国首个以消费精品为主题的国家级展会,由商务部和海南省人民政府共同主办。该展会不仅是海南自贸港建设总体方案中提出的重要项目,也是中国较高规格的展会。2024年4月13日,第四届消博会在海南海口开幕,并持续至4月18日。

一、证件中心规划与管理

1.证件中心规划设计配置

第四届消博会对证件中心进行了周密的规划、设计和部署,除了独立的证件管理、制作、分拣、领取空间规划和配备,还建立了完整的软硬件制证系统、设备和服务体系。针对不同类型的证件,配备了充足的制证设备,以满足每日最大高峰需求。比如,PVC制证机20台,负责主要参展参会人员证件制作,日产能达4320张/8小时;软卡制证机3台,专门处理保安类、服务类等证件,日产能8640张/8小时;同时,配备车证打印机1台,日产能960张/8小时。通过设备的合理配置,确保了证件制作的及时性和效率。

2.证件中心制证管理

证件中心采用全流程数字化管理模式,建立了从数据接收到证件制作的完整工作链。系统自动处理"背审"通过的数据,并按照邮寄、现场自助领取、现场制证等不同方式进行分类处理。制证过程中,采用清单制作、双重核验的方式确保证件准确性。针对高峰期可能出现的制证压力,建立了包括加班机制、设备扩充预案在内的多层次应急方案,最大限度保障制证工作的顺畅进行。

3.发证管理

发证管理包括寄送发放、智能柜取证和现场领证。

邮寄发放:实现了系统自动生成快递单号、智能打包和异常地址处理的全程自动化操作。

智能柜取证:采用身份识别技术实现自助取证,极大地提升了发证效率。

现场领证:通过智能叫号、多重身份核验等手段,确保了证件发放的安全性和便捷性。

二、展会现场门禁管理

消博会在场馆设置了7个智能化门禁点,每个门禁点都配备了智能人脸识别闸机、RFID门禁设备和手持PDA设备等多种验证工具。通过智能化设备的综合应用,实现了人员快速准确验证、实时数据同步和多渠道核验的门禁管理体系。特别是在人流密集区域,通过科学的通道规划和智能化设备的合理布局,有效提升了通行效率。

视频

现场交付管理:第四届消博会证件中心案例

图10-1为门禁点方案示例。

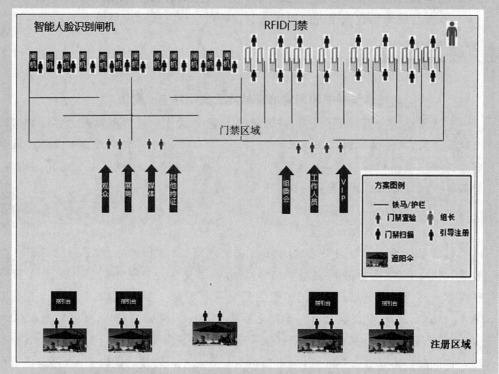

图10-1 门禁点方案示例

第四届消博会的现场交付管理的证件中心管理与服务案例通过智能化证件中心和门禁管理系统、设备、流程优化和服务保障,实现了高效的身份验证、制证、领证和人流高效管理。这不仅提高了证件处理的效率,降低了现场人员拥堵风险,还保证了现场安全和观众体验。这种模式为未来会展行业的数字化转型提供了宝贵的参考。

请思考:

1. 哪些证件类型适合提前邮寄?如何平衡证件管理成本与用户体验?
2. 智能柜取证流程相比传统人工发证有哪些优势和挑战?
3. 面对大规模的现场人员,在平衡效率与安全性的基础上如何优化现场领证流程?
4. 应急预案在现场管理中扮演了什么角色?除了本案例提到的应急预案,你还可以想到哪些?
5. 数字化时代,如何确保老年观众等数字化适应能力较弱群体的参展体验?

第一节 现场交付管理概述

现场是会展活动的重中之重,作为主办方,需要以参与者为中心,围绕活动参与者参与线下活动的行程和议程提供交付服务。与此同时,随着物联网、人工智能等前沿技术的融入,传统的线下会展服务模式正在被重新定义,本章将深入探讨会展现场交付管理的数字化,这不仅仅是数字化服务流程的优化,更是一场以用户为中心的数字化体验创新。

一、现场交付管理的内容

狭义的现场交付管理更专注于会展活动期间的服务,主要是指展会现场的一系列服务流程,如注册、签到、证件和门禁管理、现场互动等。随着数字化服务能力和级别的提升,主办方可以提供的现场交付管理是一种全面的服务流程,它涵盖了会展活动从参与者到达现场直至活动结束的每一个环节,这一过程不仅要求主办方对活动有深入的了解和精心的策划,还需要运用现代数字化工具和方法,以确保活动的顺利进行和参与者的高满意度。因此,本章讲述的现场交付管理是广义的概念,这一管理过程不仅涵盖了传统的接待管理和现场管理,还包括利用数字化工具促进会展期间的议程互动和商机撮合服务。

图10-2为现场交付管理概览图。

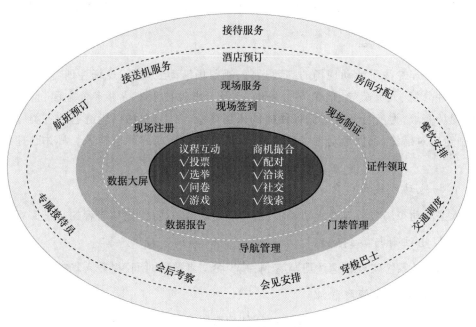

图10-2 现场交付管理概览图

(一)接待管理

提供个性化的接待服务,包括交通、住宿和餐饮安排,除了按照对外承诺提供的公共接待管理,还包括VIP个性化服务以及用户在线预订的定制化服务,以确保参与者从一开始就感受到贴心的关怀,确保参与者在活动前能够顺利到达并妥善接待。以参与者为中心,接待管理包括以下服务内容。

1. 接待标准管理

根据嘉宾接待等级,设置不同的接待标准,将嘉宾的接待等级与接待标准进行关联。

2. 接待员管理

根据接待员的专长和经验,合理分配接待任务,包括嘉宾接待、信息查询,实现接待员与主办方之间的实时沟通,确保接待信息的及时传递和接待任务圆满实现。

3. 酒店与客房分配管理

通过系统提前收集参与者的住宿偏好和特殊需求,根据需求和酒店资源,合理分配房间,并提供房间选择的灵活性。

4. 交通用车安排管理

根据会展日程和参与者需求,提前规划交通行程,包括接送机、会场与酒店间的往返等。使用GPS等技术实时跟踪车辆位置,及时调整行程,以应对交通状况变化。

5. 餐饮安排管理

提供多样化的餐饮选择,为嘉宾提前安排餐饮服务,嘉宾现场凭就餐码扫码就餐。

（二）现场管理

现场管理专注于活动现场的高效运营,涵盖场地动线规划、现场注册签到流程、制证与证件分发、人流疏导、门禁安全强化,以及全方位技术支持等多个方面,旨在迅速响应现场需求,为参与者打造流畅便捷的入场体验。针对现场可能遭遇的各类突发状况,制定应对措施,确保活动现场秩序井然,有力保障活动的平稳推进。具体管理内容如下。

1. 场地动线设计管理

依据活动布局与参与者流动需求,精心规划场地动线,优化参与者的行进路径。

2. 现场注册与签到管理

运用高效系统实现快速注册与签到,减少参与者等待时间,提升入场效率。

3. 制证与证件领取管理

及时制作参会证件,并提供便捷的证件领取服务,确保每位参与者凭证通行。

4. 人流控制管理

通过合理设置入口、出口及引导标识,有效控制人流,避免现场拥堵。

5. 门禁安全保障管理

加强门禁管理,采用先进的身份验证技术,确保活动现场的安全与秩序。

6. 技术支持管理

提供全面的技术支持,包括网络、制证、门禁等设备的维护与调试,确保活动顺利进行。

（三）议程互动

借助先进的数字化手段来执行活动的各项议程，极大地提升了议程的可获取性和互动水平。通过运用数字化工具，主办方能够组织现场投票、选举活动、问卷调查以及趣味游戏等多种互动形式，从而有效地促进参与者之间的交流、讨论与互动，创造出积极的活动氛围。这一系列举措旨在提升参与者的投入程度与满意度，确保他们能够从活动中获得更加丰富和深刻的体验。具体管理内容细化如下。

1. 议程数字化管理

利用数字化平台发布并实时更新活动议程，确保参与者能够便捷地获取相关信息，提高议程的可访问性。

2. 互动形式创新管理

设计并实施多样化的现场互动环节，如投票、选举、问卷和游戏等，利用数字化工具提升互动效果，促进参与者的深度交流与讨论。

3. 互动数据管理

收集并分析互动环节中的数据，了解参与者的偏好与反馈，为活动的持续优化提供有力支持。

4. 技术保障与支持

确保数字化工具的稳定运行，提供必要的技术支持与故障排查，保障活动议程与互动环节的顺利进行。

5. 参与感与满意度提升

通过精心策划的互动环节与数字化管理手段，营造积极向上的活动氛围，提升参与者的参与感与满意度。

（四）商机撮合服务

在会展活动中，可以发掘并利用潜在的商业机会，致力于为展商与买家搭建高效匹配的桥梁。主办方可以通过提供线下洽谈管理与名片交换服务，助力展商精准捕捉买家信息，挖掘商机。通过深入的数据分析，主办方可以帮助展商识别出潜在的商业合作机会，推动交易达成，最大化发挥展会的价值。具体管理内容细化如下。

1. 商业机会识别

在会展活动中，敏锐地捕捉并识别商业机遇，为展商与买家提供精准对接的平台。

2. 匹配与洽谈管理

基于展商与买家的需求与兴趣，进行高效匹配，并提供线下洽谈空间与流程管理，促进双方深入交流。

3.名片交换服务

提供便捷的线下名片交换服务,帮助展商与买家快速建立联系,为后续合作奠定基础。

4.数据分析与洞察

运用数据分析工具,深入挖掘会展活动中的商业数据,识别潜在商机,为参与者提供有价值的商业洞察。

5.交易促进与价值创造

通过一系列的管理与服务,推动交易达成,为参与者和主办方创造更大的商业价值与回报。

二、现场交付管理数字化的价值

现场交付管理的目标是通过这些综合服务,为参与者提供无缝、高效、个性化的会展体验,使每一位参与者都能从中获得最大收益。同时,为主办方和参与者创造更多的商业价值和交流机会。

(一)提高效率

引入数字化工具和智能系统,可以极大地减少对人力资源的依赖。例如,现场自助式注册和签到系统能够快速处理大量参与者的数据,而无须人工干预。智能化的行程规划和调度工具可以优化资源分配,减少参与者的等待时间,从而加快整个服务流程。

(二)增强体验

数字化不仅提高了效率,还通过个性化服务增强了参与者在现场的整体体验。比如,通过分析参与者的行为和偏好,主办方可以提供定制化的观展、参会内容推荐,满足不同参与者的特定需求。

(三)用数据驱动决策

数字化使得数据收集和分析成为可能,为主办方提供了宝贵的洞察力,帮助他们做出更加明智的决策。通过对参与者行为、服务使用情况和反馈数据的分析,主办方可以不断优化服务和活动策略。

(四)优化风险管理

通过实时监控和预测分析,数字化工具可以帮助主办方及时发现和应对潜在的风险与问题。这包括对活动流程的监控、对突发事件的快速响应,以及对未来趋势的预测,如根据预测的高峰人数优化签到通道和门禁通道数量,实现快速入场。

总之，数字化在现场管理交付管理过程中扮演着至关重要的角色，通过使用移动应用、数字会展平台、实时数据分析、智能硬件等软硬件技术，主办方能够更有效地管理现场交付的各个方面，提高服务的响应速度和质量，为活动参与者提供更加丰富和个性化的体验。

第二节　会展接待管理数字化

一、会展接待管理的内容

会展活动接待管理系统以数据为核心，为活动的主办方提供一个集中管理接待资源并服务会展参与者的工具。该系统通过接待级别设置、接待员管理、车辆管理、酒店分配、班车线路管理、接待任务分配和接待数据统计等功能，实现对接待管理的全面管理。它旨在解决传统接待工作中数据传输的时效性和准确性问题，从而提高接待工作的效率，提升客户满意度，并降低接待过程中的资源损耗。常见的会展活动接待管理的场景有三类：常规接待、贵宾接待、买家接待。

（一）常规接待

常规接待是会展活动中的基础服务，面向所有活动参与者，为大多数参与者提供基本的接待管理，确保他们都能获得必要的信息和支持，以便顺利参与活动。常规接待通常包括使用数字化系统工具预订穿梭巴士、住宿以及餐饮服务。此外，提供详尽的活动指南和紧急联系信息也是常规接待的重要组成部分，以确保参与者能够获得及时的帮助和指导。

（二）贵宾接待

贵宾接待是一种更为高端和个性化的服务，专为重要的嘉宾，如为VVIP嘉宾、VIP嘉宾和演讲嘉宾提供更为细致和个性化的接待管理，以体现对他们的尊重和重视。这种接待通常包括专属的接机服务、高级住宿安排、一对一的专属接待员、个性化行程定制以及特别的礼遇安排。

（三）买家接待

买家接待专注于为参与特定商业考察和买家配对活动的买家提供接待管理，此类接待管理通常包括买家注册、需求匹配、商务洽谈室安排、考察安排以及社交活动组织。通过这些服务，主办方可以帮助买家更有效地找到合适的商业机会和合作伙伴，促进交易的达成，并加快建立商业网络。

二、会展接待管理数字化的价值

会展活动接待工作面临的挑战包括综合性强、任务繁重且时间紧迫、信息同步不及时,以及资源浪费和客户满意度难以控制等。这些挑战要求组织者在行程安排、人员保障、车辆和酒店安排等方面进行高效协调,同时确保信息流通顺畅、资源合理分配,以提升客户满意度。为了提高接待管理的效率和质量,现代技术与工具的应用至关重要。接待管理系统可以帮助主办方高效地调配资源、分配任务并跟踪服务状态。

端到端移动应用为参与者提供了便捷的信息访问和行程管理工具,参与者可以实时在个人中心查询自己的行程信息和主办方在参会期间的吃、住、行安排。数据分析工具可以帮助主办方了解参会者的行为和需求,从而优化服务。

(一)对于主办方的价值

1. 数据协同,提高效率

接待系统为主办方提供了一个全面数字化的平台,通过数据共享和信息实时更新,显著提高了协同效率和响应速度。系统对接第三方行程管理工具,如飞常准和航班管家,确保了嘉宾行程的即时监控和调整。全流程数字化管理不仅使接待进度可视化,便于资源统筹协调,还通过移动设备便捷性,如小程序,实现接待数据的高效流转。

2. 资源管理,减少浪费

接待系统的集中资源利用监控功能有助于减少资源浪费,提高资源利用率,而接待数据统计功能则让主办方和接待员能够实时掌握接待进度。数字化工具的应用简化了接待流程,降低了使用传统工具(如Excel)的错误率,从而大幅提高了管理效率。

(二)对于嘉宾的价值

使用接待管理系统的嘉宾可以通过在线方式填写行程信息,简化数据收集流程,降低人工沟通的不及时和错误率高的问题。此外,嘉宾可以在线查看自己的行程和接待信息,一键呼叫接待员,从而提升满意度。

接待管理系统能够通过提供一个集成的解决方案,有效应对传统接待管理中的挑战,实现更高效、精准和个性化的接待管理,其核心价值在于为不同类型的参与者提供差异化服务,凸显数字化技术在提升接待管理质量中的作用。通过精心设计和执行接待计划,主办方可以确保每位活动参与者都能获得满足其需求的服务,从而提升整体的活动体验和满意度。

三、端到端的会展接待管理内容

随着技术的进步,数字化转型已成为接待管理的必然趋势,它通过优化流程、提高效率和加强个性化服务，为参与者带来前所未有的体验。图10-3为接待管理数字化的工作内容。

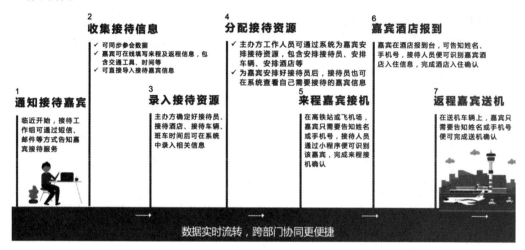

图10-3　接待管理数字化的工作内容

在接待管理的数字化业务流程中，主要关注三个核心角色的互动与协作：主办方（管理端）、接待员端（服务端，包括司机、导游等）以及嘉宾端（涵盖普通嘉宾和享有特殊服务需求的VIP嘉宾）。这三个角色相互配合，共同实现接待管理和服务的高效交付。接待管理数字化业务流程中三个核心角色的互动与协作如图10-4所示。

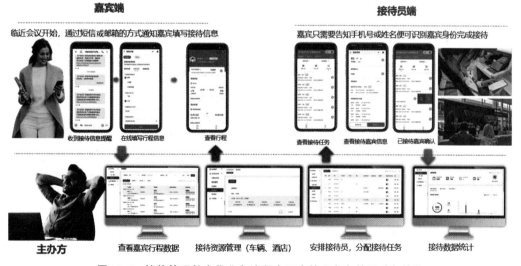

图10-4　接待管理数字化业务流程中三个核心角色的互动与协作

（一）主办方

主办方（管理端）作为整个接待流程的策划者和协调者，负责制定接待策略、分配资源和监控服务执行情况，利用先进的数字化工具，如在线注册系统、行程管理平台和实时数据分析，以确保接待工作的顺利进行和及时调整。

（二）接待员端

接待员端（服务端）作为服务的直接提供者，通过移动应用或专用设备接收任务分配，实时更新嘉宾状态，并根据嘉宾需求提供个性化服务。接待员的高效响应和专业表现直接影响着嘉宾的满意度和接待工作的成功率。

（三）嘉宾端

嘉宾可以通过用户友好的界面访问自己的行程信息、住宿安排和活动日程，享受便捷的自助服务和即时的沟通渠道。无论是普通嘉宾还是VIP嘉宾，都能通过这一流程获得必要的信息和支持，确保自己的参与既顺畅又舒适。

会展活动智慧接待主要是通过这三个角色在数字化接待管理流程中的具体职责、协作方式，以及如何通过技术手段提高整个接待管理的质量和效率。实际业务中，可以结合活动的具体需求进行调整。接待管理系统管理端、服务端和嘉宾端的任务与权益如表10-1所示。

表10-1 接待管理系统管理端、服务端和嘉宾端的任务与权益

角色视角	职责/任务	享受到的权益
主办方（管理端）	制定接待标准和流程； 分配和管理接待资源（如酒店、车辆、接待员）； 监控接待进度和质量； 收集和分析嘉宾反馈； 应对突发事件和调整计划	实时获取数据和统计信息； 拥有高效的资源管理和调度能力； 直接掌握嘉宾的满意度和反馈
接待员（服务端）	接收任务分配和嘉宾信息； 提供现场接待管理（如接机、送机、酒店接待等）； 确认嘉宾身份和状态； 应对嘉宾需求和问题； 记录和报告接待情况	获取的任务指导和信息； 拥有便捷的通讯和状态更新工具； 查看嘉宾反馈和评价
嘉宾端	提供个人信息和行程需求； 在线查看和更新个人行程与安排； 查看（联系）接待员，享受接待安排	获得个性化和及时的接待服务； 拥有便捷的信息访问和沟通渠道； 评价接待服务并提出建议

第三节 会展现场管理数字化

一、会展现场管理系统的目标

会展现场管理是一套综合性的服务流程,旨在确保会议、展览和其他大型活动的顺利进行。会展现场管理的核心目标是提供专业、高效、安全的服务,确保所有参与者获得优质的体验。会展现场管理系统是通过整合自助办证、门禁管理、签入签出记录以及展览区管理等多个模块,实现从参与者入场到离场的全流程数字化管理。通过数字化和智能化的现场管理,会展现场管理系统能够显著提升活动的专业性和参与者的满意度,是现代会展活动不可或缺的重要组成部分。图10-5为展会现场示意图。

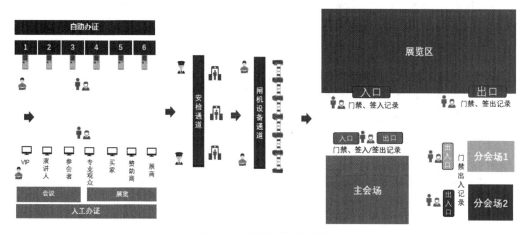

图 10-5 展会现场示意图

会展现场管理系统是确保会议、展览和其他大型活动顺利进行的关键工具,其价值主要体现在以下几个方面。

(一) 数据驱动决策

现场管理系统收集的大量观众数据可以用于分析参与者轨迹行为、完善观众画像、评估活动效果,为未来的活动规划和改进提供依据。通过数据统计和分析,主办方可以更精准地进行营销推广,同时利用系统的自动化功能加强信息传播与互动。通过对参会人数、签到情况等数据的实时监控,主办方能够更好地分配资源、降低风险、减少浪费。

(二) 提高效率

集成的软硬件解决方案简化了现场管理的复杂性,使得技术应用更加直观,对用户来说更加友好。自助式的现场注册、签到和数据管理功能减少了人力的需求,缩短了参与者的等待时间,提高了整体的运营效率。

(三)保障安全

通过身份核验和智能门禁系统,现场管理系统有助于确保只有授权人员进入特定区域,从而提高了活动现场的安全性。

(四)优化体验

全面、高效的现场管理系统展示了主办方的专业水平,提高了参与者对活动的信任感和满意度。个性化的提醒和通知服务,以及智能化的证件管理,提升了参与者的体验,使他们能够更专注于活动本身。

(五)增强互动和交流

使用智能证件,便于观众和展商识别对方身份,通过扫码交换名片,提高了他们的参与度,提升展商的参展投资回报。

(六)应对突发情况

在预测人流高峰等突发情况时,现场管理系统可以与预警主办方快速调整策略,减少风险和不确定性,确保活动能够安全举行。

(七)绿色办展办会

现场管理系统是支持环保的数字化解决方案,减少纸质材料的使用,符合可持续发展的理念。

会展现场管理系统通过这些价值提升,不仅为参与者带来了更加丰富和便捷的体验,也为主办方提供了强有力的运营支持,确保活动的成功举办。

二、会展现场管理系统

会展现场管理系统是一个综合性的技术平台,它通过集成软硬件工具,为会议、展览提供全面的现场注册、签到、证件办理和门禁管理等服务。

(一)会展现场管理系统的功能

会展现场管理系统通常包括现场注册、签到管理、证件管理、通知与提醒、门禁管理、数据统计与分析、技术支持与重保等功能模块,旨在优化活动流程,提升参与者体验,确保活动安全和效率,同时为主办方提供数据支持和运营决策的依据。

1. 现场注册

通过对接预注册模块、对接其他系统数据或提供现场注册、购票或报名,实现参与者基本信息、行程信息的在线采集。

2. 签到管理

支持静态和动态二维码、人脸识别、身份证等多种身份核验方式,快速准确地管理各类参与者的现场签到。

3. 证件管理

签到后,现场可以按需制作智能证件,支持现场发放或自助领取个人证件,确保证件的真实性和参与者的身份验证。

4. 通知与提醒

通知与提醒是指通过系统自动发送日程参会提醒、接待提醒、就餐提醒和参会感谢等。

5. 门禁管理

门禁系统是现场安全的核心,控制对各会议厅、展览区和其他限制区域的访问。门禁管理支持多种验证技术,包括二维码扫描、RFID芯片读取、指纹识别和人脸识别,以实现快速且安全通行。

6. 数据统计与分析

数据统计与分析,即对参会人数、签到人数、接待人数等进行统计,并提供数据留存和多维度分析。

7. 技术支持与重保

技术支持与重保是指根据现场人流和网络需求,依托稳定的软件系统、网络环境和专业的技术团队,同时加强网络安全保护,确保现场管理的顺利进行。

某会议现场管理系统人群的权益和管理方式示例如表10-2所示。

表10-2 某会议现场管理系统人群的权益和管理方式示例

人群分类	数据来源	人群权益	签到方式	制证与发证	进场方式
VIP	导入	接站、开幕式、所有分论坛	贵宾接待组负责签到	提前制证、专人代领	VIP专用通道
嘉宾	线上报名	开幕式、报名的分论坛	酒店报到台签到	现场制证	无障碍闸机通道
参会代表	线上报名	开幕式、报名的分论坛	酒店报到台签到	现场制证	无障碍闸机通道
媒体	线上报名	开幕式、报名的分论坛	酒店报到台签到	现场制证	无障碍闸机通道
工作人员	导入	按会场划分权限	指挥部签到	提前制证	无障碍闸机通道
志愿者	导入	按会场划分权限	指挥部签到	提前制证	无障碍闸机通道

随着数字化的发展,会展现场管理系统利用先进的信息技术,如人工智能、大数据

分析、移动应用等,提高了现场管理的智能化水平,优化了参与者的体验,提高了活动的安全性和效率。通过这一系统,主办方能够更有效地管理会展活动,而参与者则能够享受到更加流畅和个性化的服务。

(二)会展现场管理的数字化流程

会展现场管理的主要流程以人证核验为核心,确保权限管理和安全管理的高效执行。它通常开始于名单收集和身份核验,通过现场注册或预注册名单进行人员身份的核实,再利用RFID胸卡、二维码胸卡、通用胸卡、手环等智能证件和可穿戴设备与技术,结合静态或动态二维码、人脸识别等数字化签到认证方式,实现权限的精确控制。此外,通过扫二维码核验、手机号/姓名核验、人脸识别核验、身份证核验等手段,进一步提高安全性和便捷性。在人员进场时,使用二维码扫码进场、人脸识别入场、无障碍闸机进场、自助签到入场等技术,实现快速而准确的通行管理。整个流程还包括数据与统计分析(如参会人数统计、签到人数统计、进场人数统计、通知人数统计),以及与其他系统的对接,确保信息的流畅和实时更新,从而提升整个现场管理的智能化和自动化水平。图10-6为会展现场管理的数字化流程。

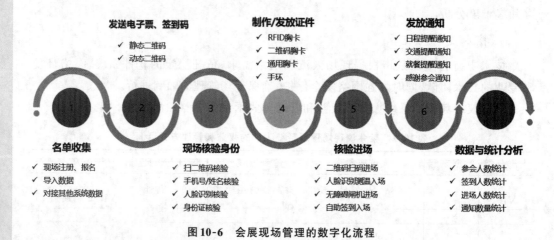

图10-6 会展现场管理的数字化流程

三、会展现场管理的主要内容

(一)会展现场的智能签到方式

在各类会议、展览、节庆、演出、赛事活动中,参加活动的人需要在现场验证身份并领取证件,作为进出会场凭证。智能签到就是利用数字化的软硬件技术帮助活动主办方完成签到的过程,以证明活动参与者到场,同时记录签到时间、地点和人数等信息。

会展现场常见的智能签到方式有如下几种。

1. 二维码签到

参与者出示电子确认函,通常通过电子邮件或短信收到,工作人员或自助设备扫描其中的二维码或条形码完成签到(见图10-7)。

图10-7　二维码签到

2. 微信签到

微信签到是一种便捷、经济高效的签到方式,参与者通过扫描活动专属的签到二维码进入微信页面,输入注册时所用的手机号,系统自动匹配数据库中的身份信息,完成身份确认并记录签到,整个过程无须下载额外应用(见图10-8)。

图10-8　微信签到

3. 身份证签到

身份证签到是指使用身份证阅读器扫描参与者的身份证,自动读取身份信息并完成签到,适用于需要核实人员身份的场合。

4. 手机号签到

手机号签到是指参与者提供注册时所用的手机号码,工作人员通过系统验证手机号来确认身份并完成签到。

5. 面部识别签到

面部识别签到是指利用面部识别技术,通过提前提交或现场拍摄参与者的面部照片或身份证照片,与数据库中的照片进行匹配,实现快速无接触式签到。

6. 自助签到机

自助签到机是指参与者在自助签到机上输入个人信息或扫描电子确认函,机器自动完成身份验证和签到以及证件打印的过程(见图10-9)。

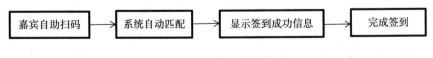

图10-9　自主签到机签到

7. 签到助手小程序

签到助手是指无须采用任何外接设备,只需要一部手机,打开签到小程序便可完成签到(见图10-10)。这种方式在注重经济、便捷性的活动签到中使用较普遍。

小程序优势：
- ✓ 无须借助外接设备
- ✓ 严格的权限管理
- ✓ 简单、便捷、易操作
- ✓ 页面统计展示更直观

具体操作：
- ✓ 通过小程序可直接扫描嘉宾二维码进行签到
- ✓ 也可通过姓名或手机号后四位进行查找签到

图 10-10　签到助手小程序

以上常用的会展现场签到方式通常需要配备相应的终端设备，比如使用二维码签到需要扫码类设备，包含扫码枪、手持机、iPad、微光盒子等。图 10-11 为会展现场不同签到方式的场景。

扫码枪

手持机

iPad

微光盒子

图 10-11　会展现场不同签到方式的场景

(二）会展现场的智能证件

会展现场的智能证件是一种集成了 RFID、NFC、二维码等技术的数字化身份识别工具，用于展会等活动中，不仅实现快速、准确地验证参与者身份，而且通过记录和分析参与者的行为轨迹、活动参与情况和权限设置，为展会提供全面的权限管理、个性化服务体验和安全保障，同时为组织者带来深入的数据分析和优化决策支持。图10-12为会展现场不同的智能证件。

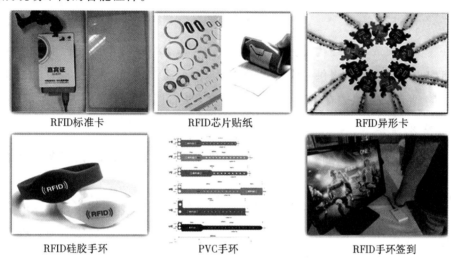

图 10-12　会展现场不同的智能证件

常见的智能证件有如下几种。

1. RFID 证件

RFID证件是常见的一种证件类型，采用内置的芯片技术，如I-CODE-SLIX，具备1024位的存储能力，工作频率达13.56 MHz，符合ISO 15693标准。这种卡能够存储大量嘉宾数据，可以根据不同参会者身份设置不同权限，并通过RFID读卡器、无障碍闸机、有障碍闸机等设备实现快速识别，适合于高安全级别和大量数据存储的场合。

2. RFID 手环

RFID手环内置芯片设计，为可穿戴设备，便于嘉宾长时间佩戴，并通过RFID技术实现信息的自动识别，适合于需要连续识别和监控的场景。

3. 智能手表

智能手表集成了NFC或RFID技术，可以作为智能证件使用，提供更便捷的佩戴体验，同时具备显示信息和交互功能。

4. NFC 卡

NFC技术允许在短距离内与兼容设备进行无线数据传输。NFC卡可以存储个人信息，并通过NFC读取器或智能手机快速验证身份。

5. 生物识别证件

结合指纹识别、面部识别或掌纹识别等生物识别技术，针对需要严格实行人证合一核验的会展活动而言，采用生物识别证件可以提供更高级别的安全验证。

6. 二维码证件

存储在证件二维码内的身份信息，可以通过专用的扫码设备快速读取，实现身份的识别和验证，具有成本较低、使用方便的特点。

7. 数字证件

在智能手机或移动终端设备上，以数字证书、动态二维码等形式证明身份和权限，使用者可以打开主办方提供的应用程序进行核验。通常，主办方可以设置电子票为动态二维码，并将二维码的有效时间减少，防止参会人截图转发冒用。

8. 蓝牙标签

使用蓝牙技术进行通信，可以与智能手机或其他蓝牙设备配对，实现身份验证和信息交互。

每种智能证件类型都有其特定的应用场景和优势，主办方可以根据活动的具体需求和安全级别选择合适的解决方案。智能证件的多样化反映了现代活动管理向数字化、个性化和高度集成化发展的趋势。

（三）会展现场的门禁识别方式

会展现场的门禁管理是指主办方通过生物识别技术或智能证件识别参与者身份以及入场权限，允许参与者进入相应活动区域的管理过程（见图10-13）。

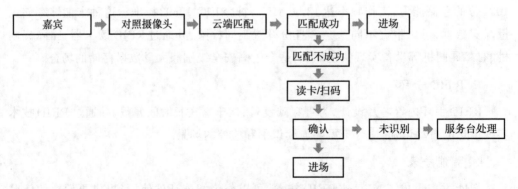

图10-13 会展现场门禁管理流程示范

1. RFID识别

RFID识别，即通过部署无线射频识别技术，自动识别参与者佩戴的RFID卡或手环，实现快速、无接触的身份验证和通行控制。

2. NFC识别

NFC识别，即通过部署NFC技术设备，读取NFC卡快速完成近距离的身份验证。

3. 二维码识别

二维码识别，即采用二维码扫描技术，通过人工手持机扫描这个证件上的二维码进行身份确认和快速签到。

4. 人脸识别

人脸识别，即运用生物识别技术设备，通过面部特征自动匹配，实现安全、高效的无接触门禁管理，通常需要结合闸机一起使用。

5. 身份证识别

读取身份证件上的信息，适用于需要核实官方身份证明的场合，通常配合闸机一起使用。

（四）会展现场的门禁设备

1. 无障碍闸机

无障碍闸机门禁适用于高人流量场所，支持快速通行，同时结合多种识别技术确保安全（见图10-14）。

图10-14 无障碍闸机

2. 有障碍闸机

通过物理障碍，如旋转门或升降杆，结合智能识别技术，严格控制人员进出（见图10-15）。

图10-15 有障碍闸机

3. 手持机

工作人员只需手持扫描设备，扫描参与者佩戴的智能证件，可瞬间完成身份信息的读取与验证。

图10-16为会展现场的门禁设备。

有障碍闸机　　　　　　　无障碍闸机　　　　　　　手持机

图 10-16　会展现场的门禁设备

四、议程互动与商机管理

随着技术的进步和参与者体验需求的提高，会展活动的现场服务不再局限于现场注册、签到、证件和门禁管理，而是越来越重视现场体验和商务社交的需求。通过议程互动和商机服务工具的应用，可以促进线下活动的多层次互动、学习和交流，提升用户体验。这些互动、学习和交流包括人与空间的互动、游戏互动、人与议程的互动、人际互动。

（一）人与空间的互动

作为商务活动，会展参与者在会展的空间内不是漫无目的地闲逛，而是在有限的时间和空间内找到目标对象。通过互动导航和热力图，参与者可以更直观地了解会展布局，实时掌握人流动态，从而优化自己的参观路线和时间安排。这种空间上的互动不仅能够提升参与者的导航体验，还能帮助主办方更好地管理人流，确保安全和效率。

1. 互动导航

互动导航结合了实时位置技术、地图技术和导航技术等多种技术形式，还可以利用 AR 技术提供虚拟导航，帮助观众和参与者快速查询并找到感兴趣的展区、展位或活动区域，并通过导航指引前往想要了解的地方。此外，还可以根据观众的历史行为，并设置活动开始提醒通知，提供个性化路径推荐，实现"一键导航"。

2. 展台打卡

利用智能证件或二维码技术实现展台打卡，记录参观者访问路径，打卡后不仅增加了展台的客流，对于观众而言，还可以解锁特定优惠或获取积分。

3. 互动屏幕

在登录大厅、展台设置触摸屏或互动屏幕，展示产品信息，收集参观者反馈。屏幕可集成游戏、问卷或产品演示，增加互动性。

4. 热力图

热力图主要是指通过传感器或移动设备数据获悉观众到场情况，基于大数据的数据处理和分析能力，生成展会现场人流密度和展位人气热力图。对外，面向观众可以实时预测哪些区域人气很旺，生成热门活动推荐；对内，可以利用热力图数据优化会场布局和人流管理。此外，在商业规划上，还可以基于展区热力图，优化展位和展区的定价策略，比如通过热力图形式，感知用户整体的动向，哪些区域更有利于吸引客流方便销售，或者哪个时间点的议程更吸引人，从数据层面上有效地为展会主办方找到盈利点。

5. 个性化推荐

根据观众预登记时所勾选的参观目的及感兴趣的品类，以短信、微信推送或小程序推荐的方式向该观众定向推送该类目下的展商（包含展位、从入场点前往展位的路线、展商的展出产品、展期内展商所有参与或组织的活动），每位观众都会获得其相对应的个性化参观路线推荐，展商还可以通过付费方式获得推送观众信息。此外，在观众个人中心，可以设置广告位给展商和赞助商做品牌展示。

（二）游戏互动

在会展现场，主办方和展商通过提供游戏互动提升观众的体验，展会期间的扫码抽奖、竞技比赛、抢红包、点亮展台等，都是游戏化思维在会展现场的应用。

1. 扫码抽奖

在会展现场的参与者可以通过扫描二维码的方式快速进入抽奖页面，参与各种抽奖活动，抽奖方式包括3D抽奖、滚动抽奖、屏幕抽奖箱、大转盘抽奖、互动游戏抽奖等。

2. 竞技比赛

竞技比赛是集技能展示、互动体验与竞技比拼于一体的数字化互动形式，包括电子竞技比赛、知识竞赛、体育竞技比赛、综合才艺比赛等。

3. 抢红包

抢红包，即通过扫描二维码或参与现场抢电子红包，提高用户参与度。还可以结合特定展台或活动，发放定向红包，引导流量。

4. 逛展打卡

逛展打卡是一种游戏化互动策略，通过技术手段和创意观展线路设计，吸引观众到达特定的展台，通过扫描展台的特定二维码或参与展商互动，完成逛展任务后可获得相关的奖励或认可。

除了以上常见的互动游戏，主办方还可以通过摇一摇、数钱、扫码答题、寻宝、猜谜、接龙等互动小游戏，增加在会展现场和等候期间的娱乐性。

（三）人与议程的互动

议程活动是会展的核心内容，在会展活动中，人与议程内容的互动是提升参与度和活动质量的核心。这种互动不仅增强了参与者的体验，还为主办方提供了宝贵的反馈，帮助他们优化内容和提升未来活动的成效。以下是会展现场中人与议程互动的主要方式，它们共同构成了一个多元化、互动性强的会展环境。

1. 议程签到

在学术会议和继续教育培训活动中，需要记录参会者参与会议的时长，从而作为统计继续教育学分（Continuing Education Unit，CEU）的依据。通常是参会者自主扫码（相当于这个会议室的专属签到码），或工作人员扫描参会者的证件二维码记录进出会场的时间，确认学习时长。

2. 投票

通过移动端或现场设备收集参观者对议程话题、演讲者的偏好和反馈，实时展示投票结果，增加议程的透明度和参与感，同时鼓励主办方和演讲者提供更好的内容。

3. 提问

使用 AI 技术，帮助参会者或讲师针对特定议题，生成问题或解答，促进现场的交流和互动，活跃气氛。

4. 讨论和评论

提供线上或现场的讨论和评论空间，让听众对演讲或活动进行实时讨论和评论。筛选有价值的讨论和评论进行展示，增加互动性。

5. 实时会议纪要和摘要

随着 AI 技术的崛起，越来越多的活动 App 和小程序集成了 AI 功能，能够将演讲发言实时转换为文字和大纲，便于参会者快速了解活动的要点和精彩内容。

6. 内容推荐

通过主办方的活动小程序，推送附近人们的活动或参与者可能感兴趣的活动。

7. 满意度调查

通过电子邮件或现场设备发送满意度调查问卷收集相关数据，用于评估活动效果和改进未来活动。

（四）人际互动

贸易展会的核心是帮助供需双方进行对接，面对面的交流和建立联系仍然是推动商业成功的关键因素。为了促进展会的社交和商务互动，主办方可以通过设计一系列数字化的社交互动工具，为参与者提供一个充满活力、高效且个性化的交流环境。以下是常见的一些数字化的社交和商务互动场景。

1. 现场洽谈

利用预安排预约系统，参与者可以提前安排与目标展商或专业人士的会面，确保高效利用会展时间。通过智能匹配算法，系统可以推荐潜在的商业伙伴，增加洽谈机会。

2. 聊天工具

在活动的移动端App、小程序集成即时聊天工具,支持文本、语音、视频通话,让交流更加便捷。还可以支持创建主题群组,促进具有相同兴趣或需求的参与者之间的讨论和交流。

3. 二维码名片墙

通过扫描线上或线下个人二维码名片墙,可以快速获取感兴趣的对象的电子名片,实现无纸化交换。

4. 企业二维码

参展企业一般都有专属二维码,放置在企业展台的显著区域,观众和买家扫描企业二维码即可访问企业信息。

5. 扫码交换名片

展会现场,参与者可以打开主办方提供的小程序或App,扫描其二维码(一人一码),交换名片,以便于后续的联系和交流。

第四节　会展现场数据报告

传统的会展现场数据报告侧重展会面积、展商数量和及其行业分布、观众数量及其行业和地区分布。在数字化时代,随着展商和赞助商需要数字来评估展会投资回报率的要求越来越高,主办方需要更精细化的数据统计和分析用于展商、赞助商评估活动的投资回报率,包括多维度记录参与者在线下会展现场的行为数据、互动数据、参会数据,这些数据不仅可以用于主办方决策管理,也可以用于向展商提供参展的投资回报率分析。

一、会展现场数据指标

(一)现场数据指标设计原则

为了呈现更高质量的会展现场数据报告,需要规划和设计好数据报告应展示的指标,以下是数据报告指标的设计原则。

1. 重要性

采集数据不能追求面面俱到,但是要确保指标覆盖会展活动的核心场景,从参与者体验到活动的整体表现。

2. 简单易懂

要让所有部门,包括企业内外的合作伙伴、供应商都很容易地记住所讨论的某项指标的含义和重要性，便于协同工作。

3. 可操作性

指标应易于收集和分析，以便快速做出决策。换句话说，就是要考虑数据采集的成本，选择关键的触点，比如现场注册数据、现场支付数据、签到数据、门禁数据、互动数据、访问数据等。

4. 相关性

指标应与活动目标和关键绩效指标紧密相关，确保指标对主办方有实际价值，比如学习时长、社交频率、洽谈数量等要与客户体验和参加会展的核心目标一致。

5. 动态性

指标应能够反映活动的实时状态和趋势，以便于及时调整策略。如果能比较某数据指标在不同的时间段、用户群体、竞争产品之间的表现，可以更好地洞察产品的实际走向，如"观众转化率比上周高"比"转化率为2％"更有意义。

6. 可比较性

好的数据指标应能够提供直观的比较，能够允许主办方在不同时间点或不同活动中进行比较，以评估改进效果。例如，主办方可以使用专业观众占观众的比率、买家占专业观众的比率等来对展会进行评价。

7. 多维度

数据报告的指标应从不同角度来进行数据分析，尽可能地细分指标，以提供对活动更深入的洞察。

（二）现场数据报告指标构成

在设计会展现场数据指标时，需要确保能够全面覆盖会展活动的关键方面，即关键触点（Moment of Truth，MOT），包括能够体现观众体验、展商服务、赞助商权益、活动效果和风险管理的数据。按照活动主体来分，主要分为两个主要类别——参与者维度和项目维度，每个维度可以进一步细分为更具体的指标。以下是按照两个维度进一步细分的部分重要指标。

1. 观众/参会者维度

观众/参会者维度聚焦于观众/参会者在抵达会展现场后的行为数据、兴趣偏好数据，具体内容如下。

（1）行为轨迹：包括签到时间、进出门禁时间、展台和会议室访问和停留时间等。

（2）参与度：包括活动出席率、参与天数、每场议程的参与时长、社交和商务互动次数，以及频率、现场访问线路等。

（3）忠诚度：包括重复参与度、推荐意愿、分享意愿。

（4）满意度：包括调查问卷收集的满意度评分、反馈评论。

2. 展商和赞助商维度

展商和赞助商维度聚焦展商的展位访问量、获得的线索和商机数量,具体内容如下。

(1) 展位表现:包括展位访问量、停留时间、互动率等。

(2) 商业机会:包括通过线索检索和线索捕获获得的潜在客户数量;通过买家配对和预约系统完成的商务预约和现场洽谈次数;通过问卷调查获得的意向交易量等。

(3) 品牌曝光:包括展会期间展商品牌的媒体曝光次数、提及次数,以及社交媒体话题曝光率等。

(4) 满意度:包括展商和赞助商对服务的满意度评分。

3. 项目维度

项目维度是从主办方内部的绩效指标来考虑的,包括效果评估指标、风险管理指标、趋势分析指标、长期价值指标四个子维度。

1) 效果评估指标

收益指标:包括门票销售、商品销售、赞助收入、展位收入、销售面积等。

消费指标:包括酒店客房使用量、接送机使用数量、餐饮使用数量、资料和物料消耗量等。

参与度指标:包括观众注册人数、主分论坛实际出席人数等。

内容表现:包括热门展区、展商、热门话题等。

媒体影响:包括媒体报道数量、新闻覆盖度等。

2) 风险管理指标

开发量:包括高峰期每秒或每小时注册、签到、门禁客流以及场馆最高峰客流等。

分布规律:包括每天注册、签到、门禁人数等。

技术故障:包括系统和网络故障次数、恢复时间等。

3) 市场趋势指标

行业趋势:包括展区面积增长速度、展商数量以及细分市场增长趋势等。

热点趋势:包括热门话题、热门议程收藏和分享、热门演讲人以及互动等。

4) 长期价值指标

客户关系:包括展商保留率、全生命周期价值等。

社群发展:包括社群规模、活跃度、成员增长速度等。

除了以上按照对象设计统计指标,也可以按照营销数据、注册数据、门票数据、接待数据、签到数据、门禁数据等业务场景来设计。在会展现场管理系统中,可以根据不同的功能模块按照场景进行规划设计,也可以根据业务需要进行自定义。

二、现场数据报告的形式

根据数据报告的使用情况,会展现场数据报告的呈现形式包括活动后报告、数据看板和现场数据大屏等。

（一）活动后报告

活动后报告，是指在会展活动结束后，对活动期间收集的数据进行汇总和分析的文档。这些报告通常包括展商数量、参观者流量、交易额、市场趋势等关键指标，用于来年招商招展宣传和营销。会展活动后报告的内容一般包括如下几点。

（1）展会概览：包括展会的基本信息，如日期、地点、主题等。

（2）展商分析：包括展商的行业分布、地域来源、规模等。

（3）观众分析：包括参观者的人口统计信息，如年龄、性别、职业等。

（4）成交与趋势：包括交易量、成交率、市场趋势预测等。

（5）媒体曝光：包括媒体报道的数量和类型，以及社交媒体上的讨论热度。

（6）反馈与评价：包括展商和观众的满意度调查结果。

（二）数据看板

数据看板是一种实时展示数据的交互式工具，它可以帮助用户快速获取关键信息。不同身份均可以登录个人中心进行查看关键数据。

1. 主办方看板

活动概览：包括实时更新的会展活动基本信息和当前的关键指标，比如当前注册人数、论文投稿人数、门票销售等。

观众流量和变化趋势：包括实时统计的参观者数量和流量分布。

图10-17为会展现场数据统计分析——主办方看板示例。

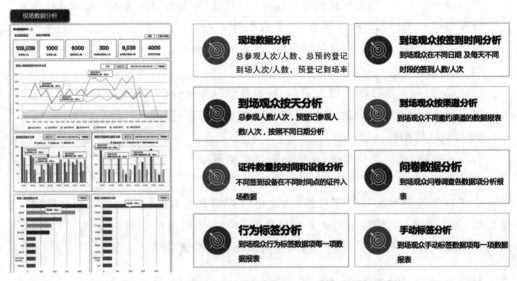

图10-17　会展现场数据统计分析——主办方看板示例

2. 展商看板

展位分析：包括展位的访问量、停留时间和互动情况。

互动情况：包括预约数量和现场洽谈数据等。

线索数据：包括名片交换数据和潜在客户数量等。

3. 参会人/观众看板

个人行程：包括参会人的个人日程安排和推荐活动。

互动记录：包括参会人与展商的预约互动数据和反馈。

兴趣匹配：包括根据参会人的兴趣推荐相关的展位和活动。

此外，还可以根据其他身份，如演讲人、参观团体、展团等设计相关的数据看板。

（三）现场数据大屏

现场数据大屏通常设置在会展活动现场的显眼位置，用于展示实时数据和信息，增强活动的互动性和吸引力。一般来说，现场数据大屏展示的内容如下。

实时数据：如参观者流量、热门展位等。

信息发布：包括展会通知、紧急信息等。

互动游戏：包括通过大屏幕进行的互动游戏，提高观众参与度。

社交媒体墙：包括展示与展会相关的社交媒体帖子，提高观众在社交媒体上的互动率。

三、现场数据报告的价值

会展活动主办方若能够及时、全面地了解并掌握现场的数据报告，对于优化活动筹备效率和现场管理质量有着重要意义。

（一）提高管理效率

现场数据报告对于会展活动主办方至关重要，它能够提高管理效率。通过精准的数据分析，主办方可以及时调整策略，优化资源配置，确保活动顺利进行，并降低潜在风险。风险管理方面，数据分析有助于预测潜在风险并制定应对措施，提高管理的前瞻性和响应速度。此外，利用热力图可以优化会场布局和资源分配，而实时监控和调整活动内容则能够确保现场运行顺畅，提升现场管理的即时性。

（二）提升受众体验

现场数据报告还能显著提升受众体验。通过收集和分析现场行为数据、现场反馈，主办方可以了解受众满意度，并不断优化体验。互动分析评估受众与活动内容和技术的互动情况，以便提供更吸引人的参与方式。内容分析则通过分析内容的吸引力，可以调整议程，提升受众的参与感和满意度。

（三）优化商业策略

在商业策略方面，现场数据报告发挥着重要作用。利用数据分析和转化率数据，主办方可以优化营销策略,提高观众获取的效率和质量。深入分析客户数据,可以发现销售提升机会,优化定价和销售流程。展会报告和个性化参展报告可以帮助展商评估参展效果,展示投资回报,增加与提升商业吸引力。此外,针对展商和观众的定价策略,以及会员制度和社群活动,都能提升用户忠诚度和复购率,帮助展商和观众构建长期商业合作关系。

(四)开展趋势预测

现场数据报告对于开展趋势预测至关重要。分析长期数据,可以识别观众行为和偏好的变化趋势,为未来的活动提供指导。产品组合分析可以评估线上与现场活动参与度和产品组合的市场表现,并预测、调整,以适应市场变化。内部报告能够提供详尽的分析报告,展示活动成功的关键指标,预测未来改进方向。

思考与练习

1. 会展活动现场交付管理的内容有哪些?
2. 会展现场管理数字化的功能有哪些?
3. 如何利用数字化手段在会展现场进行互动?
4. 会展现场数据报告的指标有哪些?
5. 针对第六章思考与练习中创建的活动,完成以下实操练习:设计本场活动的现场签到方案和流程;在"31签到助手"软件中完成签到点和签到方式的设置;设计电子证件的格式和样式;在系统中配置会前提醒功能,以便及时通知参会者签到时间和地点;模拟该活动线下签到、证件打印和门禁扫码的全流程。

03

下篇 运营篇

XIAPIAN YUNYING PIAN

第十一章
线上展览平台

本章思维导图

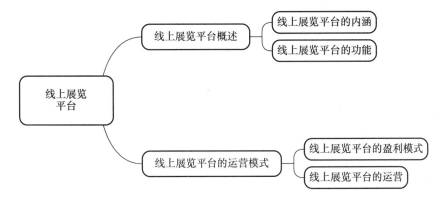

关键词

- 线上展览平台 • 线上展览 • 盈利模式 • 融合运营

学习目标

- 1. 了解线上展览平台与线上展览的区别。
- 2. 理解线上展览平台的具体功能和用户旅程。
- 3. 掌握线上展览平台的盈利模式。
- 4. 理解线上展览平台的融合运营和效果评价。

引导案例

全球渔商荟案例

一、背景介绍

中国国际渔业博览会(China Fisheries & Seafood Expo,CFSE)和中国国际水产养殖展览会(Aquaculture China,AC)(https://www.seafood-expo.com/)是全球水产行业的关键专业贸易展会。自1996年首次举办至今,CFSE已有近30年的发展历程,始终紧跟全球海产市场的需求变化和行业发展趋势,不断创新。CFSE为

全球渔商荟
小程序

全球渔商荟
移动端

全球供应商和买家提供了一个高效的交流平台,使他们能够在全球水产业这一商业价值和商机汇聚的盛会中相聚。该平台不仅方便参与者准确把握行业脉搏,快速接触目标客户群体,还推动高效的商业互动,帮助每位参与者做出最佳的采购决策。

丰富的数字化工具使得传统线下展会与线上平台的融合变得更加便利,特别是在信息获取、商务沟通、品牌推广以及扩大展会全球影响力等方面。全球渔商荟(CFSE Global Marketplace)(https://www.cfse-live.com/zh)是一个中英双语的在线商务平台,自2021年推出以来,致力于为参展商和观众提供在线信息发布、查询、商机撮合、洽谈和商务对接服务。通过这个平台,中国国际渔业博览会和中国国际水产养殖展览会能够更高效地利用数字化工具服务于全球水产行业,实现多维度宣传推广和商机转化。平台展示的丰富品牌和具有国际市场影响力的多元化产品,帮助参与者发现更多全球优质的水产贸易资源。

二、全球渔商荟平台的运营模式

全球渔商荟作为365天在线的商务对接平台,其核心价值在于为线下展会的展商/展团、专业买家提供一个全年无休的交流、展示和商务对接的虚拟空间。参加线下展会的展商、展团以及线下参观的注册买家可以登录使用全球渔商荟平台的展示、互动和撮合功能。此外,平台还对线上广告、线上直播等权益单独收取一定的服务费。通过线上与线下相结合的运营模式,全球渔商荟提供持续的服务和更新,确保了平台内容的活力和价值。

三、全球渔商荟平台的主要功能

全球渔商荟,作为中国国际渔业博览会和中国国际水产养殖展览会的官方在线商务对接平台,对于展商而言,是一个提供展示产品、发布信息、寻找商机,并且可以进行在线洽谈的全方位平台。展团则可以利用平台的多功能管理工具,高效地组织活动、管理参展成员企业并扩大国际影响力。对于专业观众而言,不仅可以实现搜寻和询盘需求,平台的智能化搜索和推荐系统能够帮助他们快速锁定感兴趣的展商和产品,实现精准匹配和高效沟通。参观团也能通过平台享受到便捷的团队注册、管理和支付服务,确保更多、更高效的团体注册。

以下是平台为不同用户群体量身定制的主要功能。

1. 主办方

一站式管理:主办方可以通过全球渔商荟平台实现线上和线下协同管理,具体包括注册管理、展商管理、展团管理、观众管理、商务配对管理、线上线下活动信息管理、多媒体信息发布、展商及展品推荐管理等。

数据报告:主办方可以获取与展会相关的详细数据报告,包括访问量、观众人数、展商邀请情况等,以便更好地分析和优化展会效果。

2. 线上专业观众(买家)

多维度搜索与推荐:专业观众可以通过平台的智能化搜索和推荐功能,快速找到与其需求相匹配的展商和产品。

即时和预约沟通:专业观众可以通过在线文字信息、实时语音聊天、视频会议等方式与潜在展商进行即时或预约沟通。

智能名片交换:专业观众和展商可以通过智能名片功能进行双向互动,方便后续的联系和合作。

3. 线上展商

展商传播快速曝光:展商可以通过平台的首页横幅、推荐视频、推荐展商、推荐产品等功能,提高品牌的曝光率。

产品展示与推广:展商可以自建和管理产品库,上传产品描述、图片、视频等资料,进行全景式宣传。

商务配对与洽谈:展商可以通过平台的商务配对功能,与有意向的买家进行预约洽谈,提高商务效率。

4. 线上展团

展团管理:展团可以通过平台进行活动管理、展商审核、展品审核等,提高展团的组织和管理效率。

展团推广:展团可以通过展团专属小站页面集中推广旗下所属成员展商,在平台发布直播、会议等功能,展示展团的形象和实力,吸引更多的关注和合作机会。

四、全球渔商荟平台的价值

1. 赋能线下服务,提供增值服务

全球渔商荟平台不仅作为一个独立的线上商务对接平台,其核心价值更在于为线下展会提供强有力的支持和增值服务。这种线上线下相结合的模式,使得展商和观众能够在整个展会周期内,无论是在展会前、展会期间还是展会后,都能持续地互动和沟通,从而极大地提升展会的吸引力和竞争力。

2. 作为平台,发挥平台经济

全球渔商荟平台通过其线上服务打破了地域限制,吸引更多国际参与者。平台的智能化搜索、推荐、匹配功能显著提高了工作效率,缩短了交易周期,提高了商务洽谈成功率。平台收集的大量数据为主办方提供了宝贵的市场信息,优化了展会服务,提升了展会质量。此外,全球渔商荟平台还促进了生态圈的构建,连接了买家、展商以及服务提供商、行业协会、研究机构等,为用户提供了全方位服务,促进了行业健康发展。

请思考:

1. CFSE的官方网站与全球渔商荟平台官网在运营上的相互关系,以及它们在服务、内容、目标用户群等方面的差异。

2. 全球渔商荟作为一个全年在线平台,是否具备独立商业化运营的潜力或者分阶段实现商业闭环的能力?如果要实现这一目标,需要满足哪些资源和条件(比如线上服务内容、服务标准和常年运营策略)?

3. 推测CFSE展会期间、展会前后一周内,以及全球渔商荟平台日常运营期,全球渔商荟平台可能存在的流量变化情况,提出全年流量运营策略。

第一节 线上展览平台概述

线上展览平台是随着会展数字化不断深入发展以及线上展览不断深化探索,从一次性的线上展览发展为全年持续在线的一种业务模式。因此,从线上展览到线上展览平台的发展具有很强的关联性。此外,2020年以来,越来越多传统线下展会的主办方也在探索在线的平台经济模式,并获得了一些成功的经验,线上展览平台与线下深度融合发展成为会展主办企业数字化转型的一个关键路径。

一、线上展览平台的内涵

线上展览(Online Exhibition 或 Digital Trade Show),又称"线上展会",某些场景下也称为"云会展",是指利用 PC 互联网、移动互联网、大数据、人工智能等多种技术搭建在线展示交流的平台,帮助展商以在线的形式展示企业和展品信息,支持远程访客(观众)通过 PC 端或移动端电子设备访问线上展商、展团位和展品,观看线上直播,参与远程连线或研讨会,与线上展商、赞助商开展贸易配对,以及在线询盘等商务互动活动。它将传统线下展会的面对面转化为了线上的屏对屏。线上展览还具有线上预约洽谈、供采匹配、智能推荐、在线撮合等功能。

随着 B2B 展会的数字化程度不断加深,线上展览也发生了演化,不再局限于几天的展期,而是在功能上有所侧重,将在线展示和对接功能延续至全年,由此诞生了全年在线的线上展览平台,如广交会就从首届"云上"广交会(即第127届广交会)向着全年在线的线上展览平台发展。

(一)线上展览平台的内容

鉴于线上平台有很多种,分为资讯平台、社交平台、电商平台、互联网平台等类型,本书所指线上展览平台是与 B2B 行业贸易展相对应的双边资源对接和商机撮合平台。线上展览平台有不同的名称,国际同行称为"在线市场"(Online Marketplace),其本质是一个中介平台,平台本身不持有商品库存或直接提供商品与服务,也不参与交易资金的直接处理。该平台的核心作用在于创建一个安全可靠的环境,促进买家与卖家之间的搜索、匹配和互动。通过将有需求的用户(寻求特定商品或服务的买家)与有供应能力的用户(能够提供这些商品或服务的卖家)精准地联系起来,线上展览平台实现了双方的交易撮合,从而推动商业交流并创造价值。

线上展览平台(如365 Marketplace)并不是新事物,法兰克福书展在2018年曾开通了一个名叫"Frankfurt Book Fair Business Club"的在线俱乐部;品锐至尚巴黎展(即 PV 巴黎展)在2018年开发了线上平台"PV Marketplace",针对时尚专业人士的线上产品目录和社区空间,辅助设计师寻找样品和订购产品,让展商在展会闭幕以后,同样能够触达世界各地买家。Live Love Spa每年举办18个展览,也在向数字化交易平台转型,Live Love Spa 365于2015年成功推出,如今已发展成为真正的数字服务提供商,为其成员提供先进的数字功能,包括社交网络和电子商务,会员可以自由探索品牌,访问最新的定价和供应商联系信息,并在线创建采购订单。上海博华的"博华优选"定位"数链百业,云展万家",以全年在线的形式为买家提供家具软装、食品饮料、酒店和商业空间、制药、食品加工包装、船艇休闲旅游、灯饰、清洁等领域优选产品供应,打造全新的一站式集线上与线下展览、会议、活动为一体的融合型一站式B2B平台,也是线上展览平台的案例。

(二)线上展览平台的优势

线上展览平台指的是数字化、平台化的生态系统,它通过互联网技术提供365天在线的对接环境,使参与者(买家和卖家之间)能够进行商品展示、贸易对接、信息交流和商业互动。而线上展览通常是指在限定时间内(或者通常与线下展会同期)集中进行展示和交流的场景,其本质是一个阶段性的在线项目。随着数字化转型的加速,线上展览逐渐向全年在线的方向发展,周期性开放的在线展览向全年在线的线上展览平台过渡是一个新趋势。

相比在线展会来说,线上展览平台具有很好的优势,具体如下。

1. 均摊投入成本

通过全年在线,线上展览平台仅需要服务展期的在线展览投入成本,在展会结束后,可以继续保留互动和撮合功能。比如,"云上"广交会从最初服务10天的展期到全年在线服务。

2. 全天候参与

线上展览平台可以让展商和观众之间从一次性的连接转变为全年的连接,不受传统展览时间、地点的限制。

3. 品牌领导力加强

通过全年的线上展览平台,可以加强品牌在行业中的持续露出和领导地位。

4. 拥有在线集聚地

线上展览平台可以为特定垂直行业提供一个在线的聚集地。

5. 收集独家数据和洞察

线上展览平台可以收集有关买家和注册用户行为的独家数据和洞察,帮助他们更好地理解市场需求。

6. 创造新的收入渠道

线上展览平台可以通过订阅、数字化广告或赞助等方式为组织者创造新的收入来源。

（三）线上展览平台的价值

建立线上展览平台对于线下展会的主办方来说是一个新兴的商业机会，可以实现如下价值。

1）现场线下融合与协同

线下展会所吸引的观众和展商是启动双边平台市场的理想基础。线上展览平台可以与线下实体展会活动同步销售并直接同步。线上注册用户也可以转化为线下观众，互相引流。此外，通过全年提供展示与服务的重要工具，可以延长线下展会的生命值和生命周期。

2）发挥网络效应

用户越多，平台的价值越高，成本越低，线上展览平台可以发挥更高效的网络效应。

3）打造生态系统

用户生态系统是新的竞争优势和市场主导地位的来源，一旦形成了强大的网络效应，进入或复制市场就变得越来越困难。通过建立行业资源平台，主办方可以促进一个完整的展览生态系统的形成。在这个生态系统中，展商、供应商、观众、专家等各方可以相互联系和协作，从双边向多边生态系统发展。

4）收入增长

将在线市场的订阅收入与参加展览捆绑在一起，可以为展商提供增加展示价值的机会。将展商的资料扩展到全年，可以为展商提供更多的潜在客户和投资回报。

5）品牌保护

面对产业互联网平台进军展会领域的威胁与挑战，线下展会主办方主动打造线上展览平台，可以前瞻性地降低自身被颠覆影响的风险。

二、线上展览平台的功能

线上展览平台的三大核心服务可以概括为展示、撮合和互动。展示，即平台能够集中展示行业企业、产品、服务、项目和咨询信息，为用户提供一个全面的信息汇总点，方便用户快速获取所需信息。撮合，即平台支持供采双方发布供应信息和采购信息，平台能够根据买家的需求和偏好，推荐合适的供应商或产品，提高交易的效率和成功率。互动，即平台支持通过即时聊天、名片交换和在线洽谈等交互功能，促进供应商与采购商（展商和观众）之间的信息交流，使双方能够快速建立联系并进行有效沟通。

（一）线上展览平台的业务模式

线上展览平台是一种综合性的业务模式（见图11-1），该模式融合了信息提供、交易促进以及评价反馈三大核心部分，旨在为买家和卖家构建一个高效、便捷的在线市场。

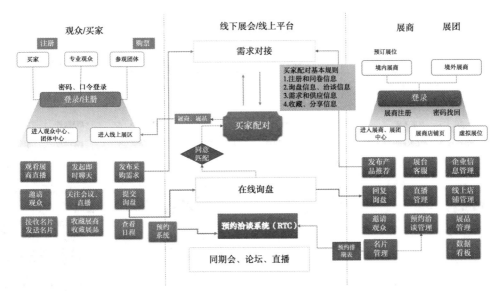

图11-1　线上展览平台的业务模式

1. 信息提供

在信息提供部分,线上展览平台通过提供市场趋势、内容和推荐,帮助买家在"意识"阶段就能接触到相关的企业和展品信息。随着买家进入"发现"和"考虑"阶段,平台进一步提供企业和展品的搜索、筛选功能,以及产品信息和综合数据的比较,使买家能够更全面地了解展品,并做出明智的购买决策。这一过程中,平台可能采用商机获取型市场平台(Lead-Generating Marketplace)的盈利模式,通过推荐、智能匹配、推送消息等方式,为卖家提供精准的潜在客户;同时,按年或月向卖家收取一定的服务费用。

2. 交易促进

在交易促进部分,线上展览平台为买家和卖家提供一个线上交易平台,支持确认订单并支付、订单执行等流程。平台与企业的ERP和物流系统整合,确保交易过程的顺畅和高效。这一环节,平台可能采用交易型市场平台(Transactional Marketplace)的盈利模式,按交易额收取一定比例的佣金,或者通过线上贸易平台(如阿里国际站)等渠道,为卖家提供线上展览和交易服务,同时向买家和卖家收取固定的年费及推广费用。

3. 评价反馈

在评价反馈部分,线上展览平台鼓励买家对交易过程和产品进行评价,包括客户满意度调查、在线评论以及社交媒体反馈等。这些评价信息不仅有助于提升平台的信誉和透明度,还能为其他买家提供有价值的参考。

综上所述,线上展览平台的业务模式以信息提供为基础,以交易促进为核心,以评价反馈为保障,形成了一个完整、高效的在线市场生态系统。

（二）线上展览平台的服务模块

基于线上展览平台的核心服务，一般来说，应具备的功能如图11-2所示。

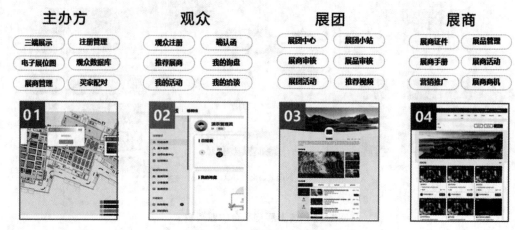

图11-2　线上展览平台的功能

1. 线上门户

线上门户是展商、产品和项目信息以图文、视频等形式通过列表、详情页在线上进行展示。此外，为了集合高质量的内容和需求，还包括供需对接、新闻资讯、活动日程等栏目的集中展示。

2. 精准搜索

精准搜索是搜索技术在线上展览平台中的应用。精准搜索一般采用了大数据、云计算、NLP、搜索匹配算法等技术，从而提高搜索的精准度和响应速度，而且需要根据用户的行为习惯和平台的历史搜索结果不断优化搜索引擎模型，提高搜索排名的精准度。

观众或买家在平台上通过关键词、标签等组合形式搜索展商、展品，获得相应的精准的展商和展品的搜索结果。同时，平台还会根据用户的搜索行为、点击行为，以及搜索的相关性、相关度和命中率等指标优化搜索结果和结果排名，从而不断提高搜索精准度。

3. 展商店铺

支持展商在线开设独立的展商小站（Mini Site），展商可以独立维护自己的店铺页面，并以视频、VR虚拟形式或图文信息展示企业形象；支持展商在线上传和维护展品信息，展商可以独立维护自己的展品信息，决定展品是否上架或下架，以及排序。

4. 供采大厅

供采大厅也称为"需求对接板块"，是线上展览或线上展览平台的一个应用场景，类似于电子交易公告牌，即在线上展览平台的门户上设置"供采大厅"的板块，注册认证的买家可以向供采大厅提交采购信息，展商可以向供采大厅提交供应信息。采购信息和供应信息在供采大厅根据一定的规则进行排序显示,以便有意向的双方寻找商机和货源。

随着展会规模的发展壮大,供采业务数据的增多,供采大厅还可以实现与智能匹配系统进行对接,即当供采双方发布需求时,系统可以将发布的采购需求匹配给相应的卖家,或者将供应信息匹配给相应的买家。使用供采大厅不仅能够满足供采双方的实际需求,还能增加线上展览的互动性和提供在线贸易的可视化过程。

5. 即时沟通

即时沟通是指展商和观众之间通过即时聊天工具发送图文信息,进行洽谈和沟通,促进交流、合作、交易的达成。采用即时沟通的好处是简单易用,不需要预约和特殊准备即可开展沟通,针对感兴趣的展商和展品直接发送文字提问,同时也避免了陌生人之间因为直接采用音视频沟通的尴尬。比如,当遇到国际展商或买家提出的专业性问题,还可以借助在线翻译软件或者查询相关网站,梳理清楚了再回复,从而避免暂时不懂、不在线等各种状况。

即时沟通对于展商和买家之间进行初次在线沟通来说,是一种非常适合的方式。当即时沟通达成初步合作意向时,可以进入更深入的交流环节,比如线下预约洽谈、邮寄样品、参观展示等。随着线上展的不断完善,即时沟通还可以应用于社交场景,比如对收藏的展商、系统推荐的展商进行及时沟通。尽管即时沟通不一定是实时同步的,但是当对方上线时看到历史留言后可以进行回复,在聊天框可以发送电子名片和产品图片。

6. 在线询盘

询盘是国际贸易的一个术语,又称"询价",一般是指买家为了采购某项商品或服务,向对方询问有关交易条件和交易价格的行为,目的是了解产品的信息及性能、供应能力并了解其对交易条件的意见。在线询盘是通过在线聊天工具实现上述目的的过程。采购商或买家注册登录线上展览或线上展览平台,当找到有意向的采购商品之后,填写并提交"在线询盘"表单,询盘信息就直接发送给该展品的展商,展商收到后可回复询盘。买家收到卖家的回复之后可以开展进一步的预约洽谈或在线聊天,加深商务洽谈的深度。买家的询盘行为也可以采用智能匹配的推荐算法,以便提高推荐或买家配对的质量。

7. 名片交换

电子名片是线上展览平台的常见功能,也是很受欢迎的功能之一。当买卖双方登录平台,完善个人或企业信息之后,由系统自动生成一张名片,也可以根据用户需求进行个性化编辑。在线平台支持用户在线进行名片交换,便于商机获取,在一些对接场景下,买卖双方之间可以互相发送电子名片,用户可以查看自己收到的名片,还可以对名片进行增加备注、导出和删除操作,从而实现展会商机的管理。电子名片也可以在线下展会中使用,如在线下洽谈场景中,买卖双方可以通过自己的小程序扫描对方的二维码,交换电子名片。

8. 预约洽谈

预约洽谈是指买家和展商之间,通过在线预约工具进行会前预约和确认,生成洽谈日程,通过履约见面促成交流、合作和交易的达成。在线上展览平台,预约的发起方通常是买家,展商是预约洽谈的接受方。会展中的预约通常是双边的(即每一场都是一对一的),一个人在一个时间段内只能与一个对象进行洽谈。在线平台支持买家可以根据展商的档期发起在线预约洽谈,买家和展商进行线上音视频沟通,深化商机对接。预约洽谈的核心要素包括发起人(Inviter)、洽谈对象(Invitee)、洽谈时间(Date and Time)、洽谈场所和地点(Space and Venue)。预约洽谈也适用于在线会议场景中的参会人之间的预约、参会代表与演讲者的预约,从而提高会议的社交沟通深度和效率。

9. 智能匹配

智能匹配(AI Matchmaking)是推荐系统在线上展览平台中的应用。智能匹配通常是指利用大数据、人工智能、数据分析、用户画像等技术搭建推荐系统,解决会展信息过载与观众注意力有限的矛盾,为观众和参会人提供千人千面的个性化体验。当平台用户在完成在线注册和需求登记后,智能推荐系统结合其注册信息、线上观展行为、供采匹配程度的相关性和优先级等算法规则,以在线的形式向平台用户智能推荐合适的展品、展商信息等,从而实现高效精准的信息和人员对接。

10. 在线直播

线上展览平台可以在特定的主题活动期间支持主办方直播和展商直播,通过直播互动扩大展会的传播影响力,帮助展商利用平台流量宣传企业信息。

11. 内容管理

内容是线上展览平台的黏合剂,也是线上展览长期运营的关键抓手。平台上的咨询栏目、日程栏目、项目信息等均可支持平台运行方实时更新相关的信息内容。

(三)线上展览平台的用户旅程

线上展览平台的用户主要是展商和买家,下面以目前主流的线上平台为例,分别描述其线上旅程(见图11-3)。

1. 买家的线上旅程

买家的线上旅程始于线上展览平台的注册/登录界面,用户只需要简单几步操作,即可开启探索之旅。登录后,买家能看到的是供采对接面板,这里汇聚了来自境内外的海量展商和产品信息。通过智能匹配系统,买家只需要输入展品关键词,系统便能迅速筛选出与需求高度匹配的展商和产品。这一功能极大地缩短了买家寻找合适展商的时间,提高了采购效率。

在浏览展商和产品的过程中,买家可以详细地查看展商店铺页、虚拟展位以及产品信息,深入了解展商的资质、信誉和产品特性。同时,平台还能提供企业信息管理和名片交换功能,让买家能够轻松建立与展商的初步联系。

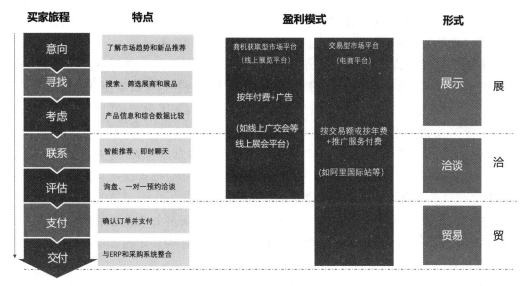

图 11-3　线上展览平台的用户旅程

为了进一步促进供需双方的交流与合作,线上展览平台还设置了多种沟通工具。买家可以观看展商直播,实时了解产品动态;通过即时聊天功能,与展商进行一对一的深入交流;还可以使用预约洽谈系统,提前约定洽谈时间和地点,确保双方能够高效、准确地对接需求。

在交易过程中,线上展览平台还能提供全面的合同管理、物流服务、报关服务以及信息处理等支持。这些服务不仅能简化交易流程,还能降低交易成本,为买家和展商创造更加安全、便捷的交易环境。

此外,平台还可以引入仓储管理、包装服务、保险服务等其他服务提供商,为买家提供一站式的采购解决方案。无论是提货、发运还是后续处理,买家都能在这里找到专业的展商,确保整个采购过程顺畅无阻。

旅程的最后,展商还可以在意向订单处理平台上提交意向订单,进行后续的订单管理和跟进。同时,平台还能提供丰富的收藏和日程管理功能,帮助买家更好地记录和跟踪自己的采购进程。

线上展览平台的买家线上旅程以买家的需求为核心,通过智能化的匹配系统、便捷的沟通工具以及全面的服务支持,为买家打造了一个高效、安全、便捷的在线展览环境。

2. 展商的线上旅程

展商的线上旅程始于平台的登录/注册界面,展商只需要简单几步操作,便能入驻平台。登录后,展商首先进入的是展商中心,这里汇聚了展位管理、产品发布、名片交换等一系列功能,展商可以精心打造自己的展商店铺页,上传企业信息、产品图片和详细介绍,以吸引更多买家的关注。同时,平台还提供了虚拟展位功能,让展商能够在线上展示自己的产品和实力,与买家进行无缝对接。

为了进一步提升参展效果,平台引入智能匹配系统。展商只需要输入产品关键词或选择相关类别,系统便能自动匹配到与之相关的买家信息。这种精准匹配的方式不仅能提高展商与买家的对接效率,还能大大提高成交的可能性。

在参展过程中,展商可以通过平台的即时聊天功能,与买家进行一对一的深入交流。无论是产品咨询、价格谈判还是订单确认,双方都能在这里找到便捷的沟通方式。此外,平台还能提供预约洽谈系统,展商可以提前约定与买家的洽谈时间和地点,确保双方能够高效、准确地对接需求。

除了即时沟通和预约洽谈,展商还可以通过平台的直播功能,向买家展示产品的实际使用效果和生产过程。这种直观、生动的展示方式不仅能够提高买家对产品的信任度,还能提升展商的知名度和品牌形象。

在参展结束后,展商可以在意向订单处理平台上查看和管理自己的意向订单。这一功能不仅让展商能够清晰地了解自己的销售情况,还能为后续的订单跟进和客户服务提供便利。

展商可以在线上展览平台轻松地展示自己的产品和实力,与全球买家进行无缝对接,开启一段全新的线上参展之旅。同时,平台还可以不断地引入新的技术和功能,为展商提供更加多元化、个性化的参展体验。

第二节 线上展览平台的运营模式

线上展览平台是一个双边平台,即一边连接展商(卖家或供应商),一边连接买家(或采购商),因此,运营方可以结合平台的信息、营销和对接功能,分别对展商和买家进行收费。此外,运营方还可以针对平台的广告主或赞助方,以广告、赞助的形式收费。

一、线上展览平台的盈利模式

(一)针对展商的收费

1. 平台入驻费

这是线上平台的普遍业务模式,类似于分类广告平台,对入驻平台的展商以列表展示的形式收取费用。展商支付一定的费用,可以以年度为时间周期进行展示,自主维护线上的店铺页、展品列表页或详情页。

2. 商机撮合收费

这种模式在B2B撮合类(非直接交易)平台尤为常见,平台运营方专注于为展商和潜在买家搭建桥梁,通过提供商机撮合服务来帮助展商拓展业务和增加销售渠道。展商可以根据平台推荐或配对的商机线索数量、发布的供应信息数量,以及获取的潜在客户的电子名片数量、获取的询盘数量、预约洽谈数量等来付费。

3. 交易佣金费

通过平台的交易收取佣金的模式适合已经实现了展示、撮合和电商贸易一体化的平台。可以对平台上进行的每笔交易收取佣金，也可以按照营收的比率或固定费用进行收费。

针对展商收费是线上展览平台常见的方式，一般来说，针对展商可以实行组合套餐的定价模式。就卖方(展商)权益而言，以下是典型的权益设置(见表11-1)。

表11-1　线上展览平台展商权益组合定价模式示例

功能	具体模块	基础套餐	高级套餐	超级套餐
首页	Banner广告位			√
	推荐视频广告位			√
	推荐展商广告位			√
	推荐产品广告位			√
	推荐品牌广告位			√
展示	标准展商小站	√	√	√
	标准产品展示	√	√	√
撮合	买家配对		√	√
	发布需求		√	√
	需求推荐		√	√
交互	名片交换		√	√
	预约洽谈		√	√
	即时沟通		√	√
	在线询盘		√	√
报告	标准版线上数据报告		√	√
	定制版线上数据报告			√

(二)针对买方(专业人士)的收费

针对在线上展览平台上注册的专业人士，可以对知识和专业服务进行收费。

1. 会员制

会员制，即平台方通过提供连续的服务或产品来收取周期性费用。这种模式依赖于为会员提供持续的价值，以确保他们愿意定期支付会员费。比如，会员服务可以通过线上社群、线上学习资源、行业洞察、研究报告、网络研讨会等收取费用。

2. 按需模式

按需模式,即平台的专业用户根据所需的内容进行单次付费,如培训视频的点播、展品的个性化推荐、问卷发放等。

3. 免费增值模式

免费增值模式,即线上展览平台可以对买家免费开放,但高级功能需要额外付费,如供应商或展品的参数对比报告。

4. 数字产品订阅

如果平台上的数字产品具有独特性且很好的价值,可以从买方收取订阅费,如提供高级的市场分析报告或消费者行为数据。

(三)针对广告和营销业务的收费

常见的线上展览平台还可以通过广告收入进行变现,广告业务适用于展商、赞助商,可以作为入驻平台的权益,也可以单独按照广告权益进行售卖。线上展览平台的广告业务可以分为位置展示广告和计算广告等类型。

1. 位置展示广告

位置展示广告即传统的电子广告,是指在平台多个高流量区域展示广告,如首页、搜索结果页、个人中心、推荐展商和推荐展品等。位置展示广告包括横幅广告、弹出广告、轮播图等,这些广告形式直观且易于识别。

2. 计算广告

计算广告即利用算法,根据用户搜索、询盘、访问行为和偏好进行个性化广告推荐,提高展商广告的相关性和吸引力。

3. 赞助出版

展商、赞助商可以赞助白皮书、研究报告等通过平台的在线资源库进行发布,并借助电子邮件营销直达专业人士的邮箱。

4. 赞助网络研讨会

平台方可以协助展商、赞助商通过举办网络研讨会、博客营销、线上买家对接会等,提供与专业人士的互动和买家对接,增强品牌与目标受众之间的联系。

5. 新闻通讯的电子邮件营销

可以在平台的电子新闻通讯中植入广告,将展商、赞助商的信息直接送达订阅者的电子邮箱。还可以通过定制化的邮件内容向特定的专业人士群体推广其服务或产品。

6. 移动应用内的数字化推广

可以通过在线平台的移动应用程序、小程序内的广告或推送通知来推广其最新信息。

7. 内容营销的数字化文章

可以提供与展商、赞助商创作相关的行业主题和新产品的文章,并通过数字化平台进行分享和推广。

通过上述广告变现模式和专业营销服务,线上展览平台能够在不直接参与交易的情况下,利用其平台的流量和用户基础为广告主提供价值,提供一个全面的在线营销生态系统,使其能够有效地与目标受众沟通,提升品牌价值,并实现商业目标,同时为自己创造额外的收入来源。

二、线上展览平台的运营

(一)线上展览平台的运营规划

线上展览平台的成功运营,需要做好详细的运营规划,应遵循以下关键步骤。

1. 需求调研

深入了解目标市场和用户需求,包括行业特点、用户行为和偏好。线上展览平台通常会选定某一个特定的垂直细分行业。

2. 业务规划

应根据调研结果,明确平台的服务范围、功能模块和发展目标。比如,对于制造业,供采关系是刚需,需要以供需对接为中心;对于旅游服务业,人才招聘是刚需,需要建立岗位和职业对接板块;对于创业和投资领域,持续社交是刚需,需要建立关系匹配和长期社群的互动。

3. 技术和平台选型

可以根据业务类型,如展示、资讯、供需对接、项目对接、人才对接、社交关系等核心服务和延伸服务,选择合适的技术栈和平台架构,确保平台的稳定性、业务的扩展性和安全性。

4. 用户体验设计

可以设计直观、易用的用户界面,提供流畅的用户体验,包含移动端(App、小程序)的规划、配套和体验优化。

5. 市场推广

要制定有效的市场推广策略,包括品牌建设、营销活动和合作伙伴关系。

6. 持续迭代

应提供直观、易用的用户界面和体验,确保平台足够好用(User-Friendly Platform),确保平台的功能性满足用户的需求,包括搜索、过滤、比较和交易。根据用户反馈和市场变化,不断优化和升级平台。

7. 合规性和安全性

要确保平台遵守相关法律法规,并保护用户数据安全。

8. 商业模式创新

任何一个平台的建设绝非一蹴而就,需要持续探索和实施创新的商业模式,以适应不断变化的市场环境。

通过这些步骤,规划建设线上展览平台可以更好地满足用户需求,实现商业目标,并在竞争激烈的市场中获得成功。

(二)线上展览平台的持续运营

数字化时代,线上展览平台已成为连接买卖双方,促进其商业交流的重要桥梁。这些平台通过创新的盈利模式,为展商和观众提供了一个互动、交易的虚拟空间。然而,成功实现商业变现并非易事,它需要平台在多个关键领域展现出卓越的条件和能力。从冷启动阶段的用户吸引,到平台的持续优化和专业人士的积极参与,再到严格的质量监控和互动激励机制,每一个环节都是线上展览平台能否实现可持续发展和盈利的关键。

线上平台运营的核心是成功的冷启动,做好持续高质量运营才能发挥网络效应。线上平台必须识别并跨越用户参与度的临界点,以激活网络效应,促进增长;同时,还需要精心管理资源和用户体验,确保长期的可持续性,避免因市场饱和或用户不满而导致的平台崩溃。通过平衡专业与业余用户的需求,以及不断创新和适应,线上平台可以在竞争激烈的市场中实现健康、稳定的增长。

1. 平台的冷启动

在平台的冷启动阶段,可以借助线下展会的流量,成功吸引初期用户群体,包括卖家和买家。还可以通过营销活动、合作伙伴关系或独特的价值主张来吸引用户。

2. 吸引专业人士入驻

吸引和保留行业内的专业人士和意见领袖,通过专业人士的参与来提升平台的权威性和信任度是平台吸引展商、赞助商的关键。除了行业资讯,还可以利用数字平台集成网络研讨会、直播流、分组会议等体验提升专业人士对于知识和信息的需求。

3. 内容的持续运营

要有专业团队定期更新和维护平台内容,确保信息的准确性和相关性。还要提供高质量的原创内容或聚合第三方内容,增加用户黏性。

4. 发挥平台效应

随着用户数量的增加,平台的价值也随之提升,应利用网络效应吸引更多的用户。可以根据行业特定和需求,实时开通社群功能、社交功能、推荐系统等,增强用户之间的互动。

5. 互动激励

设计激励机制，如积分系统、奖励计划等，鼓励用户参与和互动。可以通过互动激励，提高用户的活跃度和忠诚度。

6. 质量监控和风险管理

对卖家的产品和服务进行质量监控，确保买家的满意度。建立评价和反馈机制，及时响应用户的问题和投诉。确保平台运营遵守相关法律法规，保护用户隐私。保护知识产权，避免侵权行为。识别和管理可能影响平台运营的各种风险，包括市场风险、信用风险等。建立应急计划和风险缓解措施。

7. 数据驱动的决策

利用大数据分析用户行为，优化平台服务和营销策略。基于数据洞察进行产品迭代和个性化推荐。

8. 持续创新

跟踪最新的技术和市场趋势，不断创新，以保持竞争力。鼓励创新思维，开发新的服务和功能，以满足市场需求。

线上展览平台的运营和变现需要结合主办方的需求、展商的期望以及目标受众的参与度。通过上述方式和条件，主办方可以有效地利用数字平台创造收入，同时提供价值给所有参与者。

（三）线上展览平台的运营衡量指标

线上展览平台的成功运营需要一系列精心挑选的关键绩效指标（KPIs）来进行衡量，这些指标为平台提供了量化的业务表现评估标准。通过监测和分析这些KPIs，平台运营方能够洞察市场动态，评估策略效果，并作出数据驱动的决策。如表11-2所示，是对线上展览平台KPIs的简单介绍。

表11-2 线上展览平台运营衡量指标（KPIs）示例

KPI分类	KPI名称	KPI描述
买家指标	活跃买家数	注册买家中积极使用平台的比例
	购买频率	买家重复交易的频率
	买家增长率与留存率	每月的买家增长和留存情况
	买家信任度和NPS	通过调查衡量用户信任度及推荐意愿的比例
	高级用户比例	付费订阅用户的比例
展商指标	展商活跃度	活跃更新资料和上传产品的展商比例
	展商忠诚度	连续三年购买展位的展商比例
	展商信任度和NPS	通过调查衡量用户信任度及推荐意愿的比例
	高级展商比例	购买高级套餐的展商比例

续表

KPI分类	KPI名称	KPI描述
市场整体指标	潜在市场空间(TAM)	行业和地理范围内市场的收入机会
	买家与展商比例	单个展商服务的买家数量
	平均订单价值	平台上的平均交易规模
	总货币价值	例如,Airbnb上的租赁总价值等于平台上所有交易的总价值
	搜索引荐比例	有机搜索作为流量驱动的比例
	终身价值与获客成本比	客户终身价值(LTV)与客户获取成本(CAC)的比率
营销指标	平台访问数据	—
	展商店铺页访问数据	—
	直播观看数据	—
互动指标	询盘数据	询盘数据反映了买家对平台上商品或服务的兴趣程度,记录了买家对展商发布的产品或服务进行询问的次数,包括询价、询问产品详情等
	名片交换	名片交换指标衡量了买家和展商之间建立联系的频率,通常通过平台内建立的联系方式或交换虚拟名片的功能实现,反映了双方建立商业关系的可能性
	预约洽谈	预约洽谈指标记录了买家和展商通过平台安排的会谈或会议的次数,包括线上会议和线下会面,反映了双方深入讨论合作事宜的意愿和频率
	收藏数据	收藏数据是指跟踪用户,将展商、展品或议程添加到收藏夹的行为,显示了用户对某些商品或服务的偏好和兴趣,同时也为展商提供了潜在买家的洞察
	供采数据	供采数据记录了展商和买家在平台上发布的供需情况,包括展商发布的产品或服务与买家需求的匹配次数,以及由此产生的交易机会
	即时沟通	即时沟通指标衡量了用户通过平台的即时通讯功能进行交流的频率和活跃度,主要是以图文为主的聊天,反映了平台作为沟通工具的有效性
运营指标	活跃买家比例	总注册买家中活跃使用平台的比例
	从搜索到成交比例	搜索或请求导致交易的比例
	客户获取成本	包括市场开销和数字获取成本在内,获取并转换为付费客户的费用
	客户终身价值	该客户的总货币价值

续表

KPI分类	KPI名称	KPI描述
其他指标	推荐匹配率	推荐系统匹配成功率
	平台利用率	展商或买家在平台的活跃度及使用频率

1. 买家指标

买家指标可以衡量买方在平台上的活跃度、购买频率、增长与留存情况,以及他们对平台的信任度和推荐意愿,这些指标直接关系到市场的用户基础和用户忠诚度。

2. 展商指标

展商指标反映了展商的参与度、他们对平台的信任度和满意度,以及他们转化为高级服务用户的比例,这些对于维护健康的供应链和市场生态至关重要。

3. 市场整体指标

市场整体指标包括潜在市场空间(Total Addressable Market,TAM)、买方与供应商的比例、平均订单价值等,这些指标可以帮助平台评估市场的规模和潜在增长空间。

4. 营销指标

营销指标可以帮助平台运营方和展商深入了解买家对平台、产品以及直播内容的关注情况,从而为制定更有效的营销策略提供数据支持。

5. 互动指标

互动指标综合反映了买家和展商之间互动的深度与频率,为评估平台合作潜力以及展商入驻平台的投资回报率提供了重要依据。

6. 运营指标

运营指标包括从搜索到成交的比例和客户获取成本,这些指标对于理解市场效率和营销投资回报至关重要。

7. 其他指标

其他指标,如推荐匹配率和利用率,提供了对平台功能使用情况和用户参与度的深入了解。

综合这些KPIs,平台运营方可以构建一个全面的视图,以监控市场流动性、供需匹配效率和整体业务健康度,确保线上展览平台能够在竞争激烈的数字经济中持续发展和繁荣。

(四)线上展览平台与线下展会的融合

随着数字化的发展和用户需求变化,线上展览和线下展会的融合运营已成为会展行业的一大趋势。这种融合不仅能够拓宽参与者的参与渠道,还能提高展会的效率,扩大其影响力。

线上展览与线下展会在本质上都是为了促进商业交流和交易,但它们在操作方式和参与者体验上存在明显差异。线上展览侧重于通过数字化平台实现信息的搜索(Search)、参与互动(Engage)、匹配需求(Match)和在线交易(Buy)。这种方式突破了地理和时间的限制,使得参与者可以随时随地访问展会内容,进行商务洽谈和交易。其核心是"进得来"(能注册、能远程访问)、"找得到"(能搜索得到展商和展品)、"聊得好"(双边洽谈和互动质量高)、"配得好"(买家配对质量高)、"有转化"(能转化为销售线索),层层递进。线下展会则更侧重于参与者的注册、参展/参会、买家配对和预约等过程。它为参与者提供了面对面交流的机会,增强了信任感和互动性,有助于建立更深层次的商业关系。通过线上展览与线下展会的融合运营,主办方可以采集到的数据是传统线下展会无法比拟的,从而使得参与者数据得以采集、用户画像更完善、匹配效率更高。

1. 线上展览与线下展会的协同与赋能

线上展览与线下展会的融合运营需要两者的相互协同和赋能。

首先,线下展会赋能线上展览。线下展会可以为线上展览提供丰富的内容和资源,如现场直播、实时互动等,增加与提高线上展览的吸引力和参与度。

其次,线上展览赋能线下展会。线上展览可以为线下展会提供技术支持,如虚拟展厅、在线预约系统等,提高与增加线下展会的运营效率和参与者体验。

最后,线上展览可以作为线下展会的预热和延续,而线下展会则可以作为线上展览平台的实体展示和体验场所。因此,在制定线上和线下参展、参会的定价模式上,需要有灵活性和融合性。

2. 线上展览与线下展会的融合方式

结合线上展览与线下展会的融合,可以实现高频率的互动和更多的活动参与,同时积累大量的数据,为展会的持续优化和个性化服务提供支持。

首先,线上高频率互动与线下深度体验融合。线上展览平台可以提供7×24小时的交流机会以及大量在线学习资源,而线下展会则可以集中进行深度交流和商务洽谈。

其次,线上和线下多样化的活动互补。线上和线下均可以举办不同类型的活动,如线上研讨会、线下产品展示等,满足不同参与者的需求。线上适合高频、小型的分享和培训研讨类活动,线下适合深度的社交活动。

最后,线上与线下行为数据融合。通过线上与线下的结合,可以收集和分析参与者的行为数据,为展会的策划和运营提供数据支持。通过一个用户ID能够记录线上与线下的行为数据,完善用户画像。

3. 线上展览与线下展会的融合策略

线上展览与线下展会融合运营的展会模式可以实现全年无休的展示和交流,覆盖全触点的营销和推广,实现全连接的商务网络(见图11-4)。

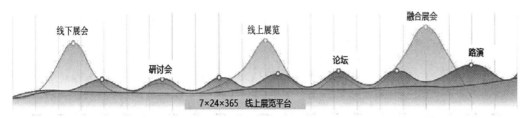

图 11-4　线上展览与线下展会的融合运营模式示例

首先,可以实现全年展示。线上平台可以提供全年无休的展示服务,让参与者随时了解行业动态和产品信息。

其次,可以进行全触点营销。通过线上与线下结合的多渠道营销,可以覆盖更广泛的目标群体,提高品牌知名度和影响力。

再次,可以进行全连接网络。线上与线下的融合可以构建一个全连接的商务网络,促进不同参与者之间的交流和合作。

最后,可以实现波峰、波谷交替运营。搭建线上展览平台需要与每个季度、每个月、每个地区线上与线下主题活动相结合,不断促进平台的专业人士与卖家的互动,保持平台网络正向效应的质量。例如,广交会线上平台定期以"贸易之桥"为主题开展特定品类和特定市场的市场对接会,充分激活线上流量和线下活动的双向赋能。

线上展览平台案例——励展华博"礼贸通"

励展华博(RX Huabo)是亚太地区极具规模和影响力的礼品及家居版块展会主办机构,也是世界知名的展览及会议活动主办机构——励展博览集团的成员公司。早在移动互联网浪潮开始席卷各行各业时,励展华博意识到需要为礼品行业打造一个专属的垂直化线上贸易、营销平台。

实际上,2004 年,励展华博就推出了互联网平台——行业资讯网站"礼多多"。2013 年,礼贸通 1.0 上线,经过多年的运营和积累,在行业买家中获得了不错的口碑。2019 年,礼贸通推出新版 App。2020 年,小程序上线,标志着平台进入快速发展阶段。2022 年,励展华博举办"链接·突破—重塑礼业新生态链"礼贸通战略发布会,正式推出全新升级的礼贸通平台。这次升级是深圳礼品展"三十而立"之际为行业打造的一站式数智化服务解决方案平台。

一、礼贸通平台的商业模式

礼贸通采用基于供采对接服务的双向收费模式。平台向线上采购商会员和入驻供应商双方收取费用,以此维持平台运营并提供高质量的服务。这种模式旨在为供应商和买家提供一个除了线下展会之外常年在线的、高效的营销和交易平台,同时为平台运营方带来稳定的收入来源。

二、礼贸通平台的主要功能

1. 平台运营方(励展华博)

行业资源整合:礼贸通通过汇聚优质供应商和精准买家,通过在线匹配供应

礼贸通小程序

视频

线上展览平台:礼贸通案例

商和买家,提高交易效率。

数据分析:平台收集和分析交易数据,为供应商提供市场趋势和消费者行为的洞察,为决策提供支持。

双线协同:提供营销工具和策略,通过线上平台推广线下展会,帮助供应商提高品牌知名度和销售额。

会员管理:建立会员体系,提供差异化服务。

买家社群:建立国内礼品行业社群联盟,如500+个专业买家社群,传播覆盖10W+买家人群。

2.供应商(卖家)

产品展示:供应商可以在平台上上传和展示产品信息,吸引潜在买家。

询价管理:发布产品价格,接受和处理买家询价。

交易管理:供应商可以通过平台管理订单,完成在线交易,提高运营效率。

名片管理:供应商可以与买家在线交换名片,获取销售线索和商机。

营销工具:供应商可以利用平台的营销工具和资源,推广自己的产品。比如,一键生成解决方案和海报,实现销售裂变。

广告服务:供应商可以利用平台的广告机会,推广自己的产品。

数据分析:通过交易数据、访客数据,了解产品表现和买家偏好。

电子货盘表:供应商利用电子货盘表,快速生成货盘信息,一键给行业买家推品、报价。

3.采购商(买家)

产品搜索:快速找到源头厂家、品牌代理、品质渠道商。

多种交易模式:包括批发集采、一件代发、产品定制、商品拿样等四大交易模式。

展会信息:获取礼品行业展会信息,进行在线报名预约。

展商电子名录:获取展商名录、展商介绍、展商产品信息。

会员权益:积分卡券及礼包系统。

需求发布:发布采购需求,获得供应商报价。

三、礼贸通平台的成绩

截至2024年,礼贸通已经整合了10000+优质供应商商家,汇聚了30W+行业精准认证买家用户。礼贸通的成功不仅体现在其庞大的用户基础和交易量上,更在于它为礼品行业带来的创新和变革。

用户规模:平台已汇聚超过30W+专业买家用户。

商户入驻:10000+家商户入驻平台。

产品数量:平台上线超过100W+种产品。

社群覆盖:建立了500+个专业买家社群;100+个高质量展商社群;社群传播覆盖超过10W+买家人群。

媒体矩阵:公众号粉丝突破100W+;抖音、视频号、小红书等新媒体渠道粉丝快速增长。

礼贸通不仅体现了励展华博在数字化转型方面的远见卓识,巩固了其在礼品家居行业的领导地位,也为整个礼品行业提供了一个强大的数字化平台,为行业的数字化转型提供了强有力的支持。通过整合线上线下资源,礼贸通正在尝试重塑礼品行业的生态链,为行业参与者创造更多价值和机会。

思考与练习

1. 结合查尔斯·汉迪的第二曲线理论和迈克尔·波特的五力模型分析礼贸通诞生的背景,理解励展华博礼贸通数字化转型的必要性和可行性。

2. 线上展览与线上展览平台的异同分别是什么?如果你是励展华博的管理者,如何平衡线下展会和线上平台使收益最大化,如何制定未来协同发展的策略?

3. 线上展览平台有哪些具体功能?对比阿里巴巴国际站和礼贸通的区别和共同点,分析在线交易和在线撮合的区别和联系,理解哪些行业、哪些品类相对容易尝试在线交易,反之以撮合为主。

4. 线上展览平台有哪些盈利模式?对比礼贸通平台和博华优选云展盈利模式的异同。

5. 如何衡量线上展览平台的运营效果?

第十二章
线上会议与直播管理

本章思维导图

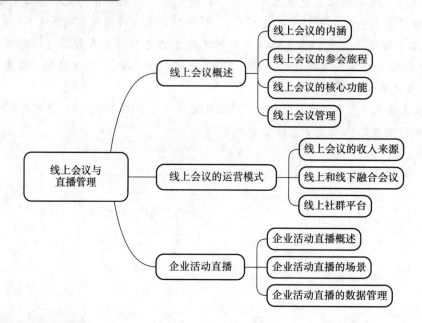

关键词

- 线上会议 • 运营模式 • 企业直播 • 数据管理

学习目标

- 1. 理解线上会议的具体功能和用户旅程。
- 2. 理解线上会议与腾讯会议、线上直播的区别。
- 3. 理解常见的新媒体直播与企业活动直播的区别。
- 4. 掌握线上会议的运营和盈利模式。
- 5. 了解线上会议向线上社群融合发展的趋势。

引导案例

线上与线下会议融合助力 Questex 业绩增长

Questex 是一家领先的行业信息和会展活动服务公司,专注于体验经济。依托于强大的媒体和信息资讯平台,Questex 运营着 80 个专业 EDM 和 130 个专业网站,并年均开展 1000 多个内容营销活动。在医疗健康领域,Questex 每月拥有 340 万访问量、43 万独立订阅用户和 30 万关注者,运营 50 个活动品牌。Questex 公司的使命是为行业社区打造体验经济,提供难忘的体验。Questex 公司官网:https://questex.com/。

一、Questex 探索线上会议的历程

1.2020 年免费尝试线上会议

Questex 探索线上会议的历程是一个创新和适应行业变化的典范。2020 年,Questex 推出了针对酒吧和餐饮行业的免费的线上活动系列——Evolve,标志着 Questex 在线上会议领域的首次尝试。

2.2021 年尝试收费阶段

进入 2021 年,随着线上会议模式的逐渐成熟和市场对此类服务需求的增加,Questex 开始尝试将部分线上服务转变为收费模式。这一转变不仅反映了市场对高质量线上会议内容的认可,也体现了 Questex 在提供价值驱动服务方面的承诺。通过收费模式,Questex 能够为参会者提供更加专业和深入的内容,同时也为公司带来了新的收入来源。

3.2022 年实现线上与线下融合

2022 年 3 月 8 日,Questex 推出革命性的数据平台"Q Activate",该平台将 Questex 的所有第一方受众数据汇集到一个数据库中。这个平台不仅能够提供实时的行业洞察和趋势分析,还能够根据受众的兴趣和线上、线下行为数据,精准地激活、吸引和预测市场动向,从而成功地构建了一个全面的融合业务模式(见图 12-1)。Questex 通过这种深度的观众参与和数据驱动的方法,覆盖受众探索(Discover: Exhibitions)、学习(Learn: Conferences)、购买(Buy: Buyer Events)旅程,在数据整合和双线融合会议领域树立了新的标杆。

图 12-1 Questex 全渠道多触点融合业务模式

Q Activate 使 Questex 能够更准确、更智能地连接买家,增强了与客户的联系。2023 年 7 月,Questex 获得了 2023 年度全球展览业协会年度数字创新奖。

完整的Questex线上会议业务模式介绍

二、Questex的四大线上会议的商业模式

2021年以来,Questex逐渐完善其线上会展业务,提供除了虚拟展会之外的四种不同类型的在线会议,不仅为赞助商创造了丰富的价值,同时也为自己开拓了更多的商业收入渠道。如表12-1所示,是对这些线上会议类型的模式对比。

表12-1　Questex主推的四类线上会议类型

线上会议类型	形式	赞助商价值
买家/卖家配对会议（Buyer/Seller Matchmaking）	通过一对一预约进行线上买家配对会议	产生高质量、精准的潜在客户；深度的交流,提高交易转化率；
专题会议（Conference Series）	主题研讨、趋势分析和教育活动	向目标受众传达特定主题、产品或服务；展示专业地位；产生高质量的潜在客户；获得目标客户参与度数据
社交峰会（Networking Summit）	主题演讲、专家讨论、产品展示	通过视频和聊天进行一对一社交交流；虚拟展位；品牌和广告机会
圆桌会议与焦点小组（Roundtable/Focus Group）	组织目标受众进行开放式对话	独家赞助商；与Questex组织的目标受众进行小组讨论；赞助商主持环节；提供潜在客户名单,包括适用的民意调查参与度

(来源:https://questex.com/virtual-events/)

三、案例启示

线上会议模式的成功依赖于多维度的整合与创新。

1.强大的媒体矩阵和读者群体

线上会议的成功并非孤立现象,它首先依托于Questex强大的媒体矩阵和庞大的读者群体。这些高质量的观众和参会者构成了吸引线上展商的基础。Questex通过其80个专业EDM和130个专业网站,以及在医疗健康领域每月340万的访问量,积累了43万独立订阅用户和30万关注者,形成了一个高价值的受众网络。这一网络不仅为线上会议提供了稳定的参会者基础,也为展商提供了一个有效的市场接触点。

2.线下品牌会议的数据积累

Questex线下品牌会议的成功举办积累了大量高质量的观众和参会者数据。这些数据为线上会议的赋能转化提供了可能,使得线上会议能够更精准地定位目标受众,提升参与度和互动性。通过分析线下会议的数据,Questex能够了解受众的兴趣点和行为模式,从而在线上会议中提供更加个性化和有针对性的内容。

3. Q Activate 平台的数据整合赋能

Q Activate 数据平台的建立是 Questex 线上会议模式成功的又一关键因素。该平台实现了线上与线下、跨媒介、跨项目的数据整合赋能,极大地提高了线上与线下运营效率。Q Activate 通过预测趋势话题和行为,激活了垂直市场专业知识,全面吸引活动和媒体受众,使得 Questex 能够在适当的时间向所需的受众提供合适的内容,从而培养市场意识和为客户生成合格的潜在客户。

4. 线上会议的探索是一个渐进过程

线上会议模式的成功是一个不断探索的过程。Questex 从初期提供免费服务,以积累经验开始,逐步探索收费模式,最终形成了全渠道融合模式。这一渐进过程不仅使 Questex 能够在实践中不断优化其线上会议产品,也使其能够更好地适应市场变化和客户需求,最终实现线上与线下的无缝融合和互补。

请思考:

1. Questex 的虚拟会议模式中,哪些要素是确保其成功的关键?为什么?

2. 作为一家媒体属性的会展公司,Questex 在探索线上会议业务模式中具有哪些优势?这些优势对其他类型的会展公司有什么启示?

3. 针对 Questex 的四大线上会议模式中的任何一种类型,评估其运营效果,并设计3—5个关键指标。

4. Questex 如何将线上虚拟会议与线下实体展会结合,实现协同发展?请提出具体建议。

第一节 线上会议概述

线上会议(在线会议)是指利用互联网技术,将参会者连接在虚拟的会议空间中进行的实时交流、讨论和分享的活动形式。会议的参与方通过互联网会议平台,可以实现屏幕共享、演讲稿同步、文件传输、音视频交流对话、实时字幕、智能翻译、实时同步投票和提问等会议场景。

一、线上会议的内涵

线上会议是虚拟会议的一种形式,除了通过互联网,还可以通过电视电话等形式进行。传统的电视电话成本费用较高、信号传输速度慢,使用受到很大局限。互联网普及之后,人们开始广泛使用线上会议软件进行远距离沟通交流,常见的线上会议平台有腾讯会议、Zoom、Welink 等。随着元宇宙技术的不断发展,线上会议引入了虚拟会议空间和虚拟数字分身(虚拟参会人)。专业机构提供的在线会议解决方案整合了会议官网、会议注册、问卷、会议嘉宾和议程展示、会议直播和交流互动、AI字幕和翻译、线上音视频会议室、线上会议统计等流程与环节。

（一）线上会议的特点

1. 便捷性

参会者无须长途跋涉前往会议地点，只需要通过网络连接即可参加会议，节省了时间和交通成本。

2. 高效性

线上会议可以快速组织和开展，减少了传统会议的筹备时间和烦琐流程。同时，会议中的信息可以实时记录和分享，提高了会议效率。

3. 灵活性

参会者可以根据自己的时间和地点安排，选择合适的方式参加会议。此外，线上会议还可以提供多种互动方式，如文字聊天、语音交流、视频互动等，满足不同参会者的需求。

4. 环保性

线上会议减少了人员的流动和纸质材料的使用，降低了对环境的影响。

（二）线上会议与线上直播

线上会议与线上直播不同，会议直播主要是以单向的传播、听众观看和聆听为主，而在线会议需要多人同步进行音视频和文字形式的发言、互动和交流。观看直播和参加线上会议尽管是不同的线上信息交互形式，但主办方可以将在线会议的内容通过直播形式向更多的受众提供，能够触及更广泛的受众，包括那些无法参加现场活动，也不愿注册线上活动的专业人士，从而扩大了会议的影响力。线上会议与线上直播的区别如表12-2所示。

表12-2　线上会议与线上直播的区别

特点/方面	线上会议	线上直播
互动性	多人参与，音视频和文字形式的互动和交流	主要是单向传播，听众观看和聆听，互动性较低
目的	讨论、协商、决策等需要多人参与的活动	信息传播、展示或娱乐，通常由主持人或演讲者主导
参会者角色	参会者可以是演讲者，也可以是听众，角色可以互换	通常有明确的主持人或演讲者与听众区分
技术需求	需要支持多人音视频同步的技术平台	主要需要直播推流和观众端的观看技术
内容形式	可能包含讨论、演示、问答等多种互动形式	通常以演讲、展示或表演为主，形式较为固定

续表

特点/方面	线上会议	线上直播
受众参与度	受众可以实时提问、反馈或参与讨论	受众通常只能通过聊天室或社交媒体进行有限的参与
应用场景	适用于工作会议、研讨会、远程教育等场景	适用于产品发布、演讲、娱乐节目等场景
时长和节奏控制	根据会议进程可能需要灵活调整时长和节奏	通常有固定的流程和时间安排
技术平台	需要选择支持多人协作和交流的平台	可以选择专业的直播平台或社交媒体进行直播

（三）线上会议与线下会议

线上会议与线下会议虽然在形式上有所不同，但它们的核心目标是一致的，即促进知识的交流、信息的共享、问题的讨论以及决策的制定。无论是线上还是线下，成功的会议都需要精心策划，包括明确会议目的、确定参会者名单、安排议程以及管理会议内容。此外，两者在数字化管理方面也有共通之处，比如，都需要进行参会者的注册管理、演讲者的协调、日程安排、内容推广以及参会人数据的收集与分析。

在实施过程中，线上会议和线下会议存在以下一些差异。

1. 技术依赖性

线上会议高度依赖于稳定的互联网连接和各种会议软件技术，如视频会议平台，而线下会议则主要依赖于实体会场的设施。此外，线上会议减少了旅行和物理材料的需求，从而对环境影响较小。线下会议则可能产生更多的碳足迹，尤其是在参会者需要长途旅行的情况下。

2. 参与方式

线上会议的一个显著优势是允许参会者跨越地理限制进行远程接入，提供了更大的灵活性。相比之下，线下会议要求参会者在同一物理空间内聚集。

3. 深度体验和互动

线上会议在互动性和体验性方面不如线下会议更有深度，线下会议则提供了更直接和即时的交流方式，参会者可以即时响应，更易于建立人际联系。

4. 用户行为数据

线上会议可以更容易地收集用户行为数据，如登录时间、参与度和反馈，这些数据可以用来优化会议体验和内容。而线下会议的用户行为数据收集则更为复杂，通常需要通过问卷调查或现场互动来实现。因此，线上会议数据采集更精确、更完善。

5. 注册收费模式

线上会议和线下会议在注册收费方面也存在差异。线上会议可能因为较低的人均成本，同时为了扩大受众群体，会提供更具竞争力的价格，而线下会议则可能因为场地、餐饮和物流等成本而定价较高。

6. 赞助机会

线上会议和线下会议在赞助方案上也存在差异。开展线上会议，由于赞助商的品牌推广和展示只能以数字化的形式实现，赞助权益将主要以数字化的方式来实现。而线下会议则可以提供更加多样的赞助形式。

通过理解这些差异，会议组织者可以更好地决定哪种形式的会议最符合自己的特定需求和目标。

二、线上会议的参会旅程

线上会议用户旅程图展示了参会者从初次接触到最终完成线上会议全过程的体验路径。从最初获悉会议信息并完成注册，到关注官方渠道获取动态，再到进入线上会议环境参与互动讨论，直至会后的资料下载与回顾，线上会议用户旅程图完整地呈现了参会者在线上会议中的各个触点和行为轨迹（见图12-2）。

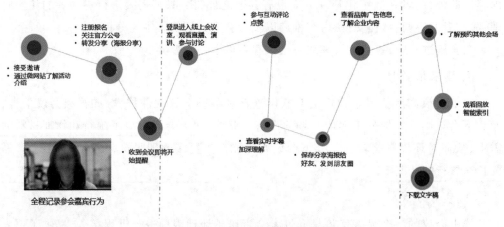

图12-2　线上会议用户旅程图

（一）会前

接受邀请：通过电子邮件或社交媒体接收会议信息，浏览大会信息和内容。

注册会议：参会者需要在平台上注册账户并登录平台，完善信息，报名或预约线上会议日程。

技术准备：根据主办方要求，下载相关的软件，如会议的App；同时配备相关的硬件设备，如确保摄像头、麦克风和网络连接正常工作。

彩排和测试：熟悉线上会议的操作流程和规则，提前准备测试或排练。

会前通知:参会者通过短信、邮件等方式收到主办方发送的参会通知,准时参加线上会议。

(二)会中

登录平台,加入会议:通过专属的会议平台或专属链接等方式加入线上会议。
会议互动:使用线上平台提供的聊天功能、举手或语音功能参与讨论。
共享屏幕、虚拟演讲:作为演讲者共享屏幕、在线演示,并与观众进行实时互动。
一对一社交:使用会议在线功能进行一对一的社交聊天。
参与发言:作为参会者,通过音视频进行连线交流。
直播讲座:参加平台推送或自主预约的现场或纯线上直播讲座。
要点速记:使用在线平台集成或自带的文字速记功能,查看会议中的关键信息。
虚拟海报展示:参会者可以通过在线平台展示他们的研究成果,并与同行进行交流。

(三)会后

点播访问:会议结束后,参会者可以访问所有录制的各类演讲或直播视频,开放一定时限的点播服务。
资源中心:提供会议相关的各类材料下载或访问。

完成上述全流程一体化的管理,需要使用集成化的线上会议管理平台,如腾讯会议、Zoom、Microsoft Teams等,线上会议工具可以理解为单点技术工具,可以被集成到会展管理平台中进行使用。

三、线上会议的核心功能

线上会议作为一种现代的交流方式,其核心功能不仅需要满足基本的会议需求,其管理工作通常也是在一个平台上进行的,从而提供端到端的服务。管理端主要通过PC端管理平台提供管理,演讲嘉宾端和参会端可以由PC端和移动端(App和小程序)获得服务。

(一)管理端

作为会议的组织者和主办方,在在线会议管理平台的管理端,可以创建线上会议,设置人群类别和注册路径,创建线上会议的日程、嘉宾和线上会议室管理,服务线上会议的研讨嘉宾和参会者。具体分为如下几种。

(1)活动管理:创建会议,设置会议类型;管理会议日程和演讲人资料更新,包括时间、日期和会议流程。

(2)注册管理:设计注册表单,规划自动化注册流程,包括确认邮件、线上会议提醒通知和链接自动发送,收集参会者信息;同时需要管理会议权限,确保只有注册用户可以访问。

(3)线上会议管理:配置会议平台设置,如会议室设置、主屏幕画面布局设计、视频质量配置、聊天和互动功能设置等。

(4)演讲录制与回放:录制线上视频演讲,并在会议结束后管理会议录像和回放功能。

(5)管理线上投票和互动:配合会议议程和主持人、演讲人,设置需要的投票环节,控制互动时间和质量。

(6)技术协助:提供技术支持,帮助嘉宾解决在演讲过程中遇到的技术问题;管理会议的流程和质量。

(7)观众管理:分析参会者数据,发送参会邀请,跟踪参会者的参与度和反馈。

(8)数据分析:收集和分析用户行为数据,如参与时间、互动频率等;生成报告,帮助组织者了解会议效果和改进点。

(9)内容管理:上传和组织会议资料,如PPT、PDF等。

(二)演讲嘉宾端

为无法到场的国内外嘉宾通过会议软件终端接入云会议室、线上研讨室进行会议连线,云会议室通过各方连线推送各方嘉宾视频画面呈现到线上或现场主屏幕上(见图12-3)。

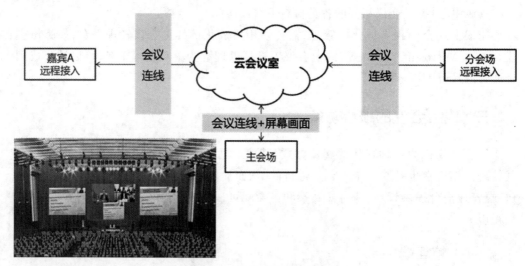

图12-3　嘉宾远程连线示意图

嘉宾远程连线参与会议的流程如下。

(1)注册/登录:嘉宾通过会展管理平台进行注册、登录。

(2)完善嘉宾信息:上传嘉宾个人简介、头像和专业背景,以便其他参会者了解嘉宾信息。

(3)演讲材料管理:嘉宾在会议开始前上传演讲稿、PPT、视频等材料,确保会议中顺畅展示。

(4)共享屏幕:嘉宾通过会议连线,以音视频和共享屏幕的形式进行视频致辞、演讲,并实时参与在线观看、与现场观众嘉宾等进行交流会谈。

(5) 互动问答:嘉宾可以设置通过文字或语音回答参会者的提问。

(6) 实时反馈收集:嘉宾可以实时查看参会者对演讲的反馈、评论或投票结果,以便调整演讲内容。

(7) 多语言支持:线上会议管理平台为不同国家和地区的嘉宾提供多语言界面与实时翻译服务。

(8) 嘉宾专属聊天室:线上会议管理平台为嘉宾设置专属聊天室或准备室,方便与主持人和其他嘉宾进行会前或会中的沟通。

(9) 演讲时间提醒:在嘉宾演讲时提供倒计时提醒,帮助嘉宾控制演讲节奏。

(10) 虚拟背景和美颜功能:提供虚拟背景和美颜功能,提升嘉宾视频形象。

除了上述专属嘉宾的功能,通常而言,嘉宾也享有普通参会者所具备的线上会议的功能。通过这些功能,嘉宾端将更加专业和全面,为嘉宾提供更加便捷和高效的线上会议体验。

(三) 参会端

为方便参会代表远程参会的需要,线上会议平台支持嘉宾以用户端(PC端或移动端)登录线上会议平台参会,具体流程如下。

(1) 注册/登录:支持参会代表以多种方式注册、登录。

(2) 在线研讨:支持多种研讨模式,如小组讨论、问答环节等,提供实时投票和反馈工具,增加互动性。

(3) 观看直播:线上会议平台支持参会代表观看高质量的视频直播,支持高清和多摄像头切换。

(4) 线上互动:支持参会代表以文字、表情和图片的形式进行互动交流,支持举手、提问、实时反馈、点赞等交互功能。

(5) ePoster展厅:线上学术会可以通过在线的形式展示电子学术海报,支持每张海报配有摘要,参会代表可以远程向海报作者提交问题。

(6) 实时投票和问答环节:主持人在会议中发起即时投票,收集参会代表的意见或反馈。

(7) 评价演讲嘉宾:参会代表可以对演讲嘉宾的演讲进行评价,演讲嘉宾可以据此了解演讲效果。

(8) 社交:网络社交功能,如参会者名录、一对一聊天等。

(9) 集成社交媒体分享:支持转发有关内容,扩大会议影响力。

(10) 资料访问:允许参会者下载或查看会议资料,提供资料索引和搜索功能。

(11) 收藏:提供日程预约或收藏功能。

(12) 个性化体验:根据参会者的兴趣和偏好定制会议体验,提供个性化的日程推荐。

(13) 辅助功能:为有特殊需求的参会者提供辅助功能,如字幕、翻译、速记、摘要等。

通过这些功能的完善和扩充,线上会议不仅能够提供与传统线下会议相似的交流和学习机会,还能利用技术优势提供更加灵活、便捷和个性化的会议体验。但主办方应根据会议的目的、预算和嘉宾期望的体验,选择合适的线上会议管理平台,配置相关功能和服务。

四、线上会议管理

(一)线上会议互动管理

与线下会议相比,线上会议缺少实体体验和面对面交流的情境性,因此,提升线上会议的互动性是确保参会者保持参与度和兴趣的关键。除了会议的质量本身,就数字化的策略和功能而言,可以采用以下多种方式增强互动体验。

1. 积分排行榜

引入积分系统,奖励积极参与讨论、提问和分享的参会者。设置排行榜,增加参会者之间的健康竞争,鼓励更积极的互动。设计虚拟礼品,让参会者可以在会议中互相赠送,以表彰有价值的贡献。

2. 互动小游戏

设计有趣的开场和中场休息的在线游戏或互动问答,以激发参会者的兴趣。

3. 社交功能

提供在线聊天室或论坛,让参会者在会议前后都能交流想法。利用社交媒体集成,允许参与者分享会议亮点和自己的见解。

4. 增强互动功能

集成"点赞""提问""投票"按钮,让参会者能够对演讲或讨论点进行实时反馈。有实时举手功能,让参会者在想要发言时能够轻松示意。

5. 实时反馈机制

使用实时投票和调查问卷,收集参会者的意见和反馈。显示实时结果,让演讲嘉宾和参会代表都能看到集体意见。

6. 分组讨论室

允许创建小型的分组讨论室,让参会者能够就特定主题进行深入讨论。

7. 虚拟白板和注释工具

提供虚拟白板功能,让参会者能够共同绘制思维导图或进行实时注释。

8. 互动式演示

鼓励演讲嘉宾使用互动式演示工具,如AR/VR元素,以吸引参会者的注意力。利用AR/VR技术提供沉浸式体验,如虚拟展览或产品演示。

9. 个性化体验

大型线上会议,支持根据参会者的偏好和行为,提供个性化的会议推荐和互动提示。

10. 多语言和速记摘要支持

提供实时翻译和速记服务,进行自动语音识别和字幕显示,确保不同语言背景的参会者都能无障碍地参与互动。

通过这些策略和功能的实施,线上会议可以变得更加生动和吸引人,从而提高参会者的满意度和会议的整体效果。

除了以上常见的部分,根据需要,还有线上主持人端、传译员端。随着线上和线下融合,移动端的功能已经模糊了线上和线下参会的界限,线上和线下的功能均可集成至移动端,使用一部手机来完成。

(二)线上会议数据管理

由于线上会议的注册数据统计与线下会议基本相同,因此,这里讲的线上会议数据统计主要以线上访问行为数据、参会行为数据和互动行为数据三个维度进行分析,它们各自包含了一系列不同的数据指标。

1. 访问行为数据

页面访问统计:记录用户在会议平台上的页面访问次数和停留时间。

议程访问分析:分析用户对不同议程项目的兴趣,了解最受欢迎的会议内容。

资料下载量:统计用户下载会议资料的次数,评估资料的受欢迎程度。

搜索行为:跟踪用户在平台上的搜索行为,了解他们最关心的话题或演讲者。

访问路径分析:分析用户在平台上的访问路径,优化信息架构和用户流程。

2. 参会行为数据

会议出席率:统计实际参加会议的人数与注册人数的比例。

参会时长:跟踪每位参会者在会议中的总停留时间。它在有些学术会议的场景下可以作为参会学分记录的凭证。

会议访问频率:记录参会者在会议期间的登录次数。

会议访问时间点:分析参会者登录和退出会议的具体时间点。

会议内容参与度:评估参会者对不同会议议程项目的关注程度。

会议平台使用习惯:了解参会者偏好使用的功能,如视频、音频或仅文本聊天。

技术问题记录:记录参会者遇到的技术问题及其对参会体验的影响。

会议回放观看行为:分析参会者观看回放的频率和时长。

用户留存分析:评估参会者在会议中的留存率和流失点。

3. 互动行为数据

实时聊天活跃度:统计参会者在聊天功能中的活跃程度和交流频率。

问答环节参与:记录参会者在问答环节中的提问和回答数量。

投票和调查参与：分析参会者在投票和调查中的参与度。
点赞和反馈：统计参会者对演讲或讨论的点赞和反馈次数。
互动工具使用：跟踪参会者使用翻译、速记、注释工具或其他互动功能的情况。
社交互动分析：评估参会者在社交功能中的互动，如添加联系人、私信交流。
分组讨论参与：如果有分组讨论，分析参会者的加入和参与情况。
互动质量评估：通过自然语言处理技术分析互动内容的质量。
互动行为的时效性：分析参会者在会议中的互动是否及时，以及对会议流程的影响。
个性化互动推荐：评估基于用户行为的个性化互动推荐系统的效果。
虚拟礼品和奖励交换：统计参会者在会议中交换虚拟礼品和奖励的情况。
互动行为的持续性：分析参会者在会议结束后是否继续通过平台进行互动。

通过对访问行为数据、参会行为数据和互动行为数据的细致分析，组织者可以更好地理解参会者的需求和偏好，从而优化会议设计，提高参会者的满意度和参与度。此外，这些数据还可以用于评估会议的整体成功度，为未来的线上会议提供改进的依据。

第二节　线上会议的运营模式

线上会议是双边或多边平台经济，一边可以对参会者进行收费，一边可以对赞助商进行收费。由于是虚拟远程参会，因此会议的注册费和赞助模式与线下实体会议存在很大的区别。

一、线上会议的收入来源

（一）线上会议的注册费

对于远程参会者而言，由于减少了餐饮以及实体资料和消费的成本，因此为了扩大受众面，主办方可以以较低的注册费用吸引更广泛的远程参会者，包括学生、独立研究者和国际参会者，他们可能因为高昂的旅行和住宿费用而无法参加线下会议。通过降低门槛，线上会议能够吸引更多的观众，扩大会议的参与度和影响力。常见的线上会议注册费定价策略包括如下四种。

1. 分类定价策略

线上会议可以根据会议规模、内容质量、参会者需求等因素，采取灵活的定价策略，如早鸟价、团体折扣、分层票价等。参会者可以根据自己的兴趣和需求选择特定的议程或工作坊，只对他们感兴趣的内容付费。会议可以提供不同级别的访问权限，如基础注册可能只包括观看主会场演讲的权限，而高级注册可能包括所有议程和互动环节。

2. 增值服务包

提供基础参会套餐外的增值服务,如额外的一对一咨询时间、高级网络研讨会访问权限、定制报告或数据分析服务等。

3. 会员模式

对于运营全年会议的机构而言,可以针对全年的线上会议推出会员制度,为频繁参会者提供长期的优惠和特权,增加用户黏性。

4. 免费与付费模式

采取部分内容免费、增值内容付费的模式,吸引更多的人加入,同时为有特定需求的用户提供深度服务。

(二)线上会议的赞助模式

在数字化时代,线上会议已成为企业和组织连接全球参会者的重要平台。随着技术的进步和创新,线上会议的赞助模式也在不断演变,为赞助商提供了更加多样化和互动性更强的品牌推广机会。以下是七种常见的赞助模式。

1. 品牌曝光机会

为赞助商提供多种品牌曝光机会,如会议开始前的宣传视频、会议平台的横幅广告、定制的互动环节等。

2. 定向营销和上级服务

根据赞助商的目标市场和产品特性,提供定向的营销合作方案,如线上专题研讨、产品演示、专业访谈等,会后提供参会名单,帮助赞助商获取商机。

3. 互动式赞助体验

利用线上平台的技术优势,为赞助商设计互动式体验,如在线问答、实时投票、虚拟展览等,提高用户参与度。

4. 多层次赞助方案

设计不同级别的赞助方案,满足不同赞助商的预算和需求,从基础的品牌到全面的品牌活动定制。

5. 虚拟礼品和奖励

与赞助商合作,提供虚拟礼品或奖励给参会者,增加会议的互动性和趣味性,同时为赞助商提供额外的宣传机会。

6. 长期合作关系

与赞助商建立长期的合作关系,提供跨会议、跨年度的赞助机会,共同开发新的市场和客户群体。

7. 数据分析服务

向赞助商提供参会者行为数据的分析报告,帮助赞助商更好地了解目标受众,优化营销策略。

(三) 赞助商ROI数据

线上会议的赞助权益与线下有较大的区别,因此,用于衡量线上会议赞助商投资回报的数据也有所不同,常见的数据包括如下六种。

1. 受众参与数据

提供有关受众如何与赞助内容互动的数据,包括观看次数、聊天互动等。

2. 高质量潜在客户生成

通过受众参与直播、线上会议等互动环节,识别和生成潜在客户名单(可下载数据)。

3. 人口统计数据

提供参与活动的受众的人口统计信息,帮助赞助商了解其目标市场。

4. 虚拟展位、展厅、展品访客数据

提供访问赞助商展位的受众数据,包括他们的行为和偏好。

5. 会议问题和聊天

通过会议中的问题和聊天,收集参会者的反馈和偏好。

6. 赞助内容的浏览次数

衡量受众对赞助商提供的内容的感兴趣程度和参与度。

通过管理和提供这些数据,主办方可以帮助赞助商评估其品牌在活动中的曝光量、受众参与度、潜在客户的质量以及整体的市场反响,从而衡量其投资回报率。

二、线上和线下融合会议

线上和线下活动的融合已经是常态化运营,未来的任何活动可以有线上的元素和内容。无论是对于活动主办方而言还是参会者而言,线上和线下融合会议可能比纯线下会议和纯线上会议有着更高的价值。

(一) 主办方视角

可以通过更多样性的活动、更多的报名人群、更灵活的参与方式,同时发挥线上和线下的优势,取长补短,协同最大化。

成本效益:线上活动减少了场地租赁、交通和住宿等成本;线下活动可以集中资源,提高效率。

受众扩展:线上平台可以触及全球受众,不受地域限制;线下活动可以有效吸引本地或特定区域的参会者。

品牌推广:线上活动通过社交媒体和网络平台扩大品牌影响力;线下活动通过口

碑和直接交流,可以加深用户对品牌的印象,扩大品牌影响力。

内容多样化:线上活动提供视频、直播、互动讨论等多种形式;线下活动提供研讨会、工作坊、现场演示等互动形式。

持续互动:线上社群平台提供持续的交流和反馈渠道;线下活动可以增强社群的凝聚力。

另外,利用一体化平台的数据分析,线上活动更容易低成本采集用户行为数据,覆盖活动前、活动中、活动后,从而优化营销策略和活动体验。总之,通过线上与线下相结合,可以满足不同成员对于不同交流方式的需求。

(二)参会者视角

便利性:线上活动无须旅行花费,节省了时间和成本;线下活动提供直接的社交和学习机会。

个性化体验:线上平台根据用户偏好提供个性化内容;线下活动可以根据反馈进行即时调整。

知识获取:线上活动提供广泛的信息和资源;线下活动提供深度学习和实践机会。

社交网络:线上社群平台扩大了社交网络,便于建立联系;线下活动加深了与同行的联系和合作。

灵活性:线上活动可以随时随地参与;线下活动提供了固定的时间和地点。

参与度:线上活动提供了更多参与的机会和方式;线下活动提供了更深入的参与和讨论。

体验质量:线上活动的质量可能受限于技术条件;线下活动提供了高质量的互动和体验。

优先权和优惠:线上会员可以享有特定活动的优先参与权和折扣;线下活动可以提供独家体验和优惠。

(三)赞助商视角

从赞助商的角度来看,线上和线下融合会议提供了多维度的价值和更灵活的曝光机会。

品牌曝光:线上活动可以通过直播、视频广告等形式增加品牌可见度,触及更广泛的受众;线下活动提供了实体展示的机会,如展位、品牌标识等,增强品牌形象。

营销渠道多元化:结合线上的数字营销和线下的实体营销,赞助商可以构建更全面的营销策略。线上平台允许赞助商长期展示其品牌和产品,不仅限于会议期间。

目标受众定位:通过数据分析,赞助商可以更精准地定位目标受众,无论是线上还是线下。

内容营销:赞助商可以通过提供数字化的内容、研究报告来展示其专业知识和行业领导地位,弥补线下展示的不足。

互动体验:线上的展商小站(店铺页面)可以提供互动体验,增加参与感;线上直播提供了实时广告的机会,可以即时影响受众的购买决策。线下的展位可以进行产品演示、体验和互动游戏,提高受众的参与度。

游戏化营销:利用线上平台的游戏化元素,如积分系统、竞赛等,吸引受众参与,增加品牌互动。

一对一预约洽谈:线上预约系统允许赞助商与潜在客户或合作伙伴进行更深入的一对一交流。线上研讨会为赞助商提供了展示其产品或服务的平台,同时可以收集反馈和建立联系。

数据分析:线上与线下融合可以收集用户更完整的行为数据,帮助赞助商分析受众偏好,优化营销策略。

触达更多观众:线上和线下融合可以扩大赞助商的受众基础,包括无法亲临现场的远程参会者。

综上所述,线上和线下融合会议为赞助商提供了一个多渠道、高互动、数据驱动的营销环境,有助于赞助商提升品牌知名度、建立行业联系、收集市场信息,并通过这些活动最终获得更多的商业机会,提高销售业绩。

三、线上社群平台

与线上展览从一次性展览向线上贸易平台转移一样,线上会议也经历从一次性会议到线上与线下一体化运营的融合,以及通过运营会员,建立全年在线的社区的过程。特别是对于具有稳定会员的协会社团、固定参会群体的品牌型会议而言,线上平台是一个持续在线的学习、社交环境。

(一)世界经济论坛(达沃斯论坛)案例

比较典型的是世界经济论坛(达沃斯论坛),已经开始运营线上会员,提供以下线上会员权益。

(1)独家内容访问:会员可以访问论坛的独家报告、研究和分析。

(2)线上活动参与:包括虚拟会议、研讨会和网络研讨会的参与机会。

(3)线上社群链接:会员可以获得与全球领导者和专家交流的线上交流机会。

(4)个性化体验:根据会员的兴趣、需求提供个性化的内容推荐和活动推荐。

(5)优先权:在某些情况下,会员可以享有参加特定活动或获取特定资源的优先权。

(6)折扣优惠:对论坛举办的活动或出版物可以享受折扣优惠。

至于订阅价格,这通常会根据会员的级别、提供的服务范围以及会员的地理位置等因素而有所不同。一些组织可能还会提供不同的订阅层次,如基础会员、高级会员或企业会员,每个层次的权益和价格都有所区别。

世界经济论坛线上会员权益对比如表12-3所示。

表 12-3　世界经济论坛线上会员权益对比

特点/等级	Premium 高级版会员	Pro 专业版会员
月费用	30 欧元/月	90 欧元/月
年费用	25.50 欧元/月（年付可省 15%）	76.50 欧元/月（年付可省 15%）
免费试用	7 天免费试用	7 天免费试用
取消政策	随时取消	随时取消
参加线上虚拟会议	√	√
高级战略情报功能	√	√
与专家和专业社区社交联系	—	√
高级功能（AI、数字转型、战略远见等）	—	√
生成 PDF 简报	—	√
创建和分享定制情报地图	—	√
个性化警报和建议	—	即将推出（√）

（来源：世界经济论坛官网，信息截至 2024 年 4 月）

（二）IQPC 数字化转型案例

传统线下商业会议公司转型为线上会议和线上社群协同运营的过程中，IQPC（International Quality and Productivity Center）提供了借鉴案例。IQPC 是一家知名的商业会议公司（网址：https://www.iqpc.com/），专注于为企业提供商业解决方案的交流平台。随着数字化时代的到来，IQPC 开始探索转型，以适应日益激烈的竞争环境和知识经济的需求。

1. 转型策略

数字化学习平台：IQPC 将自己定位为数字化学习平台，提供在线商业学习和交流社区，以满足用户对在线化的需求。

内容数字化：IQPC 将会议内容数字化，包括在线课程、网络研讨会等，确保内容的可访问性和互动性。

服务交付数字化：通过在线学习平台，IQPC 提供数字化服务交付，使用户能够随时随地参与学习和讨论。

关系的数字化：建立在线社区，促进用户之间的交流和联系，增强用户黏性和提高社群活跃度。

2. 具体实施

在线会议：IQPC 开始举办线上会议和网络研讨会，提供与线下会议相似的交流机会，同时提高灵活性和可访问性。

线上社群平台：IQPC建立了线上社群平台，用户可以通过登录账户参与讨论、分享最佳实践、解决问题，并全年保持联系。

会员制度：IQPC推出了会员制度，提供不同级别的会员服务，包括独家内容访问、线上活动参与、数字社群链接等。

个性化体验：根据用户的兴趣和需求，提供个性化的内容推荐和活动推荐，增强用户体验。

优先权和折扣优惠：为会员提供参加特定活动或获取特定资源的优先权，以及对活动或出版物的折扣优惠。

3. 转型成果

IQPC的转型取得了显著成效，不仅扩大了其服务范围，还增强了与用户之间的联系。通过线上会议和社群平台，IQPC能够为用户提供持续的学习和发展机会，同时也为自身创造了新的收入来源。

IQPC的案例展示了传统商业会议公司如何通过数字化转型，适应新的市场需求和用户行为。通过线上会议和社群平台的协同运营，IQPC成功地将自己转变为一个全面的数字化学习平台，为用户提供了更加丰富和便捷的服务。

这个案例可以为其他商业会议和展览主办方提供转型的参考，特别是在现代数字化转型加速的背景下，线上平台的重要性日益凸显。通过数字化转型，会展企业可以更好地适应变化，抓住新的机遇。

第三节 企业活动直播

一、企业活动直播概述

（一）企业活动直播的内涵

随着移动互联网的普及，直播已成为大众接受度较高的一种传播形式。在会展领域的直播是面向企业间（B2B）的活动直播形式，因此，行业内常称作"企业直播"或"企业活动直播"，以区别于行业外的B2C或C2C的直播形式。企业活动直播的主要形式包括主办方使用专业直播工具平台向观众或参会者进行企业内容直播，或者主办方提供平台帮助展商和赞助商通过直播形式促进企业品牌推广，促进企业间的交流、合作和交易。

常见的以视频号、小红书、抖音、快手、B站等为代表的社交媒体直播平台和直播软件，属于大众直播软件工具，适合2C场景下公域直播，并不能完全满足B2B类型的商务型会议活动需要先报名再直播的业务需求，因此，企业活动直播需要使用专业的直播平台。31会议则结合了这些专业化的企业直播平台与会议管理平台的优势，开发了企业级整合直播解决方案。

整合直播不是简单的直播应用工具,而是针对日益复杂的线上与线下相融合的会议和活动直播场景所开发的专属于会议场景的整合的系统平台(见图12-4)。对活动主办方而言,使用整合直播可以一站式全流程地实现创建会议和直播议程,并对会议、参会者和直播及其数据进行统一管理。对于参会者而言,可以在一个平台无缝完成会议注册、获取观看权限、进行直播互动、查看议程和演讲人(见图12-5)。

图12-4　企业活动整合直播业流程意图

整合直播适用于会展活动主办方举办的复杂会议与活动的直播,它整合了数字化的会议管理全流程服务与直播软件,打造轻而专的在线会议。相比较而言,单一的直播软件除了拥有最基本的直播能力,缺少日程管理、嘉宾管理的集成,且虚拟会场与活动微站无法形成快速衔接,同时很少能为企业提供直播广告位的展示机会。

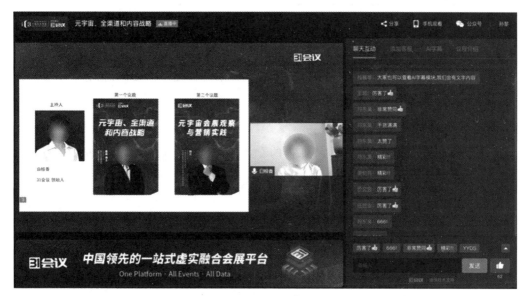

图12-5　企业活动用户界面示例

(二)企业活动直播的类型

按照活动形式,企业活动直播可以分为线下现场直播、纯线上直播、虚拟直播、伪直播等主要场景,以下是这些不同场景的区别(见表12-4)。

表12-4 不同直播形式的区别

特性/形式	线下现场直播	纯线上直播	虚拟直播	伪直播
定义	实体场所举办的活动,通过互联网实时传输	完全在虚拟空间进行,无实体场所	利用VR/AR技术进行的沉浸式直播	预录制内容,看似直播,实为录播
特点	结合现场真实感与线上广泛覆盖	节省场地成本,灵活安排	提供沉浸式体验,适合特殊应用场景	内容经过编辑,避免直播错误
技术需求	摄像、导播、流媒体传输设备	稳定的网络、直播平台	VR/AR设备、图形处理、空间音频	视频录制、编辑、后期制作
参会者体验	现场互动与线上弹幕、评论	文字聊天、语音交流	自由移动、沉浸式互动	实时反馈,类似直播的体验
适用场景	大型会议、演唱会	网络研讨会、在线课程	游戏、教育、虚拟旅游	发布会、演讲、教育内容
优势	真实参与感、广泛的观众	成本低、安排灵活	沉浸式体验、新颖	内容可控、高质量输出
局限性	需要专业设备和技术支持	互动性相对受限	技术要求高、设备成本相对较高	缺乏真实直播的即兴感

(三)企业活动直播的特点

与传统面向广大消费者的直播,如抖音、小红书等社交媒体相比,企业活动直播具有以下特点。

1. 目标受众专业性强

企业活动直播的受众通常是行业内的专业听众和客户,他们对产品或服务有深入了解和特定需求。与面向广大消费者的直播不同,企业活动直播更加注重专业交流和商业合作。

2. 需要报名注册和留下个人信息

由于企业活动直播的专业性,通常要求观众进行报名注册或留下个人信息,以便主办方或展商能够更好地了解受众需求,提供定制化服务。

3. 具有会展活动特性

企业活动直播往往与会展活动结合,作为会展活动的一种延伸或补充,直播不仅是信息传播的手段,也是促进商业交流和交易的平台。

4. 有关键绩效指标

企业活动直播的关键绩效指标更侧重于专业听众和客户的触达率、观看时间,这反映了直播内容的专业价值和观众的参与度。与面向广大消费者的直播关注点击量和转发等影响力指标不同,企业活动直播更注重直播深度和直播质量。

5. 内容有较强的专业性和针对性

企业活动直播的内容通常围绕行业趋势、产品展示、技术交流等专业话题,旨在为企业提供有价值的信息和解决方案。

6. 商业目的明确

企业活动直播的最终目的是促进企业间的商业合作,包括品牌推广、产品销售、市场调研等,具有较强的商业导向性。

综上所述,企业活动直播是一种以企业间交流合作为核心,注重专业性和商业价值的直播形式。通过活动直播,企业可以更有效地展示自身实力,拓展商业机会,并与行业内的专业观众建立联系。

(四)企业活动直播的整合优势

通常而言,使用企业活动整合直播管理平台,可以帮助会展活动的主办方实现从会议活动微站到报名通知一站式全流程管理。同时,可以整合活动报名流程,支持多票种设置、支持付费/免费审核,操作方便、快捷。此外,整合活动日程、会场、嘉宾功能,可以更全面地展示会议信息;支持对参会数据的多维度分析,帮助主办方精准把控会议全局;还能整合会前、会中、会后的各类通知,及时向参会者传递关键信息;通过系统的配置直播页面广告位功能,为企业提供更多的品牌、产品展示和宣传空间,提升品牌知名度。

1. 流程的整合

企业活动整合直播平台,以参会者的参会旅程而言,使用一个平台就能涵盖参会者注册会议,获得参会资格和观看线上直播的权限,在线观看参与互动,这个流程是一站式无缝体验。从主办方视角而言,在一个平台上可以完成创建一场会议,同时创建直播议程。

2. 系统的整合

以往的会议和直播系统是割裂的,一场会议直播往往需要多种工具和系统的集成,比如注册系统、邀约系统、审核系统、票务和在线支付、参会者数据管理、直播工具(即便是直播也有很多不同工具)。在企业活动整合直播平台,实现了各个系统和工具的集成,以参会者视角而言,注册成功并在登录后不用下载第三方软件,也不用连接至第三方平台即可关注直播日程,在直播开始后点击观看直播。从主办方的视角而言,不需要在各个平台上去设置、切换,然后分别给参会者发送消息和通知。

3. 场景的整合

以往的会议和直播场景是割裂的,既要兼顾会议场景,也要兼顾直播场景。会议场景里有会议网站和微站、大会简介、演讲人、会议议程等核心场景;直播里有观看直播、评论、字幕/翻译、话题检索等场景。企业活动整合直播就是将会议场景和直播场景进行完美融合。比如,点击"直播"界面可以查看本场的演讲人和日程信息,点击"演讲"可以查看演讲人详情;"议程列表"里可以显示标识直播的议程,点击"议程"可以进入某一场的视频直播和回放。

4. 数据的整合

以往的会议和直播数据是割裂的,会议(注册、报名、观看等)数据和直播(观看、流量、时长、地区分布等)数据是分开的。在企业活动整合直播里面,由于平台是一站式的,用户行为是无缝连接的,因此,观众数据是存储在一个平台,主办方可以多维度对参会者的行为数据进行分析,获得更完善的观众画像。

5. 公域和私域流量整合

在企业活动整合直播,主办方可以通过公域流量(如社交媒体、搜索引擎、公共广告等)吸引潜在客户,同时利用私域流量(如注册系统、参会者管理系统、邮件列表、现有客户基础等)来增强与现有客户的联系和参与度。整合直播平台还可以提供工具和分析,帮助主办方识别和区分公域与私域流量来源,从而优化营销策略,提高转化率。通过整合公域和私域流量,主办方可以更有效地管理和扩展其受众基础,同时提供个性化的内容和互动,提高客户忠诚度。

6. 商务获客的维度

企业活动整合直播为商务获客提供了新的机遇。可以通过观看直播的前期注册,获得一手观众数据。此外,通过直播中的问答、投票等互动环节,主办方可以实时收集潜在客户的反馈和需求,从而更精准地定位目标市场。主办方可以利用整合直播中的数据分析工具,如观众参与度、观看时长、互动行为等来识别高意向的潜在客户,并进行后续的跟进和转化。

最后,企业活动整合直播平台通常提供CRM集成或潜在客户管理功能,使主办方能够跟踪潜在客户的整个参与旅程,从而提高商务获客的效率和效果。通过企业活动整合直播,主办方还可以利用直播回放、下载资料、预约咨询等功能,为潜在客户提供持续的价值,促进商务关系的建立和发展。

二、企业活动直播的场景

根据直播的发起方,企业活动直播可以分为主办方直播、展商直播和第三方直播三种场景。

(一)主办方直播

主办方直播是指活动的主办方通过直播活动的开闭幕式、主分论坛、新闻发布会等形式对外传播大会的实况,扩大会议的品牌和传播力,触达更广泛的人群。因此,主办方直播是会议或展览传播的重要组成部分,其具体内容包括以下几点。

开闭幕式直播：直播活动的开幕式和闭幕式，展示重要嘉宾的致辞、重要信息的发布等。

论坛直播：对主论坛和分论坛的内容进行直播，分享行业专家的见解和讨论。

新闻发布会直播：直播新闻发布环节，让无法到场的媒体和公众能够实时了解最新信息。

特别活动直播：对会议中的特别活动或颁奖典礼进行直播，增加活动的可见度和影响力。

主办方还可以提供直播回放，为错过直播的观众提供回放功能，扩大信息的传播范围。此外，通常还需要收集直播的观看数据，并进行分析，以优化未来的直播策略。

（二）展商直播

展商直播是指展会主办方为展商提供直播平台，供展商在展期开展线上直播，通过直播开展品牌推广、产品推介、直播带货、企业路演等业务。展商直播是线上展的核心场景业务之一，是主办方给展商提供的一种参展权益，帮助展商通过线上平台最大化地推广获客。因此，展商直播不仅是一个工具，也是一种新的服务和展会业务模式。

具体而言，根据主办方和展商之间约定的参展权益，主办方为展商开通直播以及直播场次和直播时间的相关权益，展商在其用户中心可以创建直播，设置观看权限，创建好并经主办方审核后，展商直播活动会以直播列表的形式在展会官网呈现。观众可以预约直播，预约后可以在观众个人中心生成"我的日程"。直播开始后，展商直播间还可以与电子名片、推荐展品、预约洽谈等供采对接功能进行集成，满足展商的直播需求。直播结束后，展商可以查看直播的观众数据、观看时长、平均时长，寻找潜在的买家，从而提升展商直播的投资回报率。

（三）第三方直播

第三方直播主要是主办方联合第三方，或授权第三方机构在直播平台开展直播。通常是针对特定行业或主题，主办方与第三方机构，比如与知名品牌合作，通过直播进行联合推广活动，以覆盖更广泛的受众，吸引第三方机构的群体参加活动。

三、企业活动直播的数据管理

（一）数据统计维度

不管是主办方还是企业，在做直播的时候，除了做好直播内容的策划、管理和传播，还越来越重视直播数据管理。直播数据管理是指全流程的监控，包括从活动直播的营销、报名、观看、互动、回看等一系列的观众行为，不仅多维度地完善观众的用户画像，还可以掌握观众的观看行为。同时，通过这些行为评估直播的效果，如衡量品牌的传播与获客转化、预测观众的关注点和热点，从而优化后续的直播内容、直播体验，策划更好的获客转化策略。直播数据主要考察以下几大维度的数据统计。

(1)直播活动的转化数据：即从活动直播的营销推广，到注册报名，到最终观看的各个漏斗的数据，分析直播的引流和获客效果。

(2)观众参与度：包括观看次数、观看时长、互动频率等，反映直播内容的吸引力。

(3)观众的用户画像：即关注观看直播的观众的身份类别、地域属性、职业、性别、年龄等人文和地理信息，从而更好地掌握用户特点。

(4)直播观看行为：即观看总人数(含回看)、总时长、平均时长、留言提问等互动的活跃度、转发量等数据，从而评估直播内容的质量。

(5)用户留存率：即观众在直播中的留存时间，反映内容的黏性。

(6)互动数据：包括留言、提问、点赞等，反映观众的参与度和满意度。

(7)分享与转发：直播内容的传播范围，反映品牌影响力。

(8)品牌曝光数据：即直播中广告位的曝光量、点击量，以及企业电子展位的点击量等营销数据。

通用的直播平台往往无法同时做到上述多维度的数据分析，需要同时集成活动管理和直播管理，将参会者的注册数据、直播观看数据、行为数据、全年参会数据等进行整合，形成完整的用户画像，赋能会后再营销。因此，活动的传播效果可以实时得到量化，不仅是主办方，也是企业市场部做直播的一站式管理平台。图12-6为商务整合直播数据看板示例。

图12-6　商务整合直播数据看板示例

（二）直播数据分析与应用

数据分析是企业活动直播成功的关键。通过对直播数据的深入分析，主办方和企业可以了解观众的偏好、行为模式和反馈，从而调整直播策略，提高观众参与度和转化率。

1.完善用户画像

通过记录用户行为，增加用户标签，可以完善用户画像，服务数据营销。比如，筛选对某些内容深度感兴趣的观众进行再营销。

2. 个性化推荐

根据直播观众的行为和偏好,推荐相关内容,提高个性化推荐的精准度和用户满意度。

3. 线索孵化和获客

主办方通过识别直播参与情况,识别精准客户,进行线索和商机孵化。如果是展商或赞助商直播,可以与展商或赞助商分享直播报名名单和观看情况,帮助展商或赞助商获取商机,也可以作为赞助直播的ROI数据报告。

4. 预测趋势

利用数据统计可视化模型结合建模,识别观众感兴趣的热点,可以优化直播内容。还可以通过分析观众流失的原因,提前采取措施,降低直播风险。

5. 持续优化与反馈循环

数据分析不是一个一次性的任务,而是一个持续的过程,可以通过建立反馈循环,不断收集新的直播数据,优化分析模型,增强直播效果。

思考与练习

1. 比较线上会议和线下会议的商业模式有何异同,并分析由此带来的技术和解决方案有何不同。

2. 区别社交媒体直播与B2B活动直播的目的、受众有何不同,并分析由此带来的直播功能有何不同。

3. 针对第六章思考与练习中创建的活动,分别在微信视频号和会议管理平台进行模拟直播,就不同平台的使用和数据维度进行对比分析。

第十三章
生成式人工智能与会展

本章思维导图

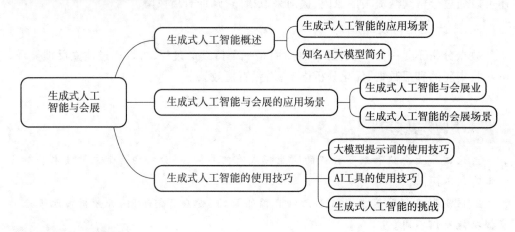

关键词

● 生成式人工智能　● 大模型　● 文本生成　● 图像生成　● 音视频生成　● 提示词

学习目标

- 1. 了解生成式人工智能的起源与发展。
- 2. 熟悉生成式人工智能在会展业的应用场景。
- 3. 掌握基本的生成式人工智能的使用方法。
- 4. 了解生成式人工智能可能带来的风险和问题。

引导案例

会展+AI 与 AI+会展：生成式人工智能的两种路径

2022年以来，生成式人工智能在会展行业的应用呈现爆发式增长趋势。如果说2023年会展行业主要讨论的是如何将AIGC技术与具体业务相结合，那么2024年则是AIGC已经深入到了具体业务中。AIGC技术在会展行业的应用正变得越来越广泛，正在全面提高活动效率。以下是2023年以来，部分国内外会展科技公司推出AIGC技术,以及会展活动的主办方纷纷探索AIGC应用的典型案例。

一、会展科技公司

1.31会议

31会议作为行业的先行者,紧跟AI技术的发展步伐,不断探索和实践AI在数字会展场景中的应用。在会展管理平台中,集成了AI文本创作、图片处理、海报生成、PDF文档解读、文字识别自动填写表单、数据导入自动匹配字段以及智能客服等功能,既增强了内容的吸引力和传播力,又进一步提高了效率,优化了用户体验。

2.Cvent

Cvent接入了基于大模型的文本内容生成,用户在使用其会展管理平台时可唤起AIGC能力,辅助生成文案和营销内容。

3.Spark

由PCMA(美国专业会议管理者协会)联合技术公司开发的Spark AI(基于多款GAI模型能力),推出了基于会展项目的垂直应用,覆盖文案生成、调研、法务、数据分析等多个使用场景。

4.Splash

Splash推出了Attendance Insights,利用AI驱动的预测算法,能够预测出席率并提出营销建议,为活动主办方提供数据支持。

5.GlobalMeet

虚拟活动和网络直播技术服务商GlobalMeet推出了AI功能和界面优化,通过语音和视觉检测,智能分配屏幕空间,减少视觉干扰。

6.22 Miles

单点会展技术服务商22 Miles发布了Tradeshow AI助手,通过个性化训练的会话AI工具,简化了活动运营流程,提高了客服服务效率。

7.InEvent

活动管理平台InEvent推出了Photo Match AI,将面部识别用于现场活动摄影,让参会者和观众能够快速搜索特定的个人、集体照片和物品。

二、会展项目

2024年3月,美国"西南偏南"大会和艺术节(SXSW)在美国得克萨斯州首府奥斯汀举办,活动主办方使用多个生成式人工智能技术服务商,如Phraisa(根据社交媒体大数据语义分析,识别观众对于这个活动的评价和舆情)和Improvado(提供数据整合和分析服务,帮助SXSW对参会者数据进行分析和利用)。

2024年4月,2024中关村论坛年会使用智谱AI为中关村论坛年会提供人工智能"会务智能体",为参会者提供全面实时的会议信息、日程查询、议题概览等服务,让参会者畅享智慧科技带来的便捷体验。

2024年7月,上海市人工智能行业协会携手多家技术合作伙伴,联合推出

31会议的
"会展+AI"
场景演示

Spark 的
"AI+会展"
场景演示

WAIC AI Agent(会展智能体),为用户提供包括出行规划、天气查询、无人驾驶体验、智能换装、随行展位查询、嘉宾金句、虚拟大讲坛、就餐信息在内的八大服务功能。

三、生成式人工智能的两种应用路径

以上典型案例表明,会展科技领域在 AIGC 应用方面已经形成了两种清晰的技术应用路径。

1. 会展+AI:会展管理平台加持 AI 赋能模式

以 31 会议、Cvent、Splash、InEvent 等为代表的一站式会展管理平台为例,通过在其现有的 SaaS 化的会展管理系统中集成 AIGC 功能,在相应的流程阶段调用 AIGC 应用,实现对原有数字化管理和服务的智能化升级。这种"会展+AI"的模式的特点主要是基于成熟的会展管理系统,渐进式地植入 AI 功能,保持原有一站式业务管理和流程的连续性,注重提高具体环节的效率。

2. AI+会展:专业化的 AI 驱动平台服务会展模式

以 Spark,即 PCMA 联合技术公司开发的一款生成式 AI 为例,其核心功能虽然没有基于一站式的活动管理业务流程,但是将常见的文案生成、创意生成、摘要提取、法务分析、数据分析等场景进行分类,用户根据需求在相应的模块去调取 AIGC 服务。这种"AI+会展"的模式的特点主要是以 AIGC 技术为核心设计理念,根据需求使用不同的模块。

请思考:

1. 一站式平台中会集成更多、更智能的生成式人工智能应用,同时,也有很多垂类生成式人工智能进入会展领域,这两种路径未来是会逐步融合还是各自保持特色独立发展?

2. 生成式人工智能技术为会展行业带来了前所未有的发展机遇,除了提高效率,会展主办方能否利用生成式人工智能开发新的商业模式?

3. 尽管发展前景广阔,会展行业在使用生成式人工智能技术应用过程中仍面临诸多挑战,比如,数据安全与隐私保护、AI 生成内容的偏见、内容质量参差不齐、知识产权、技术伦理等,请就其中一个问题深入讨论如何解决。

第一节　生成式人工智能概述

知名人工智能研究机构 OpenAI 于 2022 年 11 月发布了基于 GPT-3.5 系列大语言模型而成的全新对话式 AI 模型"ChatGPT",它不仅能进行自然的多轮对话、高效的精准问答,还能生成编程代码、电子邮件、论文、小说等各类文本。发布后,ChatGPT 迅速走红,成为历史上用户增长较快的 AI 应用。ChatGPT 的发布引发了生成式人工智能

的广泛关注和讨论,一系列大型语言模型如同寒武纪物种大爆发一样不断涌现,迅速在各行各业找到了应用场景,以下就生成式人工智能在会展业的应用进行系统介绍。

一、生成式人工智能的应用场景

生成式人工智能(Generative Artificial Intelligence,GAI)是人工智能的一个分支,是基于算法、模型、规则生成文本、图像、音频、视频、代码等内容的技术。这种技术能够针对用户需求,依托事先训练好的多模态基础大模型等,利用用户输入的相关信息和指令相结合,生成具有一定逻辑性和连贯性的文本、图像、音频、视频等内容。与传统人工智能不同,GAI不仅能够对输入的数据进行处理,还能学习和模拟事物的内在规律,自主创造出新的内容。

ChatGPT标志着生成式人工智能的一个重要发展里程碑,它能够以对话的形式与用户互动,生成连贯的、有逻辑的文本响应,这在自然语言处理和人工智能助手技术的发展中具有重要意义。ChatGPT的出现进一步推动了人工智能大模型技术在对话系统、内容创作、教育、研究等多个领域的应用。此后,国内外一大批大型语言模型如雨后春笋般出现爆发式增长。生成式人工智能正在从处理单一模态(如文本、图像、音频、视频等)向多模态转变,即能够同时处理并融合多种类型的信息来生成内容。

当前,生成式人工智能发展较快、应用较广的领域主要是人工智能生成内容(Artificial Intelligence Generated Content,AIGC),主要体现在文本生成、图像生成、音频生成和视频生成等方面。

(一)文本生成

生成式人工智能在文本生成领域主要应用在以下几个方面。

1. 文本创作前期

生成式人工智能能够激发灵感、寻找选题、草拟框架和生成初稿。它可以通过对话交流激发创意,评估选题的可行性,提供结构化框架,并根据给定的要求生成文本初稿。

2. 文本创作中期

在文本创作过程中,生成式人工智能可以辅助资料收集、提供写作灵感,生成不同风格的文本,并定制化生成特定读者群体的内容。

3. 文本创作后期

生成式人工智能可以进行语言优化与纠错、润色,并进行多语言翻译,以适应不同语言读者的需求。

(二)图像生成

生成式人工智能在图像处理方面主要应用在以下几个方面。

1. 图像处理

AI可以快速进行图像去水印、清除内容、添加内容等处理,还可以进行老照片修复、图像去噪和风格转换等。

2. 图像生成

AI可以根据给定的主题或风格要求,自动生成创意图像,进行数据增强与合成,以及生成逼真的虚拟场景。

3. 目标识别与分割

AI可以用于图像中的物体识别和分类,以及图像分割,为图像编辑和合成提供精确控制。

(三)音频生成

生成式人工智能在音频生成领域也展现出了巨大的潜力和创新能力。

1. 音乐创作

生成式人工智能可以基于特定的风格、节奏或情感,创作出新的音乐作品。此外,AI还能够模仿特定艺术家的风格,创作出类似风格的作品,为音乐家提供灵感和创作辅助。

2. 语音合成

生成式人工智能能够将文本转换为自然流畅的语音,这一技术在智能助手、有声读物、语音播报等领域有着广泛的应用。通过深度学习技术,AI可以模仿特定人的声音,使合成的语音更加自然和富有表现力。

3. 声音设计

在电影、游戏和多媒体制作中,生成式人工智能可以用于创造各种音效和环境声音,如风雨声、机械运作声等。AI可以根据场景的需要,生成逼真的声音效果,增强用户体验的沉浸感。

(四)视频生成

生成式人工智能可以根据剧本或概述自动生成视频内容,包括场景布局、角色动作和摄像机运动等。

1. 视频编辑与增强

AI可以在视频编辑过程中提供辅助,如自动剪辑、色彩校正、特效添加等。通过分析视频内容,AI可以识别关键场景和情感高潮,自动进行剪辑和调整,提高视频制作的效率和质量。

2. 虚拟角色与动画

生成式人工智能可以用于创建和控制虚拟角色,使其动作和表情更加自然和真实。在游戏、模拟训练和电影制作中，AI可以根据剧本或用户输入，自动生成角色的动画，提供更加丰富和动态的交互体验。

3. 视频摘要与内容识别

AI可以从长视频中提取关键片段，生成视频摘要，帮助用户快速了解视频内容。同时，AI还可以识别视频中的对象、场景和活动，为视频内容的检索和管理提供支持。

二、知名AI大模型简介

（一）国外知名AI大模型简介

1. GPT

GPT（Generative Pre-trained Transformer）是由OpenAI开发的一系列先进的生成式预训练变换器模型。GPT-4是该系列的最新版本，以其强大的语言生成能力和多模态输入处理能力而著称。它擅长文本生成，如文章撰写、故事创作；可以进行智能问答，准确回答各种领域的问题；具备语言翻译能力；还能辅助代码编写等。

官网链接：https://openai.com/

2. Claude

Claude是Anthropic公司推出的AI系统，以其在处理长文本、内容处理性能、系统安全和编码体验方面的显著优势而著称。它能够高效地处理大量文本，执行复杂的编码任务，并确保生成的内容符合道德规范，为用户提供安全、可靠的对话系统。当前，其高阶版本Claude 3 Opus在高度复杂的任务上表现出先进的性能，在推理、数学、编程、多语言理解和视觉等方面表现出色，可以跨API和数据库规划与执行复杂的操作。

官网链接：https://www.anthropic.com/

3. Gemini

Gemini是Google DeepMind公司推出的多模态AI模型，它能够无缝处理文本、代码、图像、音频和视频等多种信息模态，以其在性能基准测试中的出色表现和强大的语言生成能力而受到关注。它支持全球多种语言，并配备了先进的代码生成系统AlphaCode 2。

官网链接：https://deepmind.google/technologies/gemini/

4. LLaMA

LLaMA（Large Language Model Meta）是Meta公司开发的开源大模型，专为学术研究和商业应用设计，以其在关键基准测试中的出色表现、长文本处理能力和开源可定制性而受到认可，为开发者提供了广泛的选择和创新的可能性，推动了人工智能领域的发展。

官网链接：https://www.llama.com/llama2/

除了上述通用大模型，国际上还有众多专注于音频、视频、图像应用的大模型，如

Sora、Midjourney、DALL-E、Runwayml 等。此外,还有基于 AI 搜索的 Perplexity 和 Felo 等创新应用层出不穷,构成了全球 AI 技术发展的丰富生态,不断拓展人工智能的能力和应用边界。

(二)国内主流 AI 大模型简介

1. 文心大模型

由百度集团开发,文心一言于 2023 年 8 月全面开放,11 月推出专业版,具备更强的模型能力和图片生成能力。其主要特点包括自然流畅的对话交互、出色的内容创作能力、强大的知识推理和多模态生成能力,广泛应用于新闻媒体、智能客服和教育等领域。

官网链接:https://yiyan.baidu.com/

2. 通义大模型

阿里巴巴旗下阿里云研发的通义千问大模型于 2023 年 9 月正式开放,10 月发布 2.0 版本,具备千亿参数。其特点包括广泛的知识覆盖、强大的语言理解和逻辑推理能力、自然流畅的互动体验,以及持续学习和个性化服务的能力,适用于教育、医疗、金融等多个领域。

官网链接:https://tongyi.aliyun.com/

3. 讯飞星火认知大模型

科大讯飞于 2023 年 9 月发布的星火认知大模型,具备文本生成、语言理解、逻辑推理、数学能力和多模态交互等功能。其 2.0 版本在代码能力和多模态交互上实现了重大升级,适用于教育、金融、医疗等专业领域,支持多种语言的语音识别和合成。

官网链接:https://xinghuo.xfyun.cn/

4. 豆包大模型

字节跳动于 2024 年发布的豆包大模型,涵盖多个通用和细分领域模型,具备知识问答、语音识别、语音合成、文生图、文本创作辅助、逻辑推理分析和个性化服务等功能,适用于教育、科研、商业和娱乐等多个领域。

官网链接:https://www.doubao.com

5. 智谱 GLM

由北京智谱华章科技有限公司和清华大学共同研发的智谱清言(ChatGLM),于 2023 年 8 月发布,具备通用问答、多轮对话、创意写作和代码生成等功能,能够支持多种编程语言,帮助用户提高创作和编程效率。

官网链接:https://chatglm.cn/

除了上述大模型,国内还有众多其他先进的人工智能模型,如 Kimi、秘塔搜索等,共同推动着智能科技的边界不断扩展。

第二节　生成式人工智能与会展的应用场景

一、生成式人工智能与会展业

（一）会展业使用生成式人工智能的必要性

生成式人工智能在会展业应用的必要性，主要体现在效率提高、个性化体验、数据洞察、服务模式创新、在竞争中胜出这几个方面。

1. 效率提高

生成式人工智能技术通过自动化和智能化水平的提升，显著提高了会展策划、组织、运营和服务的效率。AI可以代替部分人力，将常规的、重复性的或者具有一定规律和规则性的工作内容，如文案撰写、统计数据分析、会议纪要整理等让AI来完成，不仅可以提高效率，还可以提高内容的质量。

2. 个性化体验

生成式人工智能能够提供高度个性化的参与者体验，如通过智能呼叫、智能客服、AI智能体参会助手等形式优化客户服务，还能延长服务时长和服务深度，从而加速客户拓展与数据收集。AI技术还能让大部分人都可以拥有负担得起的个性化体验服务，如解决国际展会中的语言沟通障碍。

3. 数据洞察

生成式人工智能可以处理和分析海量数据，为决策提供数据支持。AI可以从多个维度分析各种因素，如与会者在展会期间的参与度、他们参加的会议以及他们与展商的互动等，帮助展商确定最有发展前景的潜在客户，更高效地开展后续工作。

4. 服务模式创新

生成式人工智能技术的应用正在打破传统展会的时空限制，以数字人为代表的数字人主播、数字人直播、数字人培训等新的服务形式可以支持24小时在线的服务，甚至实现知识变现。此外，随着大模型成本应用的下降，根据每一位展商和观众的需求生成个性化的私人展会助理成为可能。

5. 在竞争中胜出

随着AI技术的普及，行业内的竞争可能加剧，企业需要不断创新，以维持竞争优势。生成式人工智能技术的应用可以帮助企业在市场中快速响应变化，实现以用户为中心的价值链重构，协助企业更快速、灵敏地响应市场变化。可以预见，AI将会放大企业的核心优势和能力,缩小"AI鸿沟"。

综上所述,生成式人工智能在会展业的应用不仅能够提高效率和降低成本,还能增强个性化体验,提供深刻的数据洞察,推动服务模式的创新,并帮助企业在激烈的市场竞争中保持优势。

(二)生成式人工智能在会展业的应用现状

1. 生成式人工智能在国际会展业的使用

UFI(国际展览业协会)2024年7月发布的第33版晴雨表的调查报告显示:全球范围内,绝大多数公司(90%)达成了共识,认为人工智能将对展览行业产生重大影响。参加调研的公司普遍预期认为,生成式人工智能的发展将对以下三个领域产生非常显著的影响(见图13-1):销售、营销和客户关系(83%的公司认同);研发(82%的公司认同);活动执行(69%的公司认同)。这三个领域,无论是认同度还是已经使用的比例,均比第32版晴雨表调查报告的数据要高。

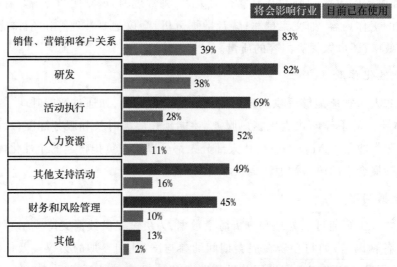

图13-1 生成式人工智能在展览业的应用和潜在影响

(来源:UFI Global Exhibition Barometer, 33rd Edition)

2. 生成式人工智能在国内会展界的使用

根据2024年3月1日发布的《中国会展主办机构数字化调研报告(2024)》(DRCEO 2024):大多数企业对生成式人工智能有所认识,其中80%的企业已经初步了解这一技术,57%的企业已经开始在不同程度上应用它,而14%的企业已经成为早期采用者。

在对生成式人工智能的采纳情况的调查中发现:396家企业中,仅有19%的企业表示他们对这项技术一无所知;而57%的企业已经开始使用这项技术。其中,43%的企业是偶尔使用,10%的企业已经全面推广使用,并且有4%的企业已经投入资金来训练语料和模型。

调查还发现,生成式人工智能的应用正处在一个关键转折点,其中文案和内容创作是使用较广泛的领域,其次是翻译和语音识别技术。总体来看,会展主办机构在采用生成式人工智能方面还处于早期阶段,尽管在多个领域都有应用,但使用率较高的前三个领域分别是:文案、内容和创意(占39%);翻译、语音识别(占35%);图片、视频和设计(占32%)。在深度使用方面,AI客服、聊天机器人的使用占到了6%,如图13-2所示。

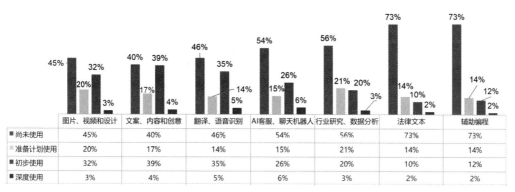

图13-2 会展主办机构生成式人工智能的使用情况

(来源:《中国会展主办机构数字化调研报告(2024)》)

在不同部门中,生成式人工智能的使用情况也有所不同,品牌和市场部门的使用率最高。具体来说,在396家企业中,有34%的主办机构在品牌和市场营销部门采用了这项技术,这与文案、内容和创意领域39%的使用率密切相关。除了市场营销部门,设计和产品部门的使用率为14%,领导和管理层的使用率为12%。服务和项目部门的使用率为8%,HR和行政部门的使用率为2%。目前,采购部门尚未开始使用生成式人工智能。

二、生成式人工智能的会展场景

在当今数字化时代,生成式人工智能正以其强大的能力深刻地改变着各个行业,会展行业也不例外。生成式人工智能在会展中的应用广泛而深入,为展会的策划、营销、招展、执行、客服以及数据分析与反馈等各个阶段带来了全新的机遇和变革,如表13-1所示。

表13-1 生成式人工智能在会展中的使用场景示例

类别	场景	描述
活动规划与筹备	头脑风暴	使用AI作为创意伙伴,提出会议主题、展区规划、会议日程和议题规划,以及活动创意
	竞品分析	利用AI搜索技术,查找竞争展会的主题、规模、展品、议题等信息

续表

类别	场景	描述
活动规划与筹备	利用AI驱动的匹配增加社交机会	分析与会者资料和兴趣,提前提供定制化的人员名单
	采购管理	利用大模型等工具推荐供应商,撰写RFP(需求建议书)
	记录会议	利用AI会议助手,跟踪会议跟进、摘要和行动项
内容创作	撰写吸引人的邮件	利用大模型等工具,快速撰写吸引潜在与会者的电子邮件
	突出活动项目	以新颖且易懂的方式,帮助凸显活动项目的亮点
	提供演讲者问答预告	生成主题预告,提前透露演讲者将要讨论的内容
	创建引人注目的演讲者简介	为每位演讲者定制引人注目的介绍,避免通用的演讲者简介
	为活动网站撰写内容	结合活动细节和受众偏好,快速制作有说服力的网站文案
	撰写会议描述	撰写会议描述和展商描述,节省时间
会展营销	搜集观众反馈	利用AI协助设计调查问卷、整理反馈和创建内容摘要
	个性化邀请函	分析现有代表数据库,定制电子邮件邀请,提高参与度
	撰写社交媒体文案	为不同渠道提出引人注目的社交媒体文案建议
	活动内容再利用	使用AI工具寻找新的方式,使活动内容可以再利用。例如,音视频转文字,根据会议亮点生成信息图表或专栏文章
招展与销售	销售准备工作	AI自动调取或研究客户背景和需求信息,为一对一会谈提供支持
	展区和展品规划	利用AI搜索和文本分析,针对展会的展区和展品规划设置提出建议
	招展书	AI智能识别赞助商、展商的企业活动信息和推广需求,个性化定制招展书内容,选择最佳目标客户和发送时机
会展服务	智能客服	利用聊天机器人回答常见问题,减轻重复性沟通的负担
	虚拟助手	利用AI智能助手,服务观众、参会代表
	数字人直播	利用数字人进行24小时在线的直播或培训
	智能翻译	使用AI工具进行实时语言翻译,促进国际参会人之间的交流

续表

类别	场景	描述
数据分析	评估活动	使用AI工具分析反馈,优化活动社交机会,提出改进建议
	数据分析优化	通过分析活动期间积累的各类数据,AI挖掘出隐藏的行为模式和趋势信号,为后续营销和活动策划提供启发
	预测分析	使用AI工具对历史数据进行训练,评估潜在与会者的参会意向和感兴趣程度,为邀请策略提供依据

以上列出的AIGC应用场景仅为会展行业中人工智能应用的一部分示例。随着技术的不断进步和创新,AI的潜力和应用范围正在不断挖掘与扩大。这些场景覆盖了从活动规划与筹备、内容创作、会展营销、会展服务到数据分析等多个方面,展现了AI如何提高会展活动的效率、参与度和增强个性化体验。然而,AI的可能性远不止于此,随着算法的改进、数据处理能力的提升以及新工具的开发,未来将出现更多创新的AI应用场景,进一步推动会展行业的数字化转型。因此,行业从业者应保持对AI技术发展的关注,并积极探索其在实际工作中的应用,以把握行业发展的新机遇。

第三节 生成式人工智能的使用技巧

生成式人工智能的核心是通用大语言模型(Large Language Model,LLM),这是一种基于深度学习技术的人工智能模型,它通过对大量文本数据的学习,进而理解和生成自然语言。通用大语言模型的核心思想是利用大规模的文本数据来训练模型,使其能够学习到语言的统计规律和语义表示。它通过不断地调整模型的参数,使其能够更好地拟合训练数据,从而提高模型的性能和泛化能力。这些模型通常具有数十亿甚至数百亿的参数,可以完成各种自然语言处理任务,如文本生成、语言翻译、问答系统、文本分类等。2024年4月,国家互联网信息办公室发布《生成式人工智能服务已备案信息》公告,公告显示有117个模型已备案。本节将介绍当前主流的通用大语言模型和使用方法,并通过灵活应用这些大模型,更高效地进行各类内容生成。

一、大模型提示词的使用技巧

随着人工智能技术的飞速发展,通用大模型在各个领域的应用越来越广泛。而正确使用提示词,能够充分发挥通用大模型的优势,获得更准确、更有用的回答。在AIGC时代,优秀的提示词是第一生产力,它决定了AI输出的质量和效率。以下将对通用大模型的提示词的使用方法进行详细阐述,并补充具体案例,以帮助读者更好地进行理解和应用。

（一）明确目标

1. 清晰表述

在与通用大模型交互时，明确的问题表述至关重要。例如，不要只是模糊地问"我该怎么办"，而应该具体说明情况，如"我正在准备一场重要的面试，不知道该如何准备自我介绍，请给我一些建议。"这样，模型就能更准确地理解你的需求，给出更有针对性的回答。

案例：会展策划者需要为即将到来的科技展览会设计一个吸引人的主题。起初，他们只是模糊地询问："AI，请帮我想一个科技展览会的主题。"结果，AI生成的主题过于普遍，缺乏吸引力。后来，他们明确地提出："你作为专业会展策划者，请为一个聚焦于人工智能和可持续发展的科技展览会设计一个引人入胜且具有前瞻性的主题。"AI据此生成了"绿色智能：AI引领未来"这一主题，既符合展会特色，又具有吸引力。

此外，还需要确保提示词中使用的术语和概念是明确无误的，避免可能引起多重解释的表述，涉及专有名词要进行具体解释。在提示词中突出关键词，可以帮助模型捕捉问题的核心，并围绕这些关键词构建回答。

2. 定义输出类型

在提示词中，明确你期望的结果或输出格式，如图表、报告、故事等，这样，模型可以更精确地满足你的需求。比如，可以要求模型以列表形式、议论文结构、故事叙述等特定形式回答问题。

案例：小明是一位会展策划师，他需要为即将举办的行业展会设计一个吸引人的日程安排。起初，他只是泛泛地询问AI："如何规划一个展会的日程？"AI给出的回答较为笼统，没有具体结合他的需求。后来，小明明确了他对回答形式的要求："请以日程表的形式（包含时间、主题、演讲人、主持人等表头），列出一个为期三天的行业展会的主要活动安排，并包括每个环节的预计时长和目标。"AI据此生成了一个详细的日程表，包括时间、主题、演讲人、主持人等关键信息，以及每个环节的预计时长和目标。这样的输出不仅满足了小明对格式的具体要求，而且提供了一个清晰、结构化的日程安排，使得小明能够更容易地规划和调整展会的日程。

（二）提供上下文信息

1. 背景介绍

提供问题的背景知识、时间、地点、人物等信息，能够帮助模型更好地理解问题情境，从而给出更准确的回答。

案例：会展组织者想要了解针对特定行业的市场趋势。他们最初只是问："AI，某某会展市场的趋势是什么？"AI的回答较为泛泛。之后，他们提供了详细的背景信息："AI，我们正在组织一个针对医疗行业的会展（并给出了往届展会的详细信息和竞争者展会的信息），请分析当前医疗行业的市场趋势，特别是远程医疗和健康科技的发展方向。"这样的提问让 AI 能够提供更加具体和深入的分析。

2. 相关案例或数据

提供相关案例或数据,可以让模型更好地理解问题的范围和特点,从而给出更有说服力的回答。

案例:小张在研究市场趋势,他问模型:"未来市场会怎样发展?"模型的回答比较笼统。当小张提供了一些相关数据,如:"近几年,某行业的市场规模持续增长,增长率分别为××、××(具体数据)。请根据这些数据预测该行业未来的发展趋势。"模型结合这些数据进行分析,给出了更具可行性的市场发展趋势预测,如"基于现有数据,预计该行业在未来几年将继续保持增长态势,但增长率可能会逐渐放缓"。

此外,在提示词中,应考虑到不同的观点和文化背景,以确保 AI 的回答是包容和尊重多样性的。

(三)结构化提示词

1. 遵循范式

采用结构化的方式组织提示词,可以让问题更加清晰明了,模型也更容易理解和回答。例如,可以按照"概述—过程—依赖—控制"的结构来组织提示词。

案例:小王要策划一个营销活动,他使用结构化提示词向模型提问。"#概述:为一款新推出的电子产品策划一个线上营销活动。#过程:分析目标用户群体的特征和需求,确定营销渠道和推广方式,制定活动时间表。#依赖:参考同类型产品的成功营销案例,了解当前市场的营销趋势。#控制:活动预算控制在××(具体金额)以内,活动效果要能够显著提升产品的知名度和销量。"模型根据这个结构化的提示词,给出了一个详细的营销活动方案,包括针对目标用户的精准广告投放策略、社交媒体推广计划、限时优惠活动等,同时满足了预算和效果的要求。

2. 分点列举

对于复杂的问题,可以将提示词分点列举,使问题更加清晰。

案例:小赵在进行项目管理,他向模型提问时采用分点列举的方式。"请从以下几个方面分析这个项目:①项目目标和预期成果;②项目进度和关键里程碑;③项目风险和应对措施;④项目资源需求和分配情况。"模型分别对这几个方面进行了详细的分析,为小赵提供了全面的项目评估和管理建议。

(四)使用分隔符

1. 分隔不同部分

使用分隔符可以将提示词中的不同部分区分开来,让模型更容易识别和理解。

案例:会展组织者在准备一个大型会议的日程安排,他们使用分隔符来区分不同的会议环节:"安排开幕式和主题演讲/安排分论坛和工作坊/确保有足够的休息和网络时间。"这样的分隔让 AI 能够更清晰地理解每个部分的具体需求。

2. 强调重点

可以强调提示词中的重点内容，引起模型的注意。

案例：小刘在进行市场调研，他向模型提问时强调了重点。"AI，请重点分析一下这个产品在年轻消费者群体中的市场潜力。"模型在回答中着重分析了该产品在年轻消费者群体中的需求特点、消费行为以及市场竞争情况，对产品的市场潜力进行了深入的评估。

（五）添加示例

1. 少量示例辅助理解

对于抽象或复杂的任务，提供少量示例可以帮助模型更好地理解任务要求。

案例：会展设计团队需要新颖的展位设计灵感，他们提供了一个成功的展位设计图片示例："请参考去年最佳展位的设计（并上传了示例图），我们希望今年的展位能够更加互动和环保。"AI据此提供了几个符合这些要求的创新设计方案。

2. 多样本示例提升准确性

如果模型需要处理大量数据或文本，可以提供多个样本示例，让模型学习到更多的模式和规律。

案例：小吴在进行数据分析，他想让模型对一组数据进行分类。他提供了多个样本示例，"数据 1：××（具体数据），分类为 A；数据 2：××（具体数据），分类为 B；数据 3：××（具体数据），分类为 C。请对以下数据进行分类：××（待分类数据）。"模型通过学习这些样本示例，能够更准确地对新数据进行分类。

（六）指定输出风格或角色

1. 风格约定

指定输出风格可以让模型以特定的语言风格回答问题。如果提示词中包含多个问题或请求，可以对它们进行优先级排序，以便模型可以按照重要性依次处理。

案例：会展宣传团队需要撰写一篇新闻稿，他们指定输出风格："AI，请以正式而吸引人的新闻稿风格，为我们即将举行的国际会展（并给出具体背景），站在主办方的角度撰写一篇关于其规模和影响的介绍。"AI据此生成了一篇符合新闻稿风格的宣传材料。

2. 角色设定

为模型设定一个角色，让它以该角色的视角和语气回答问题。

案例：小林是一位初入会展行业的新手，他需要策划一个大型的国际会议。他向AI模型提出问题，并设定模型扮演一位经验丰富的会展活动策划师的角色："AI，你是一位资深的会展活动策划师，请根据我提供的会议主题和目标受众，给出一些创新的会议环节建议。"AI据此生成了一篇符合其角色的会展策划方案。

（七）验证和迭代

1.检查回答

对模型的回答进行仔细检查,确保其符合预期。如果回答不完整、不准确或不符合要求,要分析原因。可以持续监控和评估AI的回答质量,并根据反馈不断改进你的提示词。

案例:小马在进行方案策划,他得到了模型的回答后,仔细检查发现有些地方不够详细。他分析可能是提示词不够清晰,于是重新调整了提示词,再次向模型提问。

2.调整提示词

在实际应用中,对AI的回答提供反馈可以帮助模型学习并优化未来的响应。可以根据检查结果,对提示词进行调整和优化,如改变表述方式、增加或减少信息、调整结构等。

案例:小杨在进行创意写作,他对模型的第一次回答不太满意。他调整了提示词,增加了更多的细节要求和创意方向,再次向模型提问,最终得到了满意的作品。

总之,正确使用提示词是充分发挥通用大模型优势的关键。通过明确目标、提供上下文信息、结构化提示词、使用分隔符、添加示例、指定输出风格或角色以及验证和迭代等方法,可以获得更准确、更有用的回答,为用户的学习、工作和生活带来更多的便利和价值。掌握提示词的使用技巧,可以让用户更有效地利用大语言模型提高学习效率和工作产出。AI是一个强大的工具,但它产生的效果很大程度上取决于用户如何使用它。通过实践和不断优化提示词,能够充分发挥AI的潜力,让AI成为用户学习、工作和工作中的得力助手。

二、AI工具的使用技巧

除了以上提示词的使用技巧,在AI技术日益成熟的今天,越来越多的AI工具已经成为会展策划和市场营销领域中不可或缺的工具。为了帮助用户更好地利用这些智能工具,以下是一些实用的技巧和策略,它们将指导用户如何高效地使用AI,以提高工作效率和创造力。

（一）从小处着手

确定具体的痛点,从小处开始使用AI,解决那些不需要专业知识但耗时的任务。

（二）从现有工具开始

利用已经熟悉的工具中的AI功能,如WPS AI、Office Copilot等,逐步融入AI辅助。

（三）利用全能助手

使用聊天机器人，如ChatGPT等作为日常工作的辅助伙伴，帮助处理邮件、编辑文档和撰写演讲稿等任务。

（四）始终赋予人文关怀

对AI生成的内容进行审查和编辑，加入个性化的语气和情感色彩，确保内容更像是真实的人与人之间的对话。

（五）使用AI来寻找AI

利用AI工具搜索和推荐其他AI应用，如图像创建、视频编辑等，以简化寻找合适工具的过程。

（六）让AI自我怀疑

要求AI进行自我事实核查，质疑其提供的信息，确保内容的准确性。还可以让AI反对AI，即利用一个AI工具来质疑另一个AI工具的输出，以提高信息的准确性和可靠性。

（七）训练AI熟悉自己的风格

通过提供个人风格的样本，训练AI生成更符合个人品牌和沟通方式的内容。

（八）一个任务尝试多个AI

针对特定任务使用多个AI工具，比较它们的输出，选择最佳结果或结合不同工具的优势来完成任务。

（九）保持专业性和隐秘性

在使用AI时，不过度依赖AI，以保持内容的专业性和价值观。

通过这些技巧，会展策划者和其他专业人士可以更有效地利用AI工具，提高工作效率，同时保持内容的个性化和专业性。

三、生成式人工智能的挑战

生成式AI虽然在众多领域展现出了巨大的潜力和价值，但也面临着一系列的挑战和局限。

（一）数据来源的挑战

1. 数据质量和数量要求高

生成式AI模型通常需要大量高质量的数据进行训练，才能生成准确的、有价值的内容。然而，获取和整理如此大规模的高质量数据并非易事。数据可能存在噪声、错误或偏差，这会影响模型的性能和生成结果的可靠性。例如，在自然语言处理领域，如果训练数据中存在语法错误、拼写错误或不恰当的表达，模型可能会学习到这些错误，并在生成文本时出现类似的问题；在图像生成领域，如果训练数据的分辨率低、色彩不准确或包含过多的无关元素，生成的图像质量也会受到影响。此外，为了涵盖各种不同的场景和情况，需要收集多样化的数据。但在实际操作中，可能会因为数据来源有限、数据收集成本高或数据隐私等问题，导致数据的多样性不足。

2. 数据偏差问题

训练数据中的偏差可能会导致生成式AI产生有偏见的结果。如果训练数据主要来自特定的地区、群体或文化背景，模型可能会对其他地区、群体或文化产生偏见。例如，在语言模型中，如果训练数据主要来自男性作者的文本，可能会导致生成的文本更倾向于男性视角和语言习惯，而忽视女性的观点和需求；在图像生成中，如果训练数据主要包含白人的面孔，可能会导致生成的图像中其他肤色的人出现较少或被不准确地表示。这种数据偏差可能会加剧社会不平等和歧视问题，影响生成式AI的公正性和可靠性。

3. 数据隐私和安全问题

生成式AI模型的训练通常需要大量的个人数据，这可能会引发数据隐私和安全问题。如果这些数据被不当使用或泄露，可能会对个人的隐私造成严重侵犯。例如，在医疗领域，生成式AI可以用于辅助疾病诊断和治疗方案的制定，但这需要使用患者的医疗数据。如果这些数据没有得到妥善的保护，可能会被黑客窃取或滥用，给患者带来巨大的风险。此外，生成式AI生成的内容也可能涉及版权和知识产权问题。如果生成的内容与已有作品相似度过高，可能会引发侵权纠纷。

（二）技术性能的挑战

1. 模型的可解释性差

生成式AI模型通常是非常复杂的"黑盒模型"，其内部的工作原理和决策过程很难理解和解释，这给生成式AI的应用带来了一定的风险和不确定性。例如，如果生成式AI模型生成了错误或不适当的内容，很难确定是模型的哪个部分出现了问题，也很难对其进行修正和改进。在一些对准确性和可靠性要求较高的领域，如医疗、金融等，模型的可解释性是至关重要的。此外，缺乏可解释性也可能会降低用户对生成式AI的信任度，阻碍其在一些领域的广泛应用。

2. 生成结果的准确性和可靠性问题

虽然生成式AI可以生成非常逼真的内容，但这些内容并不一定完全准确和可靠，模型可能会出现错误的预测、不合理的建议或虚假的信息。例如，在自然语言处理领域，语言模型可能会生成语法正确但语义错误的句子；在图像生成领域，模型可能会生成与实际情况不符的图像。这些错误可能会误导用户，甚至造成严重的后果。为了提高生成结果的准确性和可靠性，需要对模型进行严格的评估和验证，并采取相应的措施来减少错误和降低偏差。

3. 计算资源需求大

生成式AI模型通常需要大量的计算资源进行训练和推理，特别是一些大型的深度学习模型，需要强大的计算能力和大量的存储空间。这对于普通用户和小型企业来说，可能是一个巨大的挑战。他们可能无法承担高昂的计算成本，也无法使用先进的计算设备和技术。这限制了生成式AI的普及和应用范围。此外，大量的计算资源消耗也会对环境造成一定的影响，引发能源消耗和碳排放等问题。

（三）伦理道德的挑战

1. 虚假信息和误导性内容的产生

生成式AI可以轻松地生成大量的文本、图像和视频等内容，这也为虚假信息和误导性内容的传播提供了便利。恶意用户可以利用生成式AI制造虚假新闻、虚假广告、虚假评论等，误导公众，破坏社会秩序。例如，在政治领域，虚假信息可能会影响选举结果和政策制定；在商业领域，虚假广告可能会欺骗消费者，损害消费者的利益。为了应对这一挑战，需要加强对生成式AI生成内容的监管和审核，提高公众的媒体素养和辨别能力。

2. 知识产权问题

生成式AI生成的内容可能会涉及知识产权问题。如果生成的内容与已有作品相似度过高，可能会引发侵权纠纷。此外，对于由生成式AI生成的作品，其知识产权的归属也存在争议。例如，在艺术创作领域，由生成式AI生成的绘画、音乐等作品，其版权应该归属于谁？是模型的开发者、使用者还是其他相关方？这需要制定明确的法律规定和政策来规范生成式AI生成内容的知识产权问题。

3. 就业影响

生成式AI的发展可能会对就业市场产生一定的影响。一方面，它可以提高生产效率，创造新的就业机会；另一方面，它也可能会替代一些传统的工作岗位，导致部分人失业。例如，在新闻报道领域，生成式AI可以自动生成新闻稿件，这可能会减少记者的工作需求；在广告制作领域，生成式AI可以生成广告文案和图像，这可能会影响广告设计师的就业。为了应对这一挑战，需要加强对劳动者的培训和教育，提高他们的数字技能和创新能力，以适应新的就业市场需求。

（四）社会影响的挑战

1. 社会不平等的加剧

生成式 AI 的发展可能会加剧社会不平等问题。由于技术和资源的限制，只有一部分人能够享受到生成式 AI 带来的好处，而另一部分人则可能被排除在外。例如，在教育领域，拥有先进技术和资源的学校可以利用生成式 AI 为学生提供更好的教育服务，而贫困地区的学校可能无法承担这样的成本，导致教育差距进一步扩大。为了缓解这一问题，需要加强对生成式 AI 的普及和推广，确保人们都能平等地享受到技术带来的好处。

2. 人类创造力的挑战

生成式 AI 的出现可能会对人类的创造力产生一定的挑战。一些人担心，随着生成式 AI 生成的内容越来越多，人类的创造力可能会被削弱，人们会变得越来越依赖机器生成的内容。然而，也有人认为，生成式 AI 可以作为人类创造力的辅助工具，帮助人类更好地发挥自己的创造力。例如，艺术家可以利用生成式 AI 生成的图像作为灵感来源，进行进一步的创作；作家可以利用生成式 AI 生成的故事梗概，拓展自己的创作思路。

总之，生成式 AI 虽然具有巨大的潜力和价值，但也面临着一系列的挑战和局限。为了充分发挥生成式 AI 的优势，同时克服其挑战和局限，需要政府、企业、学术界和社会各界共同努力，加强技术研发、完善法律法规、提高公众意识，推动生成式 AI 的健康、可持续发展。

思考与练习

1. 针对第六章思考与练习创建的活动，使用 AIGC 工具优化活动文本内容（如活动简介、议程简介、嘉宾介绍、营销邮件、消息通知等）。
2. 针对上述活动，使用 AI 工具生成活动的海报图、Banner 图以及活动的宣传视频。
3. 针对上述活动，就同一个任务场景（如活动调研、满意度问卷设计、议程设计、背景音乐等），比较三个不同的 AIGC 工具的性能、功能和优缺点，完成测评报告。

附　　录

一、参考资料列表

1.会展数字化术语（2025）

会展数字化术语
（2025）

2.会展科技与行业大事记

会展科技与行业
大事记

二、申请"31轻会"教学账号

申请"31轻会"
教学账号

三、会展数字化成熟度自测

1.会展项目级数字化成熟度自测

会展项目级数字化
成熟度自测

2.会展企业级数字化成熟度自测

会展企业级数字化
成熟度自测

参考文献

[1] 杨绿溪,何世文,王毅,等.面向5G无线通信系统的关键技术综述[J].数据采集与处理,2015(3).

[2] 项立刚.5G的基本特点与关键技术[J].中国工业和信息化,2018(5).

[3] 中华人民共和国工业和信息化部.工业和信息化部关于推动5G加快发展的通知[EB/OL](2020-03-24)[2024-11-30] https://www.gov.cn/zhengce/zhengceku/2020-03/25/content_5495201.html.

[4] 杨燕玲,林明,司徒毅.5G移动通信技术[M].北京:北京邮电大学出版社,2021.

[5] 维克托·迈尔·舍恩伯格,肯尼思·库克耶.大数据时代:生活、工作与思维的大变革[M].盛杨燕,周涛,译.杭州:浙江人民出版社,2015.

[6] Manyika J, Chui M, Brown B, et al. Big data: The next frontier for innovation, competition, and productivity[C]//McKinsey Global Institute, 2011.

[7] World Economic Forum. Big data, big impact: New possibilities for international development[C]//World Economic Forum, 2012.

[8] Allam Z, Dhunny Z A. On big data, artificial intelligence and smart cities[J]. Cities, 2019(89).

[9] Stuart Russell, Peter Norvig. Artificial Intelligence: A Modern Approach [M]. 4th Ed. Pearson, 2020.

[10] 卢向华,邹玉凤.AI普及化背景下的价值提升机制与未来研究方向——基于人机持续互信视角[J].中国科学基金,2024(5).

[11] 魏凯,李论,董昊,等.人工智能发展报告(2024年)[R].北京:中国信息通信研究院,2024.

[12] Thomas Erl, Zaigham Mahmood, Ricardo Puttini.云计算:概念、技术与架构[M].龚奕利,贺莲,胡创,译.北京:机械工业出版社,2021.

[13] 拉库马·布亚,克里斯坦·维奇拉,S.泰马莱·赛尔维.深入理解云计算:基本原理和应用程序编程技术[M].刘丽,米振强,熊曾刚,译.北京:机械工业出版社,2015.

[14] Beloglazov A, Abawajy J, Buyya R. Energy-aware resource allocation heuristics for efficient management of data centers for cloud computing[J]. Future generation computer systems, 2012(5).

[15] Hashem I A T, Yaqoob I, Anuar N B, et al. The rise of "big data" on cloud computing: Review and open research issues[J]. Information systems, 2015(1).

[16] 翟恩南,操佳敏,钱坤,等.面向大模型时代的网络基础设施研究:挑战、阶段成果与展望[J].计算机研究与发展,2024(11).

[17] 黄心渊,李梦雪.论混合现实对实景体验的增强与重构[J].现代传播(中国传媒大学学报),2024(4).

[18] 岳广鹏.人机交互变革时代:虚拟现实技术及其应用研究[M].北京:新华出版社,2021.

[19] 方维.增强现实 技术原理与应用实践[M].北京:北京邮电大学出版社,2022.

[20] 张善立,施芬.虚拟现实概论[M].北京:北京理工大学出版社,2017.

[21] 吴功宜,吴英.深入理解物联网[M].北京:机械工业出版社,2024.

[22] 彭力.物联网技术概论[M].北京:北京航空航天大学出版社,2011.

[23] 刘驰.物联网技术概论[M].3版.北京:机械工业出版社,2021.

[24] 朱茂盛,王宝晗,康曼聪,等.智能物联网技术赋能算网一体数据库的效能优化[J].计算机研究与发展,2024(11).

[25] 张镡.企业数字化转型的数字魔方模型[J].管理学家,2020(13).

[26] 韦玮,张恩铭,徐卫华.数字化魔方:数字化转型的创新思维模式[M].北京:机械工业出版社,2020.

[27] 邢莉.数字经济赋能会展企业转型升级的现实动因与推进路径[J].商展经济,2024(16).

[28] 翟世阳.数字经济背景下会展营销的实践策略[J].商展经济,2024(11).

[29] Highsmith J, Luu L, Robinson D. EDGE: Value-driven digital transformation[M]. Addison-Wesley Professional, 2019.

[30] 新华三技术有限公司.聚变:数字化转型的支点与实践[M].北京:机械工业出版社,2022.

[31] 余洋.基于数字经济的企业转型特征与机理分析[J].现代营销(下旬刊),2024(11).

[32] 刘雅祺.在线展览背景下会展公司的数字化转型研究[J].商业经济,2021(12).

[33] 苏钟海.数字赋能:数字时代的企业创新逻辑[M].杭州:浙江大学出版社,2022.

[34] 许鑫,梅妍霜.企业数字化转型:理论、实践与探索[M].上海:上海交通大学出版社,2023.

[35] Siebel T M. Digital transformation: Survive and thrive in an era of mass extinction[M]. RosettaBooks, 2019.

[36] 图沙尔·哈兹拉,布凡,乌内尔卡.价值重塑:面向数字化转型的企业架构[M].王妙琼,译.北京:中国科学技术出版社,2024.

[37] 黄希理,徐鹏,杨烨,等.字化转型:重塑与升级[M].北京:企业管理出版社,2022.

[38] Flanding J P, Grabman G M, Cox S Q. The technology takers: Leading change in the digital era[M]. Emerald Publishing Limited, 2018.

[39] 张静.数字经济赋能会展企业转型发展:动因、机制与路径[J].商展经济,2023(16).

[40] 李践.数字化飞轮:成就用户,实现企业指数级增长[M].北京:中信出版社,2022.

专家推荐语

数字化创新与数字化转型是推动经济、产业发展的源动力。31会议和湖南师范大学会展专业团队精诚合作,精心研制推出的《会展数字化》教材,必将为会展产业数字化创新发展和会展人才培养提供新的赋能。非常期待!

——储祥银　中国会展经济研究会首席研究员,对外经济贸易大学中国国际品牌战略研究中心主任、教授、博士生导师

会展业如何融入数字化浪潮并实现自身的价值重塑和效率提升,是一个大课题。本书将理论与实践紧密结合,做出了有益探讨。特别在通过数字化提升展会运营效率方面,提供了许多切实可行的解决方案。

——刘大可　北京物资学院副院长、教授

本教材以会展项目数字化为切入点,提出"1个主线+4个融合"的理念,不仅紧贴会展企业数字化实际,也为高校教学提供抓手。教材将理论篇、实践篇和运营篇相融合,拓展了会展数字化的边界与外延,理论与实践并行。

——罗秋菊　中山大学教授、博士生导师

从会展管理者到数字化创新者,这是一本深入探讨会展行业数字化转型的教材,系统阐述了会展经济和数字经济融合发展,为会展行业高质量发展提供了新思路。无论你是会展从业人员还是学习者,都能从中获得丰富的理论知识与实践经验。这本书将是你通向数字未来的最佳指南。

——刘国良　汉诺威米兰展览会(中国)有限公司董事、总经理

会展业是服务于交往的沟通平台,以有组织现场集聚为独有特征。数字化为会展业全方位赋能,具体体现为服务现场化集聚降低成本、服务面对面沟

通提升效率、服务现代化管理便捷周密。在这个意义上,会展数字化的目标是建设数字化会展,使服务更智能、更强大的数字化会展更友好、更高效地发挥其独特功能。

——张敏　上海会展研究院执行院长,上海大学教授、博士生导师

在AI+数字化时代,《会展数字化》教材的出版恰逢其时。本书将理论与实践深度融合,内容深入浅出,不仅为高校教学提供了宝贵的学习资源,也为从业者提供了实施指南。英富曼集团非常重视数字化建设,将数字化转型视为Growth Acceleration Plan Ⅱ的核心,深耕B2B客户数据,持续研发、应用IIRIS数据中台,在不确定的时代抢占确定的数字化先机。

——张明　英富曼集团中国区董事、副总裁

《会展数字化》教材全面而系统地梳理了会展行业在数字化转型过程中的理论与实践,为行业内外的专业人士提供了一份极为宝贵的指南,也为各院校会展专业培养数字化人才提供了一些非常宝贵的教学指导。

博华数字化转型的探索起于2006年,近20年来,我们深知传统展览行业的发展与数字化转型息息相关,它的重要性与紧迫性怎么评价也不为过。2024年,博华全年的海内外观众人数达131万,比2023年增加14.8%。观众数量的持续增长,是推动展览会发展极为重要的一个因素。那么,如何获取高品质的专业观众呢?答案很简单,就是数字化运作,从网站到微信公众号,从多媒体矩阵到小红书、抖音,从数据库到私域流量,从观众预登记到数据画像,一套系统、一个体系的建设,需要大量的人力、物力和资金投资,日积月累,才能小有成就。

近20年来,博华在推进数字化建设的进程中,深受数字化人才队伍的缺乏之苦。所以,我们特别期盼《会展数字化》教材能为各院校培养一批掌握数字化知识和技能的毕业生,输送到会展第一线,形成一股强大的生产力。

在此,我愿与广大读者携手共进,共同推动会展行业的数字化进程。特此诚挚推荐此教材,相信它定能为会展业的人才培养与行业创新注入新的活力。

——王明亮　上海博华国际展览有限公司创始人、董事